Yo soy Malala

Yo soy Malala

La joven que defendió el derecho a la educación
y fue tiroteada por los talibanes

MALALA YOUSAFZAI
con CHRISTINA LAMB

Traducido del inglés por Julia Fernández

Alianza Editorial

Título original: *I Am Malala*
Esta edición ha sido publicada por acuerdo con Little, Brown and Company, New York,
New York. USA. Todos los derechos reservados.

*El autor y los editores han hecho todos los esfuerzos para que la información contenida en
este libro sea correcta. Los acontecimientos, lugares y conversaciones se basan en recuerdos
del autor y cualquier error involuntario que pueda aparecer en el libro es del autor.
Se han modificado algunos nombres y detalles identificadores para proteger la intimidad
de las personas.*

*Se han hecho todos los esfuerzos para cumplir los requisitos sobre la reproducción de
material sujeto a copyright. El autor y los editores rectificarán gustosamente cualquier
omisión en la primera oportunidad.*

*Gracias al Jinnah Archive (jinnaharchive.com) por el uso de extractos de la obra
de Quaid-i-Azam M. A. Jinnah, y a Rahmat Shah Sayel por el uso de sus poemas.
Referencia del discurso pronunciado en el Jinnah Islamia College for Women el
25 de marzo de 1940 [como aparece reproducido en la Civil & Military Gazette,
26 de marzo de 1940]: Ahmad, W. (ed.) (1992) Quaid-i-Azam Mohammad Ali
Jinnah: The Nation's Voice, vol. I, Karachi: Quaid-i-Azam Academy, p. 500.
Gracias a los amigos de mi padre Hamayun Masaud, Muhammad Amjad,
Ataurrahman y Usman Ulasyar, por su ayuda para traducir los tapae del pashtún.*

Mapa: John Gilkes

*Reservados todos los derechos.
El contenido de esta obra está protegido por la Ley,
que establece penas de prisión y/o multas, además de las correspondientes
indemnizaciones por daños y perjuicios, para quienes reprodujeren, plagiaren,
distribuyeren o comunicaren públicamente, en todo o en parte, una obra literaria,
artística o científica, o su transformación, interpretación o ejecución artística fijada
en cualquier tipo de soporte o comunicada a través de cualquier
medio, sin la preceptiva autorización.*

*Copyright © 2013 by Salarzai Limited
© de la traducción: Julia Fernández, 2013
© Alianza Editorial, S. A., Madrid, 2013
Calle Juan Ignacio Luca de Tena, 15; 28027 Madrid; teléf. 913938888
www.alianzaeditorial.es
ISBN: 978-84-206-7888-7
Depósito legal: M. 26.601-2013
ISBN: 978-607-438-678-3 (Edición México)*
Primera edición: 2013
Décima reimpresión: 2015
Impreso en México

SI QUIERE RECIBIR INFORMACIÓN PERIÓDICA SOBRE LAS NOVEDADES DE
ALIANZA EDITORIAL, ENVÍE UN CORREO ELECTRÓNICO A LA DIRECCIÓN:

alianzaeditorial@anaya.es

Para todas las jóvenes que se han enfrentado a la injusticia
y han sido silenciadas.
Juntas, nos haremos oír.

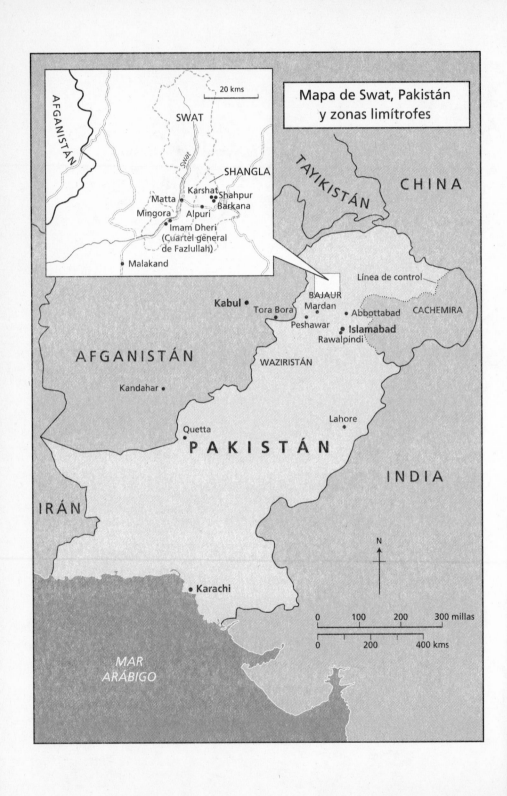

Mapa de Swat, Pakistán
y zonas limítrofes

20 kms

SWAT

SHANGLA

Karshat
Matta   Shahpur
           Barkana
Mingora   Alpuri
      Imam Dheri
      (Cuartel general
      de Fazlullah)

Malakand

AFGANISTÁN

TAYIKISTÁN

CHINA

Línea de control

BAJAUR
Kabul   Mardan
      Tora Bora   Abbottabad   CACHEMIRA
           Peshawar   Islamabad
                       Rawalpindi

AFGANISTÁN

WAZIRISTÁN

Kandahar

Lahore

Quetta

PAKISTÁN

INDIA

IRÁN

N

Karachi

0   100   200   300 millas

0   200   400 kms

MAR
ARÁBIGO

Índice

Prólogo

Soy de un país que nació a medianoche. Cuando estuve a punto de morir era poco después de mediodía.

Hace un año salí de casa para ir a la escuela y no regresé. Me dispararon una bala talibán y me sacaron inconsciente de Pakistán. Algunas personas dicen que nunca regresaré a casa, pero en mi corazón estoy convencida de que volveré. Ser arrancado del país que amas es algo que no deseo a nadie.

Ahora, cada mañana, cuando abro los ojos, añoro mi vieja habitación con todas mis cosas, la ropa por el suelo, y los premios escolares en los estantes. Sin embargo, me encuentro en un país que está cinco horas por detrás de mi querida tierra natal, Pakistán, y de mi hogar en el valle de Swat. Pero mi país está a siglos de distancia por detrás de éste. Aquí hay todas las comodidades imaginables. De todos los grifos sale agua corriente, fría o caliente, como prefieras; luz con sólo pulsar un interruptor, día y noche, sin necesidad de lámparas de aceite; hornos para cocinar, de forma que nadie tiene que ir al mercado a traer bombonas de gas. Aquí todo es tan moderno que incluso hay comida ya preparada en paquetes.

Cuando miro por la ventana, veo edificios altos, largas carreteras llenas de vehículos que se mueven ordenadamente, cuidados setos y praderas de césped, y pavimentos limpios en los que caminar. Cierro los ojos y por un momento regreso a mi valle —altas montañas coronadas de nieve, campos verdes y ondulantes, y ríos de fresca agua azul— y mi corazón sonríe cuando recuerda la gente de Swat. Con la mente vuelvo a la escuela y me reúno con mis amigas y mis maestros. Vuelvo a estar con mi mejor amiga, Moniba, y nos sentamos juntas, hablando y bromeando como si nunca me hubiera marchado.

Entonces recuerdo, estoy en Birmingham, Inglaterra.

El día en que todo cambió fue el martes 9 de octubre de 2012. Tampoco era un momento especialmente bueno, porque estábamos en plena época de exámenes, aunque como soy estudiosa no me preocupaban tanto como a algunas de mis compañeras.

Aquella mañana llegamos al estrecho camino de barro que se bifurca de la carretera Haji Baba en nuestra habitual procesión de rickshaws de colores brillantes echando humaredas de diésel. En cada uno íbamos cinco o seis niñas. Desde la llegada de los talibanes no había ningún signo que identificara la escuela, y la puerta de hierro ornamentada en un muro blanco al otro lado de la leñera no da ningún indicio de lo que hay detrás.

Para nosotras aquella puerta era como una entrada mágica a nuestro mundo particular. En cuanto penetrábamos en él nos librábamos de los pañuelos como el viento que despeja las nubes para dejar paso al sol, y subíamos desordenadamente la escalera. En lo alto de la escalera había un patio abierto al que daban las puertas de todas nuestras aulas. Arrojábamos allí nuestras mochilas y después nos congregábamos para la reunión matinal bajo el cielo, firmes, de espalda a las montañas. Una niña ordenaba *«Assaan bash»*, «¡Descansad!», y nosotras dábamos un taconazo y respondíamos *«Allah»*. Entonces ella decía *«Hoo she yar»*, «¡Atención!», y dábamos otro taconazo, *«Allah»*.

La escuela la había fundado mi padre antes de que yo naciera y en lo alto de la pared estaba orgullosamente escrito «Colegio Khushal» en letras rojas y blancas. Teníamos clase seis días a la semana y en mi curso, el noveno, que correspondía a los quince años, memorizábamos fórmulas químicas, estudiábamos gramática urdu, hacíamos redacciones en inglés sobre aforismos como «no por mucho madrugar amanece más temprano» o dibujábamos diagramas de la circulación de la sangre... la mayoría de mis compañeras querían ser médicos.

Es difícil imaginar que alguien pueda ver en esto una amenaza. Sin embargo, al otro lado de la puerta de la escuela, no sólo estaban el ruido y el ajetreo de Mingora, la principal ciudad de Swat, sino también aquellos que, como los talibanes, piensan que las niñas no deben ir a la escuela.

Aquella mañana había comenzado como cualquier otra, aunque un poco más tarde de lo habitual. Como estábamos de exámenes, la escuela empezaba a las nueve de la mañana, en vez de a las ocho, lo cual estaba bien, porque no me gusta madrugar y puedo seguir durmiendo aunque los gallos canten y el muecín llame a la oración. Primero, trataba de levantarme mi padre. «Ya es la hora, *Jani Mun*», me decía. Esto significa «amiga del alma» en persa, y siempre me llamaba eso al comenzar el día. «Unos minutos más, *Aba*, por favor», le rogaba y me ocultaba bajo la manta. Entonces llegaba mi madre, Tor Pekai. Me llama *Pisho*, que significa «gato». Entonces me daba cuenta de la hora que era y gritaba: «*Bhabi*, que llego tarde». En nuestra cultura cada hombre es tu «hermano», y cada mujer, tu «hermana». Así es como nos consideramos mutuamente. Cuando mi padre trajo a su esposa por primera vez a la escuela, todos los maestros la llamaban «esposa de mi hermano» o *bhabi*. Se quedó con ese apodo cariñoso y todos la llamamos *bhabi* ahora.

Yo dormía en la habitación alargada que tenemos en la parte delantera de la casa y los únicos muebles eran la cama y una cómoda que yo había comprado con parte del dinero que había recibido como premio por mi campaña por la paz en el valle y el derecho de todas las niñas a ir a la escuela.

En unos estantes estaban todas las copas de plástico doradas y los trofeos que había ganado por ser la primera de la clase. En un par de ocasiones no había sido la primera y fui superada por mi competidora Malka-e-Noor. Estaba decidida a que eso no volviera a ocurrir.

La escuela no estaba lejos de mi casa y solía ir a pie, pero en el último año había empezado a ir con las demás niñas en rickshaw y a volver a casa en autobús. El trayecto sólo duraba cinco minutos; pasábamos junto al pestilente río y por delante de la valla publicitaria del Instituto de Transplante Capilar del Doctor Humayun, donde bromeábamos que uno de nuestros profesores debía de haber ido porque era calvo y de repente le había empezado a salir pelo. Me gustaba porque no volvía tan sudorosa como cuando iba a pie y podía charlar con mis amigas y chismorrear con Usman Ali, el conductor, a quien llamábamos *Bhai Jan*, «hermano», que nos hacía reír con sus absurdas historias.

Había empezado a ir en autobús porque mi madre tenía miedo de que fuera andando sola. Llevábamos todo el año recibiendo amenazas. Algunas habían aparecido en los periódicos; otras eran mensajes escritos o que nos transmitía alguien. Mi madre estaba preocupada por mí, pero los talibán nunca habían atacado antes a una niña y a mí me inquietaba más que fueran a por mi padre, que hablaba en contra de ellos abiertamente. En agosto habían matado a su amigo y compañero activista Zahid Khan cuando se dirigía a rezar, y yo sabía que todos decían a mi padre: «Ten cuidado, tú serás el siguiente».

A nuestra calle no se podía llegar en coche, así que me bajaba del autobús en la carretera que discurre junto al río, pasaba por la puerta de hierro y subía unos peldaños que conducían a nuestra calle. Pensaba que si alguien me atacaba, sería en aquellos peldaños. Como mi padre, siempre he sido una soñadora y, a veces, durante la clase me imaginaba que un terrorista surgiría en aquel lugar y me dispararía. Me preguntaba cómo reaccionaría yo. ¿Me quitaría un zapato y le golpearía con él? Pero después pensaba que entonces no habría ninguna diferencia entre los terroristas y yo. Sería mejor argumentar: «De acuerdo, dispárame, pero primero escúchame. Lo que estás haciendo está mal. Yo no estoy en contra tuya. Sólo quiero que todas las niñas podamos ir a la escuela».

No tenía miedo, pero había empezado a asegurarme de que la puerta del jardín se quedaba cerrada por la noche y a preguntar a Dios qué ocurre cuando mueres. Le contaba todo a Moniba, mi mejor amiga. Habíamos vivido en la misma calle cuando éramos pequeñas y éramos amigas desde la escuela primaria y lo compartíamos todo: las canciones de Justin Bieber, las películas de *Crepúsculo*, las mejores cremas para aclarar la piel de la cara. Su sueño era ser diseñadora de moda, pero sabía que su familia nunca accedería, así que decía a todos que quería ser médico. En nuestra sociedad es difícil que las jóvenes se planteen ser otra cosa que médicos o maestras, si es que llegan a trabajar. Mi caso era diferente... nunca oculté mi deseo cuando pasé de querer ser médico a querer ser inventora o política. Moniba siempre sabía si algo iba mal. «No te preocupes —le dije—. Los talibanes nunca han atacado a una niña».

Cuando llegó nuestro autobús, bajamos corriendo los escalones. Las demás chicas se cubrieron la cabeza antes de salir y subir al autobús. El autobús en realidad era una camioneta, lo que nosotros llamamos un *dyna*, un TownAce Toyota blanco, con tres bancos paralelos, uno a cada lado y otro en el centro. Allí nos apretujábamos veinte niñas y tres maestras. Yo estaba sentada a la izquierda, entre Moniba y Shazia Ramzan, una niña de un curso inferior, y sujetábamos las carpetas de los exámenes contra el pecho y las mochilas bajo los pies.

Después, todo es un tanto borroso. En el *dyna* hacía un calor pegajoso. El tiempo fresco estaba tardando en llegar y sólo quedaba nieve en las lejanas montañas del Hindu Kush. En la parte trasera de la camioneta, donde nosotras íbamos, no había ventanillas a los lados sino sólo un plástico grueso que aleteaba y estaba demasiado amarillento y polvoriento para que pudiéramos ver a través de él. Todo lo que veíamos era un pequeño fragmento de cielo abierto desde detrás y fugaces destellos del sol, que a aquella hora del día era una gran esfera dorada entre el polvo que resplandecía sobre todo.

Recuerdo que, como siempre, el autobús dejó la carretera principal a la altura del puesto de control del ejército y giró hacia la derecha, pasando junto al campo de cricket abandonado. No recuerdo más.

En los sueños que tenía en los que disparaban a mi padre él también estaba en el autobús y le disparaban conmigo; entonces aparecían hombres por todas partes y yo buscaba a mi padre.

En realidad, lo que ocurrió es que nos detuvimos súbitamente. A nuestra izquierda estaba la tumba de Sher Mohammad Khan, ministro de Finanzas del primer gobierno de Swat, y a nuestra derecha,

16

la fábrica de dulces. Debíamos de estar a menos de doscientos metros del puesto de control.

No podíamos ver lo que ocurría delante, pero un joven barbudo con ropa de colores claros había salido a la carretera y hacía señales para que la camioneta se detuviera.

«¿Es éste el autobús del Colegio Khushal?», preguntó a nuestro conductor. Usman Bhai Jan pensó que aquella era una pregunta estúpida porque el nombre estaba pintado a un lado. «Sí», respondió.

«Quiero información sobre algunas niñas», dijo el hombre.

«Entonces tendrá que ir a secretaría», repuso Usman Bhai Jan.

Mientras hablaba, otro joven, vestido de blanco, se acercó a la parte trasera de la camioneta. «Mira, es uno de esos periodistas que vienen a hacerte una entrevista», dijo Moniba. Desde que empecé a hablar con mi padre en actos públicos en pro de la educación de las niñas y contra aquellos que, como los talibanes, querían mantenernos ocultas, con frecuencia venían periodistas, incluso extranjeros, pero no se presentaban así, en medio de la carretera.

Aquel hombre llevaba un gorro que se estrechaba hacia arriba y un pañuelo sobre la nariz y la boca, como si tuviera gripe. Tenía aspecto de universitario. Entonces se subió a la plataforma trasera y se inclinó sobre nosotras.

«¿Quién es Malala?», preguntó.

Nadie dijo nada, pero varias niñas me miraron. Yo era la única que no llevaba la cara cubierta.

Entonces es cuando levantó una pistola negra. Más tarde supe que era un Colt 45. Algunas niñas gritaron. Moniba me ha dicho que le apreté la mano.

Mis amigas dicen que disparó tres veces, una detrás de otra. La primera bala me entró por la parte posterior del ojo izquierdo y salió por debajo de mi hombro derecho. Me desplomé sobre Moniba, sangrando por el oído izquierdo. Las otras dos balas dieron a las niñas que iban a mi lado. Una hirió a Shazia en la mano izquierda. Otra traspasó su hombro izquierdo y acabó en el brazo derecho de Kainat Riaz.

Mis amigas me dijeron más tarde que su mano temblaba mientras disparaba.

Cuando llegamos al hospital, mi largo cabello y el regazo de Moniba estaban empapados de sangre.

¿Quién es Malala? Yo soy Malala y ésta es mi historia.

PARTE PRIMERA
Antes de los talibanes

سوري سوري په گولو راشي   د بي ننگئ آواز د رامه شه مئينه

Sorey sorey pa golo rashey
Da be nangai awaz de ra ma sha mayena

Prefiero recibir tu cuerpo acribillado a balazos con honor
que la noticia de tu cobardía en el campo de batalla.

Pareado tradicional pashtún

1

Ha nacido una niña

Cuando nací, los habitantes de nuestra aldea se compadecieron de mi madre y nadie felicitó a mi padre. Llegué al alba, cuando se apaga la última estrella, lo que los pashtunes consideramos un buen augurio. Mi padre no tenía dinero para pagar un hospital o una comadrona, así que una vecina ayudó a mi madre. El primer hijo que mis padres habían tenido nació muerto, pero yo nací llorando y dando patadas. Era una niña en una tierra en la que se disparan rifles al aire para celebrar la llegada de un hijo varón, mientras que a las hijas se las oculta tras una cortina y su función en la vida no es más que preparar la comida y procrear.

Para la mayoría de los pashtunes, cuando nace una niña es un día triste. El primo de mi padre Jehan Sher Khan Yousafzai fue uno de los pocos allegados que vino a celebrar mi nacimiento e incluso hizo un generoso regalo de dinero. No obstante, trajo un gran árbol genealógico de nuestro clan, el Dalokhel Yousafzai, que se remontaba hasta mi tatarabuelo y que sólo mostraba la línea masculina. Mi padre, Ziauddin, es distinto de la mayoría de los hombres pashtunes. Cogió el árbol y trazó una línea que bajaba desde su nombre como una piruleta y en el extremo escribió «Malala». Su primo se rio asombrado.

A mi padre no le importó. Cuenta que, cuando nací, me miró a los ojos y se enamoró. Decía a la gente: «Sé que esta niña es distinta». Incluso pidió a los amigos que echaran frutas secas, dulces y monedas en mi cuna, algo que normalmente sólo se hace con los niños varones.

Me pusieron el nombre de Malalai de Maiwand, la mayor heroína de Afganistán. Los pashtunes somos un pueblo orgulloso compuesto de muchas tribus repartidas entre Pakistán y Afganistán. Vivimos como lo hemos hecho durante siglos, de acuerdo con el código *pashtunwali*, que nos obliga a ser hospitalarios con todo el mundo y cuyo valor más importante es el *nang* u honor. Lo peor que le puede ocurrir a un pashtún es quedar en ridículo. La vergüenza es algo terrible para un hombre pashtún. Tenemos un dicho: «Sin honor, el mundo no vale nada». Luchamos y disputamos tanto entre nosotros que la palabra para primo —*tarbur*— también significa enemigo. Pero siempre nos unimos contra los extraños que intentan conquistar nuestras tierras. Todos los niños pashtunes conocen la historia de cómo Malalai exhortó al ejército afgano a derrotar a las tropas británicas en 1880 en una de las mayores batallas de la Segunda Guerra Anglo-Afgana.

Malalai era hija de un pastor de Maiwand, un pueblo en las polvorientas llanuras al oeste de Kandahar. Cuando era muy joven, tanto su padre como el hombre con el que estaba prometida se encontraban con los miles de afganos que estaban luchando contra la ocupación británica de su país. Malalai fue al campo de batalla con otras mujeres de la aldea para atender a los heridos y darles agua. Vio que sus hombres estaban perdiendo y cuando cayó el que llevaba la bandera, ella levantó su velo blanco mientras dirigía a las tropas al campo de batalla.

«¡Joven amor! —gritó—. Si no caes en la batalla de Maiwand, entonces, por Dios, alguien te ha destinado a ser un símbolo de la vergüenza».

Malalai murió bajo el fuego, pero sus palabras y su valentía incitaron a los hombres a dar un vuelco a la batalla. Aniquilaron a una brigada entera enemiga: una de las peores derrotas del ejército británico. Los afganos estaban tan orgullosos que el último rey afgano construyó un monumento a la victoria de Maiwand en el centro de Kabul. En el instituto leí algunas historias de Sherlock Holmes y me reí cuando vi que era la misma batalla en la que el doctor Watson había resultado herido, antes de convertirse en compañero del gran detective. Malalai era para los pashtunes nuestra Juana de Arco. En Afganistán muchas escuelas de niñas llevan el nombre de Malalai. Pero a mi abuelo, que era un erudito religioso y clérigo de la aldea, no le gustó que mi padre me llamara así. «Es un nombre triste —dijo—. Significa 'afligida'».

Cuando era pequeña, mi padre solía cantarme una canción escrita por el famoso poeta Rahmat Shah Sayel de Peshawar. Termina así:

Oh, Malala de Maiwand,
Levántate una vez más para que los pashtunes comprendan la canción del honor,
Tus poéticas palabras transforman mundos enteros,
Te lo pido, levántate de nuevo.

Mi padre contaba la historia de Malalai a todos los que venían a casa. A mí me encantaba escucharla, lo mismo que las canciones que me cantaba mi padre, y la forma en que mi nombre flotaba en el viento cuando la gente me llamaba.

Vivíamos en el lugar más hermoso del mundo. Mi valle, el valle de Swat, es un reino celestial de montañas, cascadas y lagos de agua clara. BIENVENIDO AL PARAÍSO, dicen las señales cuando se llega al valle. Antaño Swat se llamaba Uddyana, que significa «jardín». Tenemos campos de flores silvestres, huertos de frutas deliciosas, minas de esmeralda y ríos llenos de truchas. Con frecuencia se dice que Swat es la Suiza de Oriente; incluso tuvimos la primera estación de esquí de Pakistán. Los ricos de Pakistán venían de vacaciones para disfrutar de nuestro aire puro y del paisaje, y de nuestras fiestas sufíes de música y baile. También venían muchos extranjeros y a todos los llamábamos *angrezan*, ingleses, con independencia de su origen. Incluso vino la reina de Inglaterra y se alojó en el Palacio Blanco, construido con el mismo mármol que el Taj Mahal por nuestro rey, el primer valí de Swat.

También tenemos una historia diferenciada. En la actualidad Swat forma parte de la provincia de Jaiber Pashtunjua o KPK, como la llaman muchos pakistaníes para abreviar, pero antes estaba separada del resto de Pakistán. Aunque nuestros gobernantes juraban lealtad a los británicos, junto con las regiones vecinas de Chitral y Dir éramos un principado independiente. Pero cuando la India obtuvo la independencia en 1947 y se dividió, nosotros nos integramos en el recién creado Pakistán, si bien mantuvimos nuestra autonomía. Utilizábamos la rupia pakistaní, pero el gobierno de Pakistán sólo podía intervenir en cuestiones de política exterior. El valí administraba la justicia, mantenía la paz entre las tribus enfrentadas y recaudaba el *ushur* —un impuesto del diez por ciento de los ingresos—, con el que se construían carreteras, hospitales y colegios.

Sólo estábamos a 160 kilómetros de Islamabad, la capital de Pakistán, en línea recta, pero daba la impresión de que era otro país. Por carretera el viaje duraba como mínimo cinco horas por el paso de Malakand, una vasta cuenca entre montañas donde hace mucho

nuestros antepasados, dirigidos por el mulá Saidullah (un predicador al que los británicos llamaban el Faquir Loco), lucharon contra
las fuerzas británicas entre los escarpados picos. Uno de los británicos era Winston Churchill, que escribió un libro sobre ello y todavía
llamamos a uno de los picos el Churchill's Picket, aunque no fue
muy amable al hablar de nuestra gente. En el extremo del paso hay
un santuario con una cúpula verde en el que la gente echa monedas
en agradecimiento por haber llegado sana y salva.

Yo no conocía a nadie que hubiera estado en Islamabad. Antes
de que empezaran los problemas, la mayoría de los habitantes del
valle, como mi madre, nunca había salido de Swat.

Vivíamos en Mingora, la población más grande del valle; de hecho, la única ciudad. Solía ser un lugar pequeño, pero habían llegado muchos emigrantes desde las aldeas próximas y la habían convertido en un lugar sucio y abarrotado. Tiene hoteles, universidad, un
campo de golf y un mercado donde se pueden comprar nuestros famosos bordados, piedras preciosas y cualquier cosa que se te ocurra.
Lo atraviesa el río Marghazar, cuyas aguas tienen un color marrón
lechoso por las bolsas de plástico y la basura que la gente arroja. No
son cristalinas, como las corrientes de las zonas montañosas o como
el gran río Swat, que está fuera de la ciudad, donde se pescan truchas y adonde íbamos en vacaciones. Nuestra casa estaba en una
zona llamada Gulkada, que significa «lugar de flores», pero antes se
llamaba Butkara, «lugar de las estatuas de Buda». Cerca de nuestra
casa había un campo en el que había diseminadas extrañas ruinas:
esculturas de leones sentados, columnas rotas y, lo más insólito de
todo, cientos de sombrillas de piedra.

El islam llegó a nuestro valle en el siglo XI, cuando el sultán
Mahmud de Ghazni, procedente de Afganistán, se convirtió en
nuestro gobernante, pero en tiempos antiguos Swat había sido un

reino budista. Los budistas llegaron allí en el siglo II y sus reyes gobernaron el valle durante más de quinientos años. Los exploradores chinos contaban que había mil cuatrocientos monasterios budistas a orillas del río Swat y que el mágico sonido de las campanas de los templos resonaba por todo el valle. Los templos han desaparecido hace mucho, pero casi adondequiera que vayas en Swat, entre las prímulas y otras flores silvestres, encuentras restos. Merendábamos entre relieves en la roca de un sonriente y grueso Buda sentado con las piernas en posición de loto. Según muchas historias, el propio Buda vino aquí porque en este lugar reina la tranquilidad y se dice que parte de sus cenizas se encuentran enterradas en el valle en una gran estupa.

Las ruinas de Butkara eran un lugar mágico para jugar al escondite. Una vez, unos arqueólogos extranjeros que fueron a trabajar en la zona nos dijeron que en tiempos pasados había sido un lugar de peregrinación, lleno de maravillosos templos con cúpulas doradas en los que los reyes budistas estaban enterrados. Mi padre escribió un poema, «Las reliquias de Butkara», que expresaba perfectamente cómo podían coexistir el templo y la mezquita: «Cuando la voz de la verdad se eleva desde los minaretes, / el Buda sonríe / y la rota cadena de la historia vuelve a engarzarse».

Vivíamos a la sombra de las montañas del Hindu Kush, a las que los hombres iban a cazar íbices y gallos dorados. Nuestra casa tenía una planta y era de cemento. A la izquierda había una escalera que conducía a una azotea lo bastante grande como para que los niños jugáramos al cricket. Era nuestro campo de juego. Al atardecer, mi padre y sus amigos con frecuencia se sentaban allí y tomaban té. A veces yo también me quedaba allí contemplando cómo se elevaba el humo de los hogares a nuestro alrededor y escuchando el concierto nocturno de los grillos.

Nuestro valle está lleno de frutales que daban las frutas más dulces, como higos, granadas y melocotones, y en nuestro jardín teníamos vides, guayabas y caquis. En el jardín de la entrada había un ciruelo que daba fruta deliciosa. Siempre librábamos una carrera con los pájaros por aquellas ciruelas. A los pájaros les encantaba aquel árbol. Iban a él incluso pájaros carpinteros.

Desde que tengo memoria mi madre ha hablado a los pájaros. En la parte trasera de la casa había un porche en el que se reunían las mujeres. Sabíamos lo que era pasar hambre, así que mi madre siempre cocinaba de más para dárselo a las familias pobres. Si quedaba algo, era para los pájaros. En pashtún nos gusta componer unos poemas de dos versos llamados *tapae*, y mientras esparcía el arroz, mi madre cantaba: «No mates a las palomas en el jardín. Si matas a una, las demás no volverán».

Me encantaba sentarme en la azotea y contemplar las montañas y soñar. La más alta es el Elum y nosotros la consideramos sagrada. Es una montaña de forma piramidal que siempre está rodeada de un collar de algodonosas nubes. Aun en verano conserva la nieve. En la escuela aprendimos que en el 327 a.C., incluso antes de que los budistas llegaran a Swat, Alejandro Magno penetró en el valle con miles de elefantes y soldados en el camino de Afganistán hacia el Indo. Los habitantes del valle huyeron a la montaña creyendo que sus dioses los protegerían allá en lo alto. Pero Alejandro era un líder paciente y decidido. Construyó una rampa de madera desde la que sus catapultas y flechas podrían alcanzar la cima de la montaña. Entonces ascendió él mismo para coger la estrella de Júpiter como símbolo de su poder.

Desde la azotea yo veía las montañas cambiar con las estaciones. En otoño, nos llegaban vientos fríos desde ellas. En invierno todo estaba cubierto por la nieve y del tejado colgaban carámbanos como dagas que nos dedicábamos a arrancar. Corríamos por todas partes, haciendo muñecos y osos de nieve e intentado atrapar copos de nieve. En primavera Swat estaba completamente verde. Los eucaliptos florecían, recubriéndolo todo de blanco, y el viento llevaba el olor penetrante de los campos de arroz. Yo nací en verano, y quizá por eso sea mi estación favorita, aunque en Mingora el verano era muy caluroso y seco, y el río olía a la basura que arrojaba la gente.

Cuando nací, éramos muy pobres. Mi padre y un amigo suyo habían fundado la primera escuela y vivíamos en una cabaña de dos habitaciones enfrente de ella. Yo dormía con mi madre y mi padre en una habitación y la otra era para los invitados. No teníamos cuarto de baño ni cocina y mi madre cocinaba sobre la leña que encendía en el suelo y lavaba la ropa con el agua de un grifo de la escuela. Nuestra casa siempre estaba llena de gente de la aldea que nos visitaba. La hospitalidad es una parte importante de la cultura pashtún.

Dos años después llegó mi hermano Khushal. Como yo, nació en casa porque todavía no podíamos permitirnos ir al hospital y le pusieron el nombre del colegio de mi padre, que se llamaba así por el héroe pashtún Khushal Khan Khattak, guerrero y poeta. Mi madre había deseado un varón y no pudo ocultar su alegría cuando nació. Yo lo veía muy delgadito y pequeño, como un junco que pudiera troncharse con el viento, pero era su *ladla*, la niña de sus ojos. Me parecía que cada deseo suyo era una orden para ella. Khushal quería té todo el tiempo, nuestro té tradicional con leche y azúcar y cardamomo, pero incluso ella se acabó cansando y le hizo uno tan amargo que dejó de gustarle. Mi madre quería comprarle una nueva cuna —cuando yo nací, mi padre no podía permitírselo, así que aceptaron una de madera que les dieron los vecinos y que ya era de tercera o cuarta mano—, pero mi padre se negó. «Si esa cuna ha sido buena para Malala, también lo será para él», dijo. Casi cinco años después, nació otro niño, Atal, de mirada inteligente y curioso como una ardilla. Entonces mi padre dijo que estábamos completos. Tres hijos es una familia pequeña en Swat, donde la mayoría de la gente tiene siete u ocho.

Yo casi siempre jugaba con Khushal porque sólo era dos años más pequeño que yo, pero nos peleábamos constantemente. Él iba llorando a mi madre y yo iba a mi padre. «¿Qué ocurre, *Jani*?», me preguntaba. Como él, nací con articulaciones dobles y puedo doblar los dedos más allá de lo normal. Mis tobillos crujen cuando camino, lo que da grima a los adultos.

Mi madre es muy hermosa y mi padre la adoraba como si fuera un frágil jarrón de porcelana; al contrario que muchos de nuestros hombres, nunca le puso la mano encima. Se llama Tor Pekai, que significa «trenzas de cuervo», aunque su pelo es castaño. Mi abuelo, Janser Khan, había estado escuchando Radio Afganistán justo antes de que ella naciera y oyó ese nombre. Yo quería haber tenido piel de azucena, rasgos finos y ojos verdes, como ella, pero heredé la piel cetrina, la nariz ancha y los ojos castaños de mi padre. En nuestra cultura todos tenemos apodos: mi madre me llama *Pisho* desde que era un bebé y algunos de mis primos me llamaban *Lachi*, cardamomo. A las personas que tienen la piel muy oscura con frecuencia se las llama «blancas» y a las bajas, «altas». Tenemos un sentido del humor curioso. En la familia a mi padre lo llamaban *Khaista dada*, que significa «hermoso».

Un día, cuando tenía unos cuatro años, pregunté a mi padre: «*Aba* ¿de qué color eres?», y me respondió: «No lo sé, un poco blanco, un poco negro».

«Como cuando se mezcla la leche con el té», le dije.

Se rió mucho, pero, de niño, le había dado tanta vergüenza su piel oscura que iba al campo a por leche de búfala y se la echaba por la cara pensando que le volvería más claro. Sólo cuando conoció a mi madre empezó a sentirse a gusto consigo mismo. Ser amado por una joven tan hermosa le dio confianza.

En nuestra sociedad los matrimonios suelen concertarlos las familias, pero el suyo fue un matrimonio por amor. No me cansaba de escuchar la historia de cómo se conocieron. Eran de aldeas cercanas en un valle remoto de Shangla, en la parte alta de Swat, y se veían cuando mi padre iba a casa de su tío a estudiar y mi madre y su familia iban a visitar a su tía. Por sus miradas supieron que se gustaban, porque entre nosotros es un tabú expresar esas cosas. Sin embargo, él le enviaba poemas que ella no podía leer.

«Admiraba su mente», dice ella.

«Y yo, su belleza», dice él con alborozo.

Había un gran problema. Mis dos abuelos no se llevaban bien, así que cuando mi padre anunció que quería pedir la mano de mi madre, Tor Pekai, estaba claro que ninguna de las dos partes vería con buenos ojos el matrimonio. Su padre le dijo que era asunto suyo y accedió a enviar a un barbero como mensajero, que es la forma tradicional en que los pashtunes hacemos estas cosas. Malik Janser Khan rechazó la proposición, pero mi padre es obstinado y convenció a mi abuelo de que volviera a enviar al barbero. La *hujra* de Janser Khan era un lugar de reunión en el que la gente hablaba de política y mi padre iba allí con frecuencia, y así se conocieron. Le hizo esperar nueve meses, pero por fin dio su aprobación.

Mi madre procede de una familia de mujeres fuertes y hombres influyentes. Su abuela —mi tatarabuela— se quedó viuda cuando sus hijos eran pequeños y a su hijo mayor, Janser Khan, lo encarcelaron con otro miembro de la familia debido a una disputa tribal cuando sólo tenía nueve años. Ella caminó sola por las montañas sesenta y cinco kilómetros para pedir a un primo poderoso que intercediera y conseguir su liberación. Creo que mi madre haría lo mismo por nosotros. Aunque no sabe leer ni escribir, mi padre comparte todo con ella, le cuenta cómo le han ido las cosas durante el día, lo bueno y lo malo. Ella bromea con él y le aconseja sobre quién le parece un verdadero amigo y quién no, y mi padre dice que siempre tiene razón. La mayoría de los hombres pashtunes nunca comparten sus problemas con sus esposas, porque se considera una debilidad. «¡Incluso pregunta a su mujer!», dicen como insulto. Yo veo que mis padres son felices y se ríen mucho. La gente nos veía y decía que éramos una familia dichosa.

Mi madre es muy devota y reza cinco veces al día, aunque no en la mezquita, porque ahí sólo pueden ir los hombres. No aprueba el baile porque dice que a Dios no le gusta, pero le encanta adornarse con cosas bonitas, telas bordadas y collares y brazaletes dorados. Creo que la he decepcionado un poco porque me parezco tanto a mi padre y no me interesan la ropa y las joyas. Me aburre ir al mercado, pero me encanta bailar a escondidas con mis amigas del colegio.

De niños pasamos la mayor parte del tiempo con nuestra madre. Mi padre estaba fuera muy a menudo ocupado con muchas cosas, no sólo con la escuela, sino también con *jirgas* y sociedades literarias de Swat, y tratando de salvar el medio ambiente, de salvar nuestro valle. Mi padre provenía de una aldea atrasada y su familia era pobre, pero gracias a la educación y la fuerza de su personalidad, pudo ganar lo suficiente para todos nosotros y labrarse una reputación.

A la gente le gustaba oírle hablar y a mí me encantaban las tardes en que teníamos invitados. Nos sentábamos en el suelo, alrededor de un hule alargado sobre el que mi madre ponía la comida, y comíamos con la mano derecha, como es nuestra costumbre, haciendo una bola de arroz y carne. Cuando anochecía, nos sentábamos a la luz de las lámparas de petróleo, espantando a las moscas mientras nuestras siluetas proyectaban animadas sombras en las paredes. En los meses de verano con frecuencia había relámpagos y se oía retumbar los truenos fuera, y yo me arrastraba más cerca de la rodilla de mi padre.

Escuchaba absorta sus historias de tribus guerreras, líderes y santos pashtunes, con frecuencia en poemas que leía con voz melodiosa, a veces llorando. Como la mayoría de los habitantes de Swat, pertenecemos a la tribu Yousafzai. Los Yousafzai (que alguna gente escribe Yusufzai) somos una de las tribus pashtunes más numerosas; procedemos de Kandahar y estamos distribuidos por Pakistán y Afganistán.

Nuestros antepasados llegaron a Swat en el siglo XVI desde Kabul, donde habían ayudado a un emperador timúrida a recuperar su trono después de que su propia tribu le hubiera derrocado. El emperador les recompensó con importantes cargos en la corte y el ejército, pero sus amigos y allegados le advirtieron que los Yousafzai se estaban haciendo tan poderosos que le destronarían. Así que una noche invitó a todos los jefes a un banquete y ordenó a sus hombres que los mataran mientras comían. Así fueron masacrados unos seiscientos jefes. Sólo dos se salvaron y huyeron a Peshawar con los miembros de su tribu. Después de algún tiempo fueron a Swat para visitar a otras tribus e intentar conseguir su apoyo para regresar a Afganistán, pero les cautivó tanto la belleza del lugar que decidieron quedarse allí y expulsaron a las otras tribus.

Los Yousafzai repartieron toda la tierra entre los hombres de la tribu. Era un sistema peculiar llamado *wesh*, por el cual cada diez años todas las familias se trasladaban a otra aldea y la tierra de la nueva aldea se distribuía entre los miembros varones de las familias. Así todos tenían la oportunidad de trabajar en tierras buenas en algún momento. Se pensaba que esto impedía que los clanes rivales pelearan. Las aldeas eran gobernadas por khans, y la gente corriente, los artesanos y los jornaleros, eran sus arrendatarios y tenían que pagarles en especie, normalmente una parte de la cosecha. También estaban obligados a ayudar a los khans a formar el ejército aportando un hombre armado por cada pequeña parcela de tierra. Los khans mantenían centenares de hombres armados tanto para las disputas entre ellos como para saquear otras aldeas.

Como los Yousafzai no tenían a nadie por encima de ellos en Swat, estaban enzarzados en luchas interminables entre los khans, e incluso dentro de sus propias familias. Todos nuestros hombres tienen fusiles aunque hoy en día no van con ellos a todas partes como ocurre en otras zonas pashtunes, y mi bisabuelo contaba historias de batallas de cuando era un muchacho. A comienzos del siglo XX temían que los británicos, que ya controlaban la mayor parte de las regiones limítrofes, llegaran a dominarlos. También estaban cansados del constante derramamiento de sangre. Así que decidieron buscar a un hombre imparcial que gobernara toda la región y resolviera las disputas.

Después de varios intentos fallidos, en 1917 los jefes se pusieron de acuerdo en nombrar rey a un hombre llamado Miangul Abdul Wadood. Hoy se le conoce con el apodo cariñoso de Badshah Sahib y aunque era completamente analfabeto logró traer la paz al valle. Quitar su rifle a un pashtún es como quitarle su vida, por lo que no pudo desarmarlos, así que construyó fuertes en las montañas por todo el valle y creó un ejército. Los británicos lo reconocieron como jefe de estado en 1926 y lo confirmaron como valí. Estableció la primera red telefónica, construyó la primera escuela primaria y acabó con el sistema *wesh*, porque el movimiento constante de unas aldeas a otras tenía como consecuencia que nadie podía vender tierra ni estaba interesado en construir casas mejores y plantar frutales.

En 1949, dos años después de la creación de Pakistán, abdicó en su hijo mayor, Miangul Abdul Haq Jehanzeb. Mi padre dice siempre: «Mientras que Badshah Sahib trajo la paz, su hijo trajo la prosperidad». El reinado de Jehanzeb es para nosotros una era dorada en nuestra historia. Había estudiado en Peshawar en un colegio británico y, quizá porque su padre era analfabeto, era un apasionado de las escuelas y construyó muchas, así como hospitales y carreteras. En los años cincuenta puso fin al sistema de tributos a los khans. Pero no había libertad de expresión y si alguien criticaba al valí, podía ser expulsado del valle. En 1969, el año en que nació mi padre, el valí abdicó y nos convertimos en parte de la Provincia Fronteriza del Noroeste de Pakistán, que hace unos años pasó a denominarse Jaiber Pashtunjua.

Así que soy una orgullosa hija de Pakistán, pero, como todos los habitantes de Swat, primero me consideraba swati y después pashtún, antes que pakistaní.

Cerca de nuestra casa vivía una familia con una niña de mi edad llamada Safina y dos hermanos de edades parecidas a las de los míos, Babar y Basit. Juntos jugábamos al cricket en la calle, pero yo sabía que cuando nos hiciéramos mayores las niñas tendríamos que quedarnos en casa. Tendríamos que cocinar y servir a nuestros hermanos y padres. Mientras que los muchachos y los hombres se movían libremente por la ciudad, mi madre y yo no podíamos salir sin que un pariente varón nos acompañase. ¡Incluso aunque fuera un niño de cinco años! Ésa era la tradición.

Yo había decidido desde muy pequeña que no sería así. Mi padre siempre decía: «Malala será libre como un pájaro». Yo soñaba con subir a la cima del monte Elum, como Alejandro Magno, para tocar Júpiter, e incluso ir más allá del valle. Pero mientras veía a mis hermanos correr por la azotea haciendo volar sus cometas con habilidad para ganar terreno al otro, yo me preguntaba qué grado de libertad podría tener una niña.

2

Mi padre, el halcón

Siempre supe que mi padre tenía problemas con las palabras. A veces se le quedaban atascadas y repetía la misma sílaba una y otra vez como un disco rayado mientras esperábamos que llegara la sílaba siguiente. Decía que era como si una pared le bloqueara la garganta. Las «m», las «p» y las «k» eran enemigos al acecho. Yo le decía de broma que una de las razones por las que me llamaba *Jani* es que resulta más fácil de pronunciar que Malala. Tartamudear era algo terrible para un hombre que amaba tanto las palabras y la poesía. En las dos líneas de su familia tenía un tío con el mismo problema. Pero casi con seguridad lo empeoraba su padre, cuya voz era un poderoso instrumento que podía hacer retumbar y danzar las palabras.

«Dilo de una vez, hijo», gritaba siempre que mi padre se quedaba atascado en medio de una frase. El nombre de mi abuelo era Rohul Amin, que significa «espíritu honesto» y es el nombre sagrado del ángel Gabriel. Estaba tan orgulloso de su nombre que se presentaba a la gente con un verso famoso en el que éste aparece. Era un hombre impaciente en el mejor de los casos y le provocaban ataques de ira las cosas más nimias, como una gallina que se perdía o una taza rota. Entonces la cara se le ponía roja y tiraba cazuelas y te-

teras. Yo nunca conocí a mi abuela, pero, según mi padre, solía bromear diciendo: «Por Dios, lo mismo que tú sólo nos tratas con el ceño fruncido, cuando yo muera que Dios te dé una esposa que nunca sonría».

A mi abuela le preocupaba tanto el tartamudeo de mi padre que cuando era pequeño le llevó a que le viera un hombre santo. Era un largo viaje en autobús y después había una hora de subida por la montaña hasta donde vivía. El sobrino de mi abuela Fazli Haquim tuvo que llevar a mi padre en hombros. El hombre santo se llamaba Lewano Pir, Santo del Loco, porque se suponía que curaba a los perturbados. Cuando les condujeron en presencia del *pir*, éste pidió a mi padre que abriera la boca y entonces escupió en ella. A continuación tomó un poco de *gur*, melaza oscura que se hacía con caña de azúcar, y la ablandó con saliva. Se la sacó de la boca y se la dio a mi abuela para que cada día diera un poco a mi padre. El tratamiento no surtió efecto. De hecho, alguna gente pensaba que había empeorado. Así que cuando mi padre tenía trece años y dijo a mi abuelo que se había inscrito en un concurso de declamación pública, éste se quedó atónito. «¿Cómo se te ocurre? —le dijo Rohul Amin, riéndose—. Si tardas uno o dos minutos en pronunciar una frase».

«No te preocupes —repuso mi padre—. Tú escribe el discurso y yo lo aprenderé».

Mi abuelo era famoso por sus discursos. Enseñaba teología en un colegio del gobierno en la aldea de Shahpur. También era imán en la mezquita local. Su oratoria era irresistible. Sus sermones de los viernes eran tan populares que venía gente de las montañas, a pie o en burro, para escucharle.

La familia de mi padre era muy grande. Tenía un hermano mucho mayor, Saeed Ramzan, al que llamo tío *Khan dada,* y cinco hermanas. Barkana, su aldea, era muy primitiva, y vivían apretados en una cabaña con techo de barro por el que se filtraba el agua cuando llovía o nevaba. Como en la mayoría de las familias, las niñas se quedaban en casa mientras los muchachos iban a la escuela. «Simplemente estaban esperando a que las casaran», dice mi padre.

La escuela no era lo único en lo que mis tías eran peor tratadas. Por la mañana, mientras que a mi padre se le daba nata o leche, ellas bebían el té sin más. Si había huevos, eran para los chicos. Cuando se mataba un pollo para la comida, para ellas eran las alas y el cuello, mientras que la deliciosa pechuga se reservaba para mi padre, su hermano y mi abuelo. «Desde muy pronto me di cuenta de que era distinto de mis hermanas», cuenta mi padre.

Había poco que hacer en la aldea de mi padre. Era demasiado angosta incluso para un campo de cricket y sólo una familia tenía televisión. Los viernes los hermanos se deslizaban en la mezquita y veían maravillados cómo mi abuelo predicaba desde el púlpito a la congregación durante una hora, y esperaban el momento en que su voz se alzaba y prácticamente hacía vibrar las vigas.

Mi abuelo había estudiado en la India, donde había visto a grandes oradores y líderes como Mohammad Ali Jinnah (el fundador de Pakistán), Jawaharlal Nehru, Mahatma Gandhi y Khan Abdul Ghaffar Kahn, nuestro gran líder de la independencia pashtún. *Baba*, como le llamaba yo, incluso presenció la liberación de los colonialistas británicos el 14 de agosto de 1947. Tenía un viejo aparato de radio que aún conserva mi tío en el que le gustaba escuchar las noticias. Muchas veces ilustraba sus sermones con acontecimientos históricos o con historias del Corán y los hadices, los dichos del Profeta. También le gustaba hablar de política. Swat se convirtió en parte de Pakistán en 1969, el año en que nació mi padre. Muchos swatis estaban descontentos con esto y se quejaban del sistema de justicia, que les parecía mucho más lento y menos efectivo que sus antiguos procedimientos tribales. Mi abuelo criticaba el sistema de clases, el mantenimiento del poder de los khans y la distancia que había entre los pobres y los acomodados.

Mi país no es muy antiguo, pero por desgracia ya tiene un historial de golpes militares, y cuando mi padre tenía ocho años, se hizo con el poder un general llamado Zia ul-Haq. Todavía se pueden ver en muchos sitios fotografías suyas. Era un hombre tétrico con grandes sombras oscuras alrededor de los ojos, largos dientes que parecían en posición de firmes y el pelo pegado a la cabeza con fijador. Nuestro primer ministro electo, Zulfikar Ali Bhutto, fue detenido, juzgado por traición y ahorcado en la cárcel de Rawalpindi. Aún hoy la gente recuerda a Bhutto como un hombre de gran carisma. Dicen que fue el primer líder pakistaní que defendió a los humildes, aunque él era un señor feudal que poseía grandes plantaciones de mango. Su ejecución horrorizó a todo el mundo y dio una imagen pésima de Pakistán. Los estadounidenses interrumpieron la ayuda.

A fin de obtener el apoyo popular, el general Zia lanzó una campaña de islamización para convertirnos en un país verdaderamente islámico y erigió a su ejército en defensor no sólo de las fronteras geográficas sino también ideológicas de nuestro país. Dijo a nuestro pueblo que su obligación era obedecer a su gobierno porque seguía los principios islámicos. Zia incluso quería dictar cómo debíamos rezar y creó *salat,* comités de oración, en todos los distritos, incluso en nuestra remota aldea, y designó a 100.000 inspectores de oración. Antes de aquello los mulás casi habían sido objeto de burla —mi padre contaba que en las bodas se quedaban en un rincón y se marchaban pronto—, pero con Zia adquirieron influencia y se les llamó a Islamabad para recibir orientación sobre sus sermones. También tuvo que ir mi abuelo.

Con Zia la situación de las mujeres pakistaníes sufrió incluso más restricciones. Jinnah había dicho: «Ninguna lucha puede tener éxito si las mujeres no participan en ella junto a los hombres. Hay dos poderes en el mundo: uno es la espada y otro la pluma. Hay un tercer poder más fuerte que los dos, el de las mujeres». Pero el general Zia instituyó leyes islámicas que reducían el valor del testimonio de una mujer ante un tribunal a la mitad del de un hombre. Las cárceles no tardaron en llenarse de casos como el de una niña de trece años que había sido violada y estaba embarazada. Se la encarceló por adulterio porque no pudo presentar a cuatro hombres que ratificaran el delito. Una mujer ni siquiera podía abrir una cuenta bancaria sin el permiso de un hombre. Como país, siempre habíamos sido buenos en el hockey, pero Zia obligó a nuestras jugadoras a llevar pantalones anchos en vez de shorts y las mujeres dejaron de practicar algunos deportes completamente.

Por aquella época se abrieron muchas de nuestras madrasas o escuelas religiosas y en todos los colegios los estudios religiosos, *deenyat*, fueron sustituidos por los estudios islámicos o *islamiyat* que seguimos teniendo hoy. Nuestros libros de historia se reescribieron de manera que Pakistán apareciera como una «fortaleza del islam», por lo que daba la impresión de que su existencia era muy anterior a 1947. También denunciaban a los hindúes y los judíos. La historia se presentó como si hubiéramos ganado las tres guerras que habíamos librado —y perdido— contra nuestro gran enemigo: India.

Todo cambió cuando mi padre tenía diez años. Poco después de la Navidad de 1979 los soviéticos invadieron Afganistán. El general Zia acogió a todos los refugiados afganos que cruzaron la frontera a millones. Principalmente alrededor de Peshawar surgieron grandes campos de tiendas blancas, algunos de los cuales siguen allí todavía. Nuestro principal servicio de inteligencia, el ISI, que pertenece al ejército, comenzó un programa masivo de entrenamiento de los hombres reclutados en esos campos para transformarlos en combatientes de la resistencia o muyaidines. El coronel Imam, que dirigía el programa, se quejaba de que intentar organizar a los afganos era «como pesar ranas».

La invasión soviética transformó a Zia de un paria internacional en el gran defensor de la libertad durante la Guerra Fría. Como la URSS era el gran enemigo de los estadounidenses, volvíamos a tener buenas relaciones con ellos. Con la revolución iraní y el derrocamiento del shah unos meses antes la CIA había perdido su principal base en nuestra región. Pakistán ocupó su lugar. Nuestro gobierno recibió miles de millones de dólares de Estados Unidos y otros países occidentales, así como armas, a fin de que el ISI entrenara a los afganos para luchar contra el Ejército Rojo. El general Zia fue invitado a reunirse con el presidente Ronald Reagan en la Casa Blanca y con la primera ministra Margaret Thatcher en el 10 de Downing Street. Le llenaron de elogios.

El primer ministro Zulfikar Bhutto había nombrado a Zia jefe del ejército porque no le consideraba muy inteligente y pensaba que no representaría una amenaza. Le llamaba su «mono». Pero Zia resultó ser muy astuto. Hizo de Afganistán una bandera no sólo para Occidente, que quería impedir la expansión del comunismo soviético, sino también para los musulmanes de Sudán y Tayikistán, que lo veían como un país islámico que estaba siendo atacado por los infieles. Llegó dinero a raudales de todo el mundo árabe, particularmente de Arabia Saudí, que igualaba las aportaciones estadounidenses, y también llegaron combatientes voluntarios, entre los que estaba un millonario saudí llamado Osama bin Laden.

Los pashtunes estamos divididos entre Pakistán y Afganistán y en realidad no reconocemos la frontera que los británicos trazaron hace más de cien años. Así que nos hervía la sangre a causa de la invasión soviética por razones tanto religiosas como nacionalistas. Los clérigos de las mezquitas hablaban frecuentemente de la ocupación soviética de Afganistán en sus sermones y condenaban a los soviéticos por infieles, animando a los hombres a unirse a la yihad y cumplir así su deber de buenos musulmanes. Era como si con Zia la yihad se hubiera convertido en el sexto pilar de nuestra religión, junto a los otros cinco que aprendemos: creer en un Dios; *namaz,* rezar cinco veces al día; dar *zakat,* limosnas; *roza,* ayunar desde el alba hasta el anochecer en el mes del Ramadán; y *haj,* la peregrinación a La Meca que cada musulmán capaz físicamente debe hacer al menos una vez en su vida. Según mi padre, en nuestra parte del mundo esta idea de la yihad fue muy fomentada por la CIA. En los campos de refugiados incluso se les daba a los niños libros de texto creados en una universidad estadounidense en los que se enseñaba a contar con cálculos como éstos: «Si un musulmán mata a 5 de 10 ateos, quedan 5» o «15 balas – 10 balas = 5 balas».

Algunos muchachos de la zona de mi padre se marcharon a combatir en Afganistán. Mi padre recuerda que un día llegó a la aldea un maulana llamado Sufi Mohammad y pidió a los jóvenes que fueran con él a luchar contra los soviéticos en el nombre del islam. Muchos lo hicieron y se marcharon, armados con rifles o simplemente con hachas y bazookas. No sospechábamos entonces que, años más tarde, la organización de aquel maulana se convertiría en los Talibanes de Swat. En aquella época mi padre sólo tenía doce años y era demasiado joven para ir a luchar. Pero los soviéticos al final permanecieron diez años en Afganistán, la mayor parte de los años ochenta, y cuando mi padre creció decidió que él también quería convertirse en yihadista. Aunque actualmente no es tan regular en sus oraciones, en aquella época se levantaba al alba cada mañana para ir caminando a una mezquita de otra aldea donde estudiaba el Corán con un prestigioso *talib*. Por aquel entonces, *talib* no significaba más que «estudiante religioso». Juntos, estudiaron los treinta capítulos del Corán, no sólo recitándolos, sino también interpretándolos, algo que hacen muy pocos muchachos.

Aquel *talib* hablaba de la yihad en términos tan gloriosos que mi padre estaba fascinado. No dejaba de explicarle que la vida sobre la tierra era breve y que en la aldea había pocas oportunidades para los jóvenes. Nuestra familia tenía poca tierra y mi padre no quería acabar marchándose al sur a trabajar en las minas de carbón, como muchos de sus compañeros de clase. Era un trabajo duro y peligroso, y cada año volvían en ataúdes varios de los fallecidos en accidentes. Lo máximo a lo que la mayoría de los muchachos de la aldea podía aspirar era marcharse a Arabia Saudí o a Dubái a trabajar en la construcción. Así que la idea del paraíso con sus setenta y dos vírgenes sonaba atractiva. Cada noche mi padre rogaba a Dios: «Oh, Alá, haz la guerra entre los musulmanes y los infieles para que yo pueda morir a tu servicio y ser un mártir».

Durante un tiempo su identidad musulmana le pareció lo más importante en su vida. Empezó a firmar con el nombre Ziauddin Panchpiri (los panchpiri son una secta religiosa) y a dejarse barba. Ahora cuenta que era una especie de lavado de cerebro. Cree que incluso podría haber considerado la idea de convertirse en un terrorista suicida si en aquellos días hubiera habido tal cosa. Pero desde muy pequeño había sido un niño inquisitivo que pocas veces aceptaba algo sin más, aunque nuestra educación en las escuelas del gobierno consistía en aprender de memoria y se suponía que los alumnos debían creer a los profesores a pies juntillas.

Por la época en que rezaba para ir al cielo como un mártir conoció al hermano de mi madre, Faiz Mohammad, y empezó a tratar

a su familia y a ir a la *hujra* de su padre. Estaban muy comprometi-
dos en la política local, pertenecían a un partido nacionalista secular
y eran contrarios a la participación en la guerra. Rahmat Shah Sayel,
el mismo poeta de Peshawar que escribió el poema sobre mi tocaya,
compuso por aquellas fechas un poema famoso en el que describía
lo que estaba ocurriendo en Afganistán como una «guerra entre dos
elefantes»: Estados Unidos y la URSS. Decía que no era nuestra
guerra y que los pashtunes éramos «como la hierba aplastada por las
pezuñas de dos bestias furiosas». Mi padre solía recitármelo cuando
era pequeña, pero yo no sabía qué significaba.

Mi padre estaba especialmente influido por Faiz Mohammad y
sus propuestas le parecían acertadas, particularmente en lo que se
refería a poner fin al sistema feudal en nuestro país, donde las mismas grandes familias habían controlado todo durante años, mientras los pobres cada vez eran más pobres. Se encontró dividido entre
los dos extremos: secularismo y socialismo por un lado e islamismo
militante por otro. Acabó aproximadamente en el medio.

Mi padre sentía una gran admiración por mi abuelo y me contaba historias maravillosas sobre él, pero también me dijo que era un
hombre que no cumplía todo lo que exigía a los demás. *Baba* era un
orador tan popular y apasionado que habría podido ser un gran
hombre si hubiera sido más diplomático y hubiera estado menos
pendiente de rivalidades con primos suyos que tenían más dinero.
En la sociedad pashtún es muy difícil soportar que un primo tuyo
sea más popular, más rico o más influyente que tú. Mi abuelo tenía
un primo que también enseñaba en su escuela. Cuando obtuvo el
puesto, se atribuyó una edad muy inferior a la de mi abuelo. Los
pashtunes muchas veces no saben su fecha exacta de nacimiento: mi
madre, por ejemplo, no sabe cuándo nació. Más bien recordamos
los años por acontecimientos, como un terremoto. Pero mi abuelo

sabía que su primo en realidad era mucho mayor que él. Estaba tan indignado que hizo el viaje de un día entero en autobús a Mingora para hablar con el ministro de Educación. «Shaib —le dijo—, tengo un primo que es diez años mayor que yo y en los documentos oficiales de ustedes consta como si fuera diez años más joven». A lo que el ministro respondió: «De acuerdo, maulana, ¿qué quiere que escriba? ¿Le gustaría haber nacido en el año del terremoto de Quetta?». Mi abuelo asintió, así que su nueva fecha de nacimiento fue 1935, lo que le hacía mucho más joven que su primo.

Esta rivalidad familiar significaba que mi a padre le intimidaban mucho sus primos. Sabían que se sentía inseguro sobre su aspecto físico porque en el colegio los profesores siempre trataban mejor a los muchachos guapos de tez clara. Sus primos paraban a mi padre al volver del colegio y se burlaban de él por ser bajo y de piel oscura. En nuestra sociedad uno debe vengarse por esos insultos, pero mi padre era mucho más pequeño que sus primos.

También le parecía que nunca hacía lo suficiente para agradar a mi abuelo. *Baba* tenía una letra preciosa y mi padre pasaba horas haciendo caligrafía, pero *Baba* nunca le dijo que lo hacía bien.

Mi abuela le animaba; era su favorito y creía que estaba destinado a grandes cosas. No tenían mucha comida y le daba a escondidas carne y la nata de la leche de las que ella se privaba. Pero no resultaba fácil estudiar, pues en aquella época no había electricidad en la aldea. Él leía a la luz de una lámpara de petróleo en la *hujra* y una noche se quedó dormido y la lámpara se volcó. Por suerte, mi abuela le encontró antes de que el fuego comenzara. Fue la fe de mi abuela en mi padre lo que le dio el valor para buscar un camino digno que pudiera transitar. Ése es el camino que más tarde me enseñó a mí.

No obstante, incluso ella se enfadó con él en una ocasión. En aquellos días unos hombres santos de Derai Sadan recorrían las aldeas pidiendo harina. Llegaron a la casa varios de ellos cuando mis abuelos habían salido. Mi padre rompió el cierre del recipiente de madera donde guardaban el maíz y les llenó las escudillas. Cuando mis abuelos regresaron a casa se pusieron furiosos y le pegaron.

Los pashtunes tenemos fama de frugales (aunque generosos con las visitas), pero mi abuelo era especialmente cuidadoso con el dinero. Si a alguno de sus hijos se le caía algo de comida sin querer, se encolerizaba. Era un hombre extremadamente disciplinado y no podía comprender que los demás no lo fueran. Como profesor, tenía derecho a un pequeño descuento en la cuota escolar de sus hijos para deportes y para ingresar en los Boy Scouts. Era un descuento tan pequeño que la mayoría de los maestros no lo pedían, pero él obligó a mi padre a solicitarlo al director de la escuela. Por supuesto, mi padre detestaba tener que hacerlo. Mientras esperaba fuera del despacho del director, empezó a sudar y, en cuanto entró, el tartamudeo fue más fuerte que nunca. «Daba la impresión de que mi honor estaba en juego por cinco rupias», me dijo. Mi abuelo nunca le compraba libros nuevos. De hecho, decía a sus mejores alumnos que a final de curso reservaran sus libros usados para mi padre y le enviaba a sus casas a recogerlos. A él esto le avergonzaba, pero no le quedaba otro remedio si no quería acabar siendo analfabeto. Todos sus libros llevaban el nombre de otros muchachos, nunca el suyo.

«No es que pasar los libros a otros sea una mala práctica —dice—. Sólo es que yo deseaba tanto un libro nuevo... que no estuviera marcado por otro alumno y comprado con el dinero de mi padre».

La aversión de mi padre a la frugalidad de *Baba* le ha hecho un hombre muy generoso, tanto material como espiritualmente. Se propuso acabar con la rivalidad entre él y sus primos. Cuando la esposa del director de la escuela cayó enferma, mi padre donó sangre para intentar salvarla. El director se quedó asombrado y se disculpó por haberle humillado. Cuando mi padre me cuenta historias de su infancia, siempre dice que aunque *Baba* era un hombre difícil, le otorgó el don más preciado: el don de la educación. Envió a mi padre a un centro oficial de enseñanza secundaria para que recibiera una educación moderna y aprendiera inglés, en vez de a una madrasa, aunque, al ser un imán, la gente le criticó por ello. También le transmitió un profundo amor al conocimiento y la erudición, así como una aguda conciencia de los derechos, que, a su vez, mi padre me ha transmitido a mí. En sus oraciones de los viernes, hablaba de los pobres y los terratenientes y de cómo el verdadero islam es contrario al feudalismo. Conocía el persa y el árabe y sentía hondamente las palabras. Leía a mi padre los grandes poemas de Saadi, Allama Iqbal y Rumi con tanta pasión como si estuviera ante toda la mezquita.

Mi padre deseaba ser elocuente y tener una potente voz que no tartamudeara. Sabía que uno de los mayores deseos de mi abuelo era que mi padre fuera médico, pero aunque era un alumno brillante y un poeta dotado, no era bueno en matemáticas y en ciencias, y le parecía que le había decepcionado. Así que decidió que haría que su padre se enorgulleciera de él inscribiéndose en el concurso anual de oratoria del distrito. Todos pensaban que se había vuelto loco. Sus profesores y sus amigos trataron de disuadirle y su padre al principio se mostró renuente a escribirle el discurso. Al final, le dio un hermoso discurso que mi padre practicó y practicó. Como en su casa no había intimidad, se aprendió de memoria cada palabra mientras caminaba por las montañas y lo recitaba a los cielos y los pájaros.

No había mucho que hacer en la zona en la que vivían, así que, cuando llegó el día, se congregó mucha gente. Otros muchachos que tenían fama de buenos oradores pronunciaron sus discursos.

Por fin, le llegó el turno a mi padre. «Estaba de pie en el estrado —me contó—, las manos me temblaban y las rodillas se me doblaban, tan bajito que apenas alcanzaba a ver por encima del atril y tan aterrorizado que veía sus caras borrosas. Me sudaban las palmas de las manos y tenía la boca seca como el papel». Intentó desesperadamente no pensar en las traicioneras consonantes que le esperaban para hacerle tropezar y quedársele pegadas a la garganta. Pero, a medida que hablaba, las palabras llegaban fluidamente a la sala como bellas mariposas que alzaran el vuelo. Su voz no sonaba atronadora como la de su padre, pero era capaz de expresar su pasión y fue cobrando confianza.

Al final del discurso hubo vítores y aplausos. Lo mejor de todo, cuando se levantó para recoger la copa del primer premio, fue ver a su padre aplaudiendo y disfrutando con las felicitaciones de los que le rodeaban. «Era la primera vez que sonreía por algo que había hecho yo», dijo.

Después de aquello mi padre se presentó a todas las competiciones del distrito. Mi abuelo escribía los discursos y casi siempre ganaba el primer premio, por lo que en la zona se creó la reputación de ser un gran orador. Por primera vez, *Baba* empezó a elogiarle delante de los demás. Se vanagloriaba: «Ziauddin es un *shaheen*» —un halcón— porque es una criatura que vuela por encima de las demás aves. «Escribe tu nombre como Ziauddin Shaheen», le dijo. Durante un tiempo mi padre así lo hizo, pero más tarde suprimió el apodo porque se dio cuenta de que el halcón vuela alto, pero es un ave cruel. Prefirió llamarse simplemente Ziauddin Yousafzai, el nombre de nuestro clan.

3

Crecer en una escuela

Mi madre empezó a ir a la escuela cuando tenía seis años y lo dejó ese mismo año. Su caso era insólito en la aldea, porque su padre y sus hermanos la animaban a ir a la escuela. Era la única niña en una clase de chicos. Llevaba orgullosamente su bolsa de libros y decía que era más inteligente que los chicos. Pero sus primas se quedaban jugando en casa y le daban envidia. Parecía que no tenía mucho sentido ir a la escuela para acabar cocinando, limpiando y criando hijos, así que, un día, vendió sus libros por nueve annas, se gastó el dinero en dulces y no regresó. Su padre no dijo nada. Según cuenta ella, ni siquiera lo notó, porque cada día se marchaba muy temprano después de un desayuno de torta de maíz con nata, con su pistola alemana bajo el brazo, y se dedicaba a la política local o a resolver disputas. Además, tenía otros siete hijos de los que preocuparse.

Sólo lo lamentó cuando conoció a mi padre. Ahí estaba un hombre que había leído tantos libros, que le escribía poemas que ella no podía leer y cuya ambición era tener su propia escuela. Como esposa, quería ayudarle a conseguirlo. Desde que tenía memoria, el sueño de mi padre había sido abrir una escuela, pero sin contactos familiares ni dinero le iba a resultar extremadamente difícil realizarlo. Estaba convencido de que no había nada más importante que el conocimiento. Recordaba las preguntas que se hacía sobre el río de la aldea, de dónde venía el agua y adónde iba, hasta que aprendió el ciclo del agua, desde la lluvia hasta los mares.

La escuela de su aldea había estado en un edificio pequeño. Muchas de las clases se daban bajo un árbol o en el suelo. No había lavabos y los alumnos tenían que ir al campo cuando lo necesitaban. Sin embargo, la educación había sido un gran don para él. Creía que la falta de formación estaba en el origen de todos los problemas de Pakistán. La ignorancia permitía que los políticos engañaran a la gente y que los malos administradores fueran reelegidos. Creía que la escolarización debía ser para todos, ricos y pobres, niños y niñas. La escuela con la que mi padre soñaba tendría pupitres y una biblioteca, carteles de colores en las paredes y, lo que es más importante, lavabos.

Mi abuelo tenía un sueño distinto para su hijo menor —quería que fuera médico— y, como uno de sus dos hijos varones, esperaba que contribuyera al presupuesto familiar. El hermano mayor de mi padre, Saeed Ramzan, desde hacía años era maestro en una escuela en las montañas. Él y su familia vivían con mi abuelo, y con lo que lograba ahorrar de su salario construyó una pequeña *hujra* de cemento para invitados a un lado de la casa. Traía troncos de madera de las montañas para hacer leña para el fuego y después de la escuela trabajaba en los campos, donde nuestra familia tenía búfalos, y ayudaba a *Baba* en los trabajos pesados como limpiar el tejado de nieve.

Cuando a mi padre le ofrecieron una plaza para estudiar su especialidad en el Jehanzeb College, que es la mejor institución de educación superior de Swat, mi abuelo se negó a apoyarle económicamente. Su formación en Delhi había sido gratuita: vivió como *talib* en las mezquitas en las que los estudiantes recibían comida y ropa de la población local. Estudiar en Jehanzeb no le costaría nada, pero mi padre necesitaba dinero para vivir. En Pakistán no hay becas y él ni siquiera había pisado un banco en su vida. El *college* estaba en Saidu Sharif, la principal ciudad de Swat junto con Mingora, y no conocía a nadie allí con quien se hubiera podido alojar. Aparte de Jehanzeb, no había otro *college* en Shangla, y si no estudiaba nunca podría salir de la aldea para realizar su sueño.

Mi padre estaba desesperado y lloraba de frustración. Su querida madre había muerto poco antes de que él acabara el instituto. Sabía que, si su madre hubiera vivido, se habría puesto de su parte. Suplicó a su padre, pero en vano. Su única esperanza era su cuñado de Karachi. Mi abuelo sugirió que quizá le podrían alojar en su casa para que estudiase allí. La pareja iba a ir pronto a la aldea para ofrecer sus condolencias por la muerte de mi abuela.

Mi padre rezó para que estuvieran de acuerdo. Pero mi abuelo se lo propuso en cuanto llegaron, agotados después de un viaje de tres días en autobús, y su yerno se negó rotundamente. Mi abuelo se puso tan furioso que se negó a hablar con ellos durante toda su estancia. Parecía que mi padre había perdido su última oportunidad y que acabaría enseñando en la escuela local como su hermano. La escuela en la que el tío *Khan dada* era maestro estaba en Sewoor, una aldea de la montaña, a una hora y media de subida desde su casa. Ni siquiera tenía edificio propio y utilizaban la mezquita para dar clase a más de cien niños de entre cinco y quince años.

En Sewoor vivían gujaratis, kohistanis y mianis. A estos últimos se les consideraba nobles, pero los gujaratis y los kohistanis son lo que llamamos gente de las montañas, campesinos que cuidan búfalos. Sus hijos suelen ir sucios y los pashtunes los desprecian aunque ellos también sean pobres. «Son sucios, oscuros y estúpidos —decían—. Que sean analfabetos». A los maestros no les suele gustar que se les envíe a esas escuelas apartadas y normalmente llegan a un arreglo para que sólo uno de ellos vaya al trabajo cada día. Si la escuela tiene dos maestros, cada uno va tres días y firma por el otro como si hubiera ido. Si tiene tres maestros, cada uno va dos días únicamente. En el pasado su principal objetivo era mantener a los niños en silencio con unas largas varas pues no imaginaban de qué podría servirles la educación.

El hermano mayor de mi padre era más cumplidor. Apreciaba a la gente de las montañas y les respetaba por la dureza de sus vidas, así que iba a la escuela la mayoría de los días y trataba de enseñar algo a los niños. Cuando mi padre terminó la enseñanza secundaria, empezó a ir con su hermano para ayudarle. Entonces cambió su suerte. Otra de mis tías se había casado con un hombre de aquella aldea y tenían un pariente llamado Nasir Pacha, que vio trabajar a mi padre. Nasir Pacha había pasado varios años en Arabia Saudí trabajando en la construcción, ahorrando dinero para enviar a los suyos y su familia. Mi padre le dijo que había terminado el instituto y que había obtenido una plaza en Jehanzeb. No mencionó que no podría permitirse aceptarla para no avergonzar a su padre.

«¿Por qué no vienes a vivir con nosotros?», le preguntó Nasser Pacha.

«Uf, por Dios, estaba tan feliz», relata mi padre. Pacha y su esposa Jajai se convirtieron en su segunda familia. Su casa estaba en Spal Bandi, una hermosa aldea en la montaña en el camino al Palacio Blanco, que, según la describe mi padre, era un lugar romántico y estimulante. Mi padre fue en autobús y le pareció tan grande en comparación con su aldea que creyó que había llegado a la ciudad. Como invitado, le trataron excepcionalmente bien. Jajai ocupó el lugar de su madre como la mujer más importante de su vida. Cuando un hombre se quejó de que mi padre coqueteaba con una joven que vivía al otro lado de la calle, ella le defendió. «Ziauddin es tan limpio como un huevo sin pelos —decía—. Ocúpate más bien de tu propia hija».

Fue en Spal Bandi donde mi padre encontró por primera vez mujeres que tenían gran libertad y no estaban ocultas como en su aldea. Tenían para ellas un lugar maravilloso en lo alto de la montaña donde se reunían. No era algo frecuente que las mujeres tuvieran un lugar propio para encontrarse fuera de casa. Fue también allí donde mi padre conoció a su mentor Akbar Khan, que, aunque carecía de estudios, le prestó dinero para que pudiera continuar su formación. Como mi madre, Akbar Khan quizá no tenía educación formal, pero poseía otro tipo de sabiduría. Mi padre hablaba con frecuencia de la bondad de Akbar Khan y de Nasir Pacha para mostrar que quien ayuda a alguien que lo necesita también puede recibir una ayuda inesperada.

Mi padre empezó a estudiar para su graduación en un momento importante de la historia de Pakistán. Aquel verano, mientras caminaba por las montañas, el dictador Zia murió en un misterioso accidente aéreo, que, según se decía, fue causado por una bomba escondida en una caja de mangos. Durante el primer curso de sus estudios se celebraron elecciones, que ganó Benazir Bhutto, la hija del primer ministro que había sido ejecutado cuando mi padre era niño. Era la primera vez que una mujer accedía al cargo de primer ministro en nuestro país y en el mundo islámico. De repente, había mucho optimismo sobre el futuro.

Resurgieron con fuerza las organizaciones estudiantiles, que habían sido prohibidas por Zia. En seguida mi padre también participó en política y se dio a conocer como buen orador y polemista. Se convirtió en secretario general de la Federación de Estudiantes Pashtunes, que propugnaba la igualdad de derechos para los pashtunes. Los puestos más importantes en el ejército, la burocracia y el gobierno los acaparan los punjabis, porque proceden de la provincia más grande y poderosa.

La otra gran organización estudiantil era Islami Jamaat-e-Talaba, el ala universitaria del partido religioso Jamaat-e-Islami, que era fuerte en muchas universidades de Pakistán. Proporcionaban libros de texto gratuitos y becas a los estudiantes, pero eran profundamente intolerantes y su afición favorita era patrullar las universidades y sabotear conciertos musicales. Ese partido había sido disuelto por el general Zia y sus resultados electorales habían sido malos. El presidente de su agrupación de estudiantes en Jehanzeb era Ihsan ul-Haq Haqqani. Aunque él y mi padre eran grandes rivales, se admiraban mutuamente y más tarde se hicieron amigos. Haqqani dice que está seguro de que mi padre habría sido presidente de la Federación de Estudiantes Pashtunes si hubiera pertenecido a la familia acaudalada de un khan. En la política estudiantil eran decisivos el carisma y las cualidades para el debate, pero la política de partidos dependía del dinero.

Uno de los debates más acalorados de aquel primer año giró en torno a una novela. El libro era *Los versos satánicos*, de Salman Rushdie, y consistía en una parodia del Profeta que se desarrollaba en Bombay. La mayoría de los musulmanes lo consideraron blasfemo y provocó tanta indignación que prácticamente era de lo único de lo que se hablaba. Lo extraño es que en su momento nadie se había enterado de la publicación del libro, que de hecho ni siquiera estaba a la venta en Pakistán. Pero entonces en los periódicos urdu aparecieron una serie de artículos firmados por un mulá próximo al servicio de inteligencia pakistaní, en los que describía el libro como ofensivo para el Profeta y decía que el deber de todo buen musulmán era protestar. De repente había mulás por todo el país denunciando el libro y pidiendo que se prohibiera. Hubo manifestaciones airadas. El 12 de febrero de 1989 se celebró en Islamabad la más violenta, en la que se prendió fuego a banderas estadounidenses ante el American Centre (aunque Rushdie y sus editores eran británicos). La policía disparó a la muchedumbre y murieron cinco personas. Dos días después, el ayatolá Jomeini, el líder supremo de Irán, emitió una fetua llamando al asesinato de Rushdie.

En el *college* de mi padre tuvo lugar un acalorado debate en una sala llena a rebosar. Una postura era que el libro debía ser prohibido y quemado, y la fetua cumplirse. Mi padre también pensaba que era ofensivo contra el islam, pero cree firmemente en la libertad de expresión. «Primero, leamos el libro y, después, ¿por qué no responderle con nuestro propio libro?», sugirió. Acabó preguntando con una voz atronadora de la que mi abuelo habría estado orgulloso: «¿Es el islam una religión tan débil que no puede tolerar un libro en su contra? ¡No *mi* islam!».

Los primeros años después de su graduación mi padre trabajó de profesor de inglés en un conocido colegio privado. Pero el sueldo era bajo, sólo 1.600 rupias al mes (unos catorce euros), y mi abuelo se quejaba de que mi padre no aportaba nada a la casa. Así que no le parecía bastante que ahorrara para la boda que deseaba para su querida Tor Pekai.

Uno de los colegas de mi padre en la escuela era su amigo Mohammad Naeem Khan. Él y mi padre habían obtenido juntos sus títulos de graduación y de máster en Inglés, y los dos tenían una gran vocación educativa. A los dos les frustraba que la escuela fuera tan estricta y poco imaginativa. Se suponía que ni los estudiantes ni los profesores debían tener opiniones propias y el control de los dueños era tan riguroso que incluso estaba mal vista la amistad entre profesores. Mi padre ansiaba la libertad que conllevaría dirigir su propia escuela. Quería enseñar el pensamiento independiente y sentía aversión por la forma en que el sistema actual premiaba la obediencia por encima de la curiosidad y la creatividad. Así que cuando Naeem perdió su trabajo después de una disputa con la dirección del colegio, decidieron fundar su propia escuela.

Su idea original era abrirla en Shahpur, la aldea de mi padre, donde la necesidad era acuciante. «Como una tienda en una comunidad en la que no hay tiendas», decía. Pero cuando fueron a buscar un local, vieron que por todas partes se anunciaba la apertura de una escuela: alguien se les había adelantado. Entonces decidieron abrir un colegio en lengua inglesa en Mingora, pensando que como Swat era un destino turístico habría demanda para aprender inglés.

Mientras mi padre seguía enseñando, Naeem recorría las calles buscando un local para alquilar. Un día, llamó a mi padre entusiasmado y le dijo que había encontrado un sitio en Landikas, una zona acomodada. Era el piso bajo de un edificio de dos pisos, con un patio vallado en el que los alumnos podrían reunirse. Anteriormente también había habido allí una escuela, la Ramada, que habían llamado así por la cadena de hoteles. ¡El dueño había estado en Turquía una vez y había visto un hotel Ramada! Pero la escuela se había arruinado, lo que quizá debería haber hecho que se lo pensaran dos veces. Además, el edificio estaba a la orilla de un río al que la gente arrojaba la basura y olía mal cuando hacía calor.

Mi padre fue a ver el local después del trabajo. Era una noche perfecta con estrellas y luna llena por encima de los árboles, lo que a él le pareció una señal propicia. «Me sentía tan feliz —recuerda—, mi sueño se estaba haciendo realidad».

Naeem y mi padre invirtieron todos sus ahorros: 60.000 rupias. Pidieron prestadas otras 30.000 rupias para pintar el edificio, alquilar al otro lado de la carretera una casa de un piso para vivir, y fueron de puerta en puerta intentando conseguir alumnos. Por desgracia, resultó que la demanda de clases de inglés era baja. Y tuvieron gastos inesperados. Después de la universidad mi padre siguió participando en debates políticos. Cada día se reunía con otros activistas en casa o en la escuela para comer. «¡No podemos permitirnos todas estas invitaciones!», se quejaba Naeem. También se estaba poniendo de manifiesto que aunque eran muy buenos amigos, les resultaba difícil trabajar como socios comerciales.

Además, constantemente se presentaban allegados de Shangla ahora que mi padre tenía un lugar en el que podían alojarse. Los pashtunes no podemos cerrar la puerta a los parientes ni a los amigos aunque supongan un estorbo. No respetamos la intimidad y no organizamos citas para ver a alguien. Los visitantes se presentan cuando les parece y se quedan el tiempo que quieren. Era una pesadilla para alguien que está comenzando una empresa y estaba volviendo loco a Naeem. Dijo en broma a mi padre que si uno de los dos tenía que alojar a parientes, tendría que pagar un gravamen. ¡Mi padre trató de convencer a los amigos y parientes de Naeem para que se quedasen y así también tendría que pagar el gravamen!

Tres meses después, Naeem estaba harto. «Se supone que tendríamos que estar ingresando dinero por las matrículas pero los únicos que llaman a nuestra puerta son mendigos. Esto es una tarea hercúlea —dijo—. ¡Ya no aguanto más!».

Para entonces los dos viejos amigos apenas se hablaban, por lo que pidieron a unos ancianos locales que mediaran. Mi padre no quería renunciar a la escuela, por lo que acordó devolver a Naeem lo que había invertido. El problema es que no sabía cómo. Por suerte, otro amigo de la universidad llamado Hidayatullah se mostró dispuesto a poner el dinero y ocupar el lugar de Naeem. Los nuevos socios volvieron a ir de puerta en puerta, informando a la gente de que habían abierto un nuevo tipo de escuela. Según Hidayatullah, mi padre es tan carismático que si lo invitas a tu casa se hace amigo de tus amigos. Pero aunque la gente estaba encantada de hablar con él, preferían enviar a sus hijos a escuelas consolidadas.

El colegio se llamaba Khushal, por uno de los grandes héroes de mi padre, Khushal Khan Khattak, el poeta guerrero de Akora, al sur de Swat, que intentó unir a todas las tribus pashtunes contra los mogoles en el siglo XVII. A la entrada estaba el lema: NUESTRO OBJETIVO ES FORMAR LAS VOCACIONES DE LA NUEVA ERA. Mi padre había diseñado la placa con una famosa frase de Khattak en pashtún: «Me ciño la espada en nombre del honor afgano». Mi padre quería que nuestro gran héroe nos inspirara, pero de una manera apropiada para nuestros tiempos: con bolígrafos, no con espadas. Lo mismo que Khattak quería que los pashtunes se unieran contra un enemigo extranjero, así debíamos unirnos nosotros contra la ignorancia.

Por desgracia, no convencieron a mucha gente. Cuando abrió sólo tenía tres estudiantes. A pesar de todo, mi padre insistía en comenzar cada día con pompa cantando el himno nacional. Entonces, su sobrino Aziz, que había venido a ayudar, izaba la bandera de Pakistán.

Con tan pocos alumnos, apenas tenían dinero para equipar la escuela y pronto se quedaron sin crédito. Ninguno de los dos recibía dinero de su familia y a Hidayatullah no le gustó descubrir que mi padre seguía debiendo dinero a muchos compañeros de la universidad, por lo que siempre estaban recibiendo cartas reclamándoselo.

Lo peor fue cuando mi padre quiso registrar la escuela. Después de hacerle esperar horas, por fin le condujeron al despacho del funcionario a cargo, atestado de montañas de expedientes y ayudantes bebiendo té. «¿Qué clase de escuela es ésta? —le preguntó, riéndose al ver su solicitud—. ¿Cuántos profesores tiene? ¡Tres! Sus profesores no están formados. ¡Todo el mundo piensa que se puede abrir una escuela sin más!».

Los demás que estaban en el despacho también empezaron a reírse y a ridiculizarle. Mi padre estaba indignado. Era evidente que el funcionario quería dinero. Los pashtunes no soportan que nadie les humille ni él tampoco iba a pagar un soborno por algo a lo que tenía derecho. Además, apenas tenían dinero para comer, mucho menos para sobornos. Por el registro había que pagar unas 13.000 rupias; más, si pensaban que eras rico. Y se suponía que las escuelas tenían que invitar regularmente a los funcionarios a una buena comida de pollo o trucha de río. El funcionario de educación llamaba para organizar una inspección y después indicaba qué quería comer ese día. Mi padre refunfuñaba: «Somos una escuela, no una pollería».

Así que cuando el funcionario dio a entender que quería un soborno, mi padre le respondió con toda la convicción de sus años de debates. «¿Por qué me hace todas esas preguntas? ¿Estoy en un despacho oficial, o en una comisaria o en un tribunal? ¿Es que soy un delincuente?». Decidió desafiar a aquellos funcionarios y proteger a otros dueños de escuelas del acoso y la corrupción. Sabía que para ello necesitaba demostrar su propio poder, de forma que ingresó en la Asociación de Colegios Privados de Swat. En aquellos días era pequeña, apenas tenía quince miembros y mi padre rápidamente se convirtió en vicepresidente.

Los otros directores daban por sentado que tenían que pagar sobornos, pero mi padre afirmaba que si todos se unían, podrían resistir. «¡Dirigir una escuela no es un delito! —les dijo—. ¿Por qué pagáis sobornos? ¡No regentáis burdeles, estáis educando niños! Los funcionarios del gobierno no son vuestros jefes —les recordó—. Son empleados vuestros. Cobran un sueldo para serviros. Vosotros sois los que estáis educando a *sus* hijos».

Mi padre no tardó en ser presidente de la organización y la expandió hasta incluir a cuatrocientos directores de colegios. Ahora los dueños de las escuelas estaban en una posición de poder. Pero mi padre siempre ha sido más romántico que hombre de negocios y entre tanto, se habían quedado sin crédito en la tienda y ni siquiera podían comprar té o azúcar. Para aumentar sus ingresos abrieron en la escuela una pequeña pastelería, que vendía tentempiés a los niños. Mi padre compraba maíz y se estaba hasta muy tarde preparando y empaquetando palomitas.

«Me deprimía mucho y a veces me hundía al ver los problemas que nos rodeaban —decía Hidayatullah—, pero cuando Ziauddin está en una crisis, se vuelve fuerte y animoso».

Mi padre insistía en que tenían que pensar a lo grande. Un día que regresaba de intentar conseguir alumnos, Hidayatullah le encontró sentado en la oficina con el director local de la Televisión pakistaní hablando sobre anunciarse. En cuanto el de la Televisión se hubo marchado, Hidayatullah soltó una carcajada. «Ziauddin, ni siquiera tenemos televisor —le dijo—. Si nos anunciamos no podremos verlo». Pero mi padre es optimista y nunca le han detenido pequeños detalles prácticos.

Entonces mi padre le dijo a Hidayatullah que volvía a su aldea por unos días. Se iba a casar, pero no se lo había anunciado a ninguno de sus amigos de Mingora porque no podía permitirse invitarlos.

Nuestras bodas duran varios días de banquetes. De hecho, como mi madre con frecuencia recuerda a mi padre, él no estuvo presente en la ceremonia. Llegó el último día, cuando los miembros de la familia sostienen un Corán y un velo sobre las cabezas de los novios, así como un espejo para que se vean. En el caso de muchos matrimonios concertados ésa es la primera vez que se ven las caras. Después un niño se sienta en su regazo para propiciar el nacimiento de un hijo varón.

En nuestra tradición la novia recibe muebles o quizá una nevera de su familia y algo de oro de la familia del novio. Mi abuelo no estaba dispuesto a comprar nada de oro, por lo que mi padre tuvo que pedir prestado más dinero. Después de la boda mi madre se mudó con mi abuelo y mi tío. Mi padre iba a la aldea cada dos o tres semanas para verla. El plan era consolidar su negocio y, en cuanto funcionara bien, ir a buscarla. Pero *Baba* no dejaba de quejarse sobre el gasto que representaba para él y le hacía imposible la vida a mi madre. Ella tenía un poco de dinero propio, así que lo emplearon en alquilar una camioneta y ella se mudó a Mingora. No sabían cómo se las arreglarían. «Sólo teníamos claro que mi padre no nos quería allí —cuenta mi padre—. En aquella época yo estaba descontento con mi familia, pero más tarde se lo agradecí, porque eso me hizo más independiente».

Sin embargo, no había advertido a su socio. Hidayatullah se quedó horrorizado cuando mi padre regresó a Mingora con una esposa. «¡No estamos en condiciones de mantener a una familia! —dijo a mi padre—. ¿Dónde va a vivir?».

«No hay problema —repuso mi padre—. Cocinará y lavará para nosotros».

Mi madre estaba entusiasmada con mudarse a una ciudad moderna. Cuando, de niñas, ella y sus amigas hablaban de sus sueños junto al río, la mayoría decían que querían casarse y tener hijos y cocinar para sus maridos. Cuando le tocaba el turno a mi madre, decía: «Quiero vivir en la ciudad y poder mandar que me traigan kebabs y naan, en vez de tener que prepararlos yo». Pero la vida no era exactamente como había esperado. Aquella cabaña sólo tenía dos habitaciones, una en la que dormían Hidayatullah y mi padre, y otra en la que habían instalado una pequeña oficina. No había cocina, ni cañerías. Cuando mi madre llegó, Hidayatullah tuvo que trasladarse a la oficina y dormir en una silla de madera.

Mi padre consultaba a mi madre acerca de todo. «Pekai, ayúdame a aclararme sobre esto», le decía. Ella incluso les ayudó a encalar las paredes de la escuela sujetando linternas para que ellos pudieran trabajar cuando había cortes de luz.

«Ziauddin era un hombre de familia y estaban unidos como pocas parejas —dijo Hidayatullah—. Mientras que la mayoría de nosotros no podemos vivir con nuestras esposas, él no podía vivir sin la suya».

Unos meses después ella estaba embarazada. Su primer hijo fue una niña y nació muerta en 1995. «Creo que había algún problema de higiene en aquel lugar tan lleno de barro —dice mi padre—. Yo daba por sentado que las mujeres podían dar a luz sin ir al hospital, como mi madre y mis hermanas en la aldea. Mi madre tuvo diez hijos así».

La escuela seguía dando pérdidas. Pasaban los meses y no podían pagar el sueldo de los maestros ni el alquiler del local. El joyero venía continuamente para pedir su dinero por los brazaletes de la boda de mi padre. Mi padre le hacía un buen té y le ofrecía galletas con la esperanza de aplacarle. Hidayatullah se reía: «¿Crees que se va a dar por satisfecho con té? Quiere su dinero».

La situación se volvió tan desesperada que mi padre se vio obligado a vender los brazaletes de oro. En nuestra cultura las joyas de la boda son un vínculo entre la pareja. Con frecuencia las mujeres tienen que venderlas para que sus maridos pongan un negocio o para pagar los billetes para marcharse al extranjero. Mi madre ya había ofrecido sus brazaletes para que el sobrino de mi padre pudiera ir a la universidad, pues mi padre se había comprometido con cierta precipitación a financiar sus estudios. Por suerte, no hizo falta gracias a la intervención de un primo de mi padre, Jehan Sher. Mi madre no sabía que los brazaletes no estaban completamente pagados y se puso furiosa cuando se enteró de que mi padre ni siquiera los había vendido a buen precio.

Cuando parecía que las cosas no podían ir peor, la zona se inundó. Había llovido torrencialmente todo el día y a primera hora de la tarde llegó el aviso de que todo estaba a punto de inundarse. Había que abandonar el lugar. Mi madre no estaba e Hidayatullah buscó a su socio para ayudarle a trasladar todo al primer piso, a salvo de las aguas crecientes. Pero no podía encontrar a mi padre por ningún sitio. Salió de la escuela, llamándole a gritos. La búsqueda casi le cuesta la vida. La estrecha calle en la que estaba la escuela se había inundado completamente y pronto le llegaría el agua hasta el cuello. El viento movía los cables eléctricos sueltos. Él los observaba paralizado de miedo por si tocaban el agua. En ese caso, habría muerto electrocutado.

Cuando por fin encontró a mi padre éste le contó que había oído a una mujer gritar que su marido estaba atrapado en su casa y había corrido para salvarle. Después les había ayudado a poner a salvo la nevera. Hidayatullah estaba furioso. «¡Has salvado al marido de esta mujer, pero no tu propia casa! —le dijo—. ¿Fue porque había gritado una mujer?».

Cuando las aguas bajaron, vieron su casa y la escuela arrasadas: los muebles, las alfombras, los libros, la ropa, el sistema de audio, todo estaba recubierto de un espeso cieno maloliente. No tenían dónde dormir ni ropa limpia. Por suerte, un vecino llamado Amanud-din les alojó aquella noche. Tardaron una semana en retirar los escombros. Ninguno de los dos se encontraba presente cuando, diez días más tarde, una segunda inundación volvió a llenar el edificio de lodo. Poco después se presentó un funcionario de la compañía de agua y energía, que afirmaba que su contador estaba manipulado y exigía un soborno. Cuando mi padre se negó, llegó la factura con una multa considerable. Les resultaba imposible pagar aquello, así que mi padre habló con uno de sus amigos políticos para que empleara su influencia.

Empezaba a dar la impresión de que la escuela era un proyecto irrealizable, pero mi padre no renuncia a sus sueños tan fácilmente. Yo nací el 12 de julio de 1997. A mi madre la ayudó una vecina que ya había actuado de comadrona en otras ocasiones. Mi padre estaba en la escuela esperando cuando oyó la noticia y vino corriendo. A mi madre le preocupaba decirle que había tenido una hija y no un hijo, pero él cuenta que me miró a los ojos y se sintió feliz.

«Malala fue una niña afortunada —dice Hidayatullah—. Al nacer ella, cambió nuestra suerte».

Pero no inmediatamente. El 14 de agosto de 1997, en el quincuagésimo aniversario de la fundación de Pakistán, hubo desfiles y conmemoraciones por todo el país. Sin embargo, mi padre y sus amigos decían que no había nada que celebrar, pues Swat sólo había sufrido desde que se integró en Pakistán. Se pusieron brazaletes negros en señal de protesta y declararon que no había motivos para celebrar nada. Fueron detenidos y les hicieron pagar una multa que no podían permitirse.

Poco después de que yo naciera, las habitaciones que había sobre la escuela quedaron libres y nos mudamos allí. Las paredes eran de cemento y había agua corriente, por lo que era una mejora respecto a nuestra cabaña, pero seguíamos viviendo muy apretados, porque las compartíamos con Hidayatullah y casi siempre teníamos invitados. La primera fue una escuela mixta de enseñanza primaria muy pequeña. Cuando nací, tenía cinco o seis maestros y unos cien alumnos que pagaban cien rupias mensuales. Mi padre era maestro, contable y director. También barría el suelo, encalaba las paredes y limpiaba los lavabos. Se subía a los postes de electricidad para colgar pancartas anunciando la escuela, aunque las alturas le daban tanto miedo que cuando llegaba a lo alto de la escalera, le temblaban las piernas. Si el motor de la bomba de agua dejaba de funcionar, él bajaba y lo reparaba. Cuando le veía desaparecer allí abajo, lloraba pensando que no regresaría. Después de pagar el alquiler y los sueldos, quedaba poco dinero para comida. Bebíamos el té verde, pues no nos podíamos permitir el habitual té con leche. Pero al cabo de un tiempo la escuela empezó a no dar pérdidas y mi padre se puso a planear un segundo colegio que quería llamar Academia de Educación Malala.

Yo jugaba en el pasillo de la escuela. Mi padre me cuenta que, incluso antes de andar, entraba gateando en las clases y me ponía a hablar como si fuera la maestra. Algunas profesoras, como la señorita Ulfat, me cogían y me sentaban en su regazo cariñosamente o incluso me llevaban a sus casas. Cuando tenía tres o cuatro años me asignaron a una clase para niñas mucho mayores. Yo me sentaba asombrada, escuchando todo lo que decían. A veces imitaba a los maestros. Se puede decir que crecí en una escuela.

Como mi padre había descubierto con Naeem, no es fácil mezclar los negocios y la amistad. Al final, Hidayatullah nos dejó para fundar su propia escuela y se dividieron a los alumnos, quedándose cada uno con dos grupos de cada curso. No se lo dijeron a los alumnos porque querían que la gente pensara que la escuela estaba creciendo y ahora tendría dos edificios. Aunque en aquella época Hidayatullah y mi padre no se hablaban, Hidayatullah me echaba tanto de menos que venía a verme.

Fue durante una de aquellas visitas, a primera hora de la tarde en septiembre de 2001, cuando se produjo una gran conmoción y empezó a llegar más gente. Decían que se había producido un gran ataque contra un edificio en Nueva York. Dos aviones se habían estrellado contra él. Yo sólo tenía cuatro años y era muy pequeña para entenderlo. Incluso a los adultos les costaba trabajo imaginarlo: los edificios más grandes de Swat son el hospital y el hotel, que tienen dos o tres pisos. Aquello parecía muy lejano. No sabía qué eran Nueva York y América. La escuela era mi mundo y mi mundo era la escuela. No sospechábamos que aquel 11 de septiembre también cambiaría nuestro mundo y que un día traería la guerra a nuestro valle.

4

La aldea

En nuestra tradición, en el séptimo día de vida de un niño celebramos el *woma* (que significa «séptimo») y la familia, los amigos y los vecinos vienen a admirar al bebé. Mis padres no lo celebraron por mí porque no podían permitirse la cabra y el arroz que había que ofrecer a los invitados y mi abuelo no estaba dispuesto a participar porque yo no era un niño. Cuando nacieron mis hermanos y *Baba* quiso contribuir, mi padre se negó porque no había aportado nada para mí. Pero *Baba* era mi único abuelo, porque el padre de mi madre había muerto antes de que yo naciera, y nos sentíamos muy unidos. Mis padres dicen que tengo cualidades de los dos abuelos: el humor y la prudencia del padre de mi madre y la facilidad para hablar del padre de mi padre. Con los años *Baba* se había convertido en un anciano de barba blanca y se había ablandado, y a mí me encantaba visitarle en la aldea.

Cuando me veía me recibía con una canción, pues le seguía preocupando la tristeza asociada a mi nombre y quería hacerlo más alegre: «*Malala Maiwand wala da. Pa tool jehan ke da khushala da*: Malala es de Maiwand y es la persona más feliz del mundo».

Siempre íbamos a la aldea por las fiestas de Eid. Nos poníamos nuestra mejor ropa y nos apretujábamos en un minibús de colores brillantes y cadenas chirriantes, y nos íbamos hacia el norte hasta Barkana, la aldea de nuestra familia en Shangla. Hay dos fiestas de Eid al año: *Eid ul-Fitr* o Pequeño Eid, que marca el final del Ramadán, el mes de ayuno, y *Eid ul-Azha* o Gran Eid, la Fiesta del Cordero, que conmemora cuando Abraham estuvo dispuesto a sacrificar a su primogénito a Dios. Las fechas de estas fiestas las anunciaba un grupo de clérigos que esperaban la aparición del cuarto creciente de la luna, y en cuanto lo oíamos por la radio, nos poníamos en camino.

La noche anterior los nervios apenas nos dejaban dormir. El viaje duraba unas cinco horas siempre que la carretera no estuviese bloqueada por desprendimientos de tierra o estuviera inundada, y el minibús salía a primera hora de la mañana. Nos abríamos paso en la abarrotada estación de autobuses de Mingora con bolsas llenas de regalos para nuestra familia, velos bordados y cajas de dulces de pistacho y rosas, así como medicinas que no podían conseguir en la aldea. Alguna gente llevaba sacos de azúcar y harina y la mayor parte de los bultos iban sobre el techo del autobús, atados en una enorme pila. Entonces entrábamos nosotros, apretujándonos y peleando por conseguir los sitios junto a las ventanillas, que estaban tan sucias que apenas se podía ver nada por ellas. Los autobuses de Swat tienen pintadas a los lados escenas con brillantes flores rosas y amarillas, tigres naranjas como neones y montañas nevadas. A mis hermanos les gustaba cuando cogíamos uno que estaba decorado con cazas F-16 o misiles nucleares, aunque mi padre decía que si nuestros políticos no se hubieran gastado tanto dinero en construir la bomba atómica, tendríamos suficiente para escuelas.

Salíamos del mercado, dejábamos atrás los carteles de sonrientes bocas rojas de los dentistas, las carretas llenas de jaulas de madera en las que se apiñaban gallinas blancas de picos escarlata y ojos saltones, y joyerías con escaparates llenos de brazaletes de oro para las novias. Las últimas tiendas eran chozas de madera que parecían apoyarse unas en otras, ante las cuales había pilas de llantas arregladas para las malas carreteras que nos esperaban. Entonces salíamos a la carretera principal, construida por el último valí, que discurre paralela al ancho río Swat a nuestra izquierda y, a la derecha, rodea los riscos con sus minas de esmeraldas. También había restaurantes para turistas con grandes ventanales de cristal y vistas al río, en los que nosotros no habíamos estado nunca. En la carretera pasábamos junto a niños de caritas polvorientas, doblados bajo el peso de los grandes haces de heno que cargaban a sus espaldas, y hombres que conducían rebaños de lanosas cabras que iban pastando de un sitio a otro.

A medida que nos alejábamos, el paisaje se transformaba en campos de arroz de un verde exuberante y huertos de higueras y melocotoneros. A veces pasábamos junto a pequeñas fábricas de mármol que vertían sustancias químicas a los riachuelos próximos cuya agua se volvía blancuzca a su paso. Aquello indignaba a mi padre. «Mira cómo esos criminales contaminan nuestro maravilloso valle», decía siempre. La carretera abandonaba el río y subía serpenteando por angostos pasos de montañas cubiertas de abetos; cada vez más alto y más alto hasta que los oídos se nos taponaban. En la cima de algunos picos había ruinas sobre las que los buitres formaban círculos: los restos de las antiguas fortalezas construidas por el primer valí. Al autocar le costaba trabajo aquella subida y el conductor maldecía cuando nos adelantaban camiones en curvas sin visibilidad sobre empinados precipicios. A mis hermanos les encantaba y nos provocaban a mi madre y a mí señalando los restos de automóviles que había diseminados por la ladera.

Por fin llegábamos al Giro del Cielo, la puerta a Shangla, un paso de montaña que te da la sensación de que estás en la cima del mundo.

Allí arriba estábamos más alto que todos los picos que nos rodeaban. A lo lejos se distinguía la nieve de Malam Jabba, nuestra estación de esquí. Junto a la carretera había fuentes de agua fresca y cascadas, y cuando nos deteníamos para descansar y tomar té, aspirábamos profundamente el aire limpio y fragante de cedros y pinos. Shangla es todo montañas, montañas, montañas, y un poco de cielo. Después la carretera serpentea hacia abajo, sigue el río Ghwurban y desaparece en un camino pedregoso. La única forma de cruzar el río es mediante puentes de cuerdas o un sistema de poleas por el cual la gente se impulsa hasta el otro lado en una especie de cabina de metal. Los extranjeros los llaman puentes suicidas, pero a nosotros nos encantaban.

Si examinamos un mapa de Swat, vemos que es un largo valle que se bifurca a los lados en pequeños valles que llamamos *darae*, como las ramas de un árbol. Nuestra aldea está situada hacia el centro en el este, en el *dara* Kana, que está rodeado de escarpadas montañas y es tan angosto que ni siquiera hay sitio para un campo de cricket. Decimos que nuestra aldea es Shahpur, pero en realidad es un collar de tres aldeas unidas en el fondo del valle: Shahpur, la más grande; Barkana, donde creció mi padre, y Karshat, donde vivía mi madre. En los dos extremos hay una gran montaña: Tor Ghar, la montaña Negra, al sur y Spin Ghar, la montaña Blanca, al norte.

Normalmente nos quedábamos en la casa de mi abuelo en Barkana, donde creció mi padre. Como todas las casas de la región, tenía el tejado plano y era de piedra y adobe. Yo prefería quedarme en Karshat con mis primas maternas porque tenían una casa de cemento con cuarto de baño y había muchos niños con los que jugar. Mi madre y yo nos alojábamos en las habitaciones de las mujeres, que estaban abajo. Las mujeres pasaban el tiempo ocupándose de los niños y preparando la comida que servían a los hombres en su *hujra*, en el piso de arriba. Yo dormía en una habitación con mis primas, Aneesa y Sumbul, en una habitación que tenía un reloj con forma de mezquita y un armario en la pared en el que guardaban un fusil y varios paquetes de tinte para el pelo.

En la aldea el día comenzaba temprano e incluso yo, que odio madrugar, me despertaba con el canto de los gallos y el ruido de los platos mientras las mujeres preparaban el desayuno para los hombres. Por la mañana el sol se reflejaba en la cima de Tor Ghar. Cuando nos levantábamos para las oraciones *fajr*, las primeras de nuestras cinco oraciones diarias, mirábamos hacia la izquierda y veíamos la cumbre dorada de Spin Ghar iluminada con los primeros rayos del sol como una dama de blanco que se hubiera puesto su *jumar tika*, una diadema de oro sobre la frente.

Con frecuencia caía una tormenta que lo limpiaba todo, y las nubes permanecían en los verdes bancales de las montañas, donde se cultivaban rábanos y nogales. Diseminadas por doquier había colmenas de abejas. Me encantaba la viscosa miel local que comíamos con nueces. En el río, a la altura de Karshat, había búfalos de agua. También había una cabaña con una rueda de molino que movía grandes muelas para moler la harina que los muchachos después guardaban en sacos. Al lado había una cabaña más pequeña con un tablero del que sobresalían numerosos cables. Como no recibíamos electricidad del gobierno, la gente obtenía energía con aquellos proyectos hidroeléctricos caseros.

A medida que pasaba el día y el sol se elevaba más alto en el cielo, la montaña Blanca quedaba más y más bañada en la luz dorada. Al atardecer, cuando el sol se alejaba de la montaña Negra, la sombra iba cubriendo el valle. Acompasábamos nuestras oraciones al avance de la sombra en las montañas. Cuando el sol daba en una roca determinada, decíamos la oración *asr*, la de primera hora de la tarde. Entonces, al atardecer, cuando el pico blanco de Spin Ghar estaba incluso más hermoso que por la mañana, era el momento de la *makkam*, la oración de la tarde. Desde todas partes se podía ver la montaña Blanca, y mi padre me dijo que le parecía un símbolo de la paz para nuestra tierra, una bandera blanca en el extremo del valle. De niño creía que todo el mundo se limitaba a este pequeño valle y que si alguien iba más allá del punto en que una de las dos montañas besaba el cielo se caería.

Aunque yo había nacido en una ciudad, compartía el amor de mi padre a la naturaleza. Amaba la tierra fértil, el verdor de las plantas, las cosechas, los búfalos y las mariposas amarillas que revoloteaban a mi alrededor mientras caminaba. La aldea era muy pobre, pero, cuando llegábamos, nuestra familia extensa preparaba un gran festín. Había cuencos de pollo, arroz, espinacas y cordero especiado, todo cocinado al fuego por las mujeres, seguido por bandejas de crujientes manzanas, rebanadas de bizcocho amarillo y una gran tetera de té con leche. Ningún niño tenía juguetes ni libros. Los muchachos jugaban al cricket en una hondonada e incluso la pelota estaba hecha de bolsas de plástico sujetas con gomas.

La aldea era un lugar olvidado. El agua se tenía que transportar desde la fuente. Las pocas casas de cemento que había pertenecían a familias cuyos hijos o padres se habían marchado al sur a trabajar en las minas o en la construcción en el Golfo, y enviaban dinero a casa. Hay cuarenta millones de pashtunes, de los cuales diez millones viven fuera de nuestra tierra. Mi padre siempre decía que era triste que nunca pudieran regresar, pues tendrían que seguir trabajando para mantener el nuevo nivel de vida de la familia. Había muchas familias sin hombres. Sólo volvían una vez al año y normalmente nueve meses después llegaba un niño.

Dispersas por las colinas había casas de zarzo y barro, como la de mi abuelo, que con frecuencia se venían abajo cuando se producían inundaciones. En invierno a veces morían niños congelados. No había hospital. Sólo Shahpur tenía una clínica y si alguien enfermaba en las otras aldeas, sus parientes tenían que llevarlo allí en una camilla de madera que nosotros llamábamos bromeando la «ambulancia de Shangla». Si era algo serio y no tenían la suerte de conocer a alguien con coche, debían hacer el largo viaje en autobús hasta Mingora.

Los políticos sólo iban allí en periodo electoral, prometían carreteras, electricidad, agua limpia y escuelas, y entregaban dinero y generadores a personas influyentes, los testaferros, que decían a sus comunidades qué tenían que votar. Desde luego, esto sólo afectaba a los hombres; las mujeres no votan en nuestra región. Entonces se iban a Islamabad, si eran elegidos para la Asamblea Nacional, o a Peshawar, si lo eran para la Asamblea Provincial, y ya no volvíamos a saber nada de ellos ni de sus promesas.

Mis primos se burlaban de mí por mis costumbres urbanas. No me gustaba ir descalza. Leía libros, tenía un acento distinto y hablaba con expresiones de Mingora. Mi ropa no estaba hecha en casa y muchas veces la compraba en tiendas. Cuando mis parientes me preguntaban: «¿Te gustaría encargarte tú de cocinar un pollo?», les respondía: «No, el pollo es inocente, no deberíamos matarlo». Creían que era moderna porque venía de la ciudad. No se daban cuenta de que en Islamabad o incluso en Peshawar mucha gente me consideraría muy atrasada.

A veces subíamos una montaña o descendíamos al río en excursiones familiares. Era un gran río, demasiado profundo y rápido para cruzarlo cuando la nieve se derretía en verano. Los muchachos pescaban con lombrices que ensartaban en una cuerda que colgaba de un largo palo. Algunos silbaban, porque creían que así atraían a los peces. No eran peces especialmente sabrosos, sus bocas eran ásperas y córneas. Los llamábamos *chaqwartee*. Otras veces, un grupo de chicas íbamos de excursión al río con cazuelas de arroz y sorbetes. Lo que más nos gustaba era «jugar a las bodas». Nos dividíamos en dos grupos, cada uno de los cuales se suponía que era una familia, y cada familia destinaba a una chica al matrimonio que celebrábamos. Todas me querían en su «familia» porque era de Mingora y moderna. La más guapa era Tanzela y con frecuencia se la dejábamos al otro grupo para que fuera nuestra novia.

Lo más importante de jugar a las bodas eran las joyas. Cogíamos pendientes, brazaletes y collares para adornar a la novia y, mientras tanto, cantábamos canciones de Bollywood. Entonces la maquillábamos con cremas que habíamos cogido a nuestras madres y le metíamos las manos en arena de caliza y soda caliente para que estuvieran blancas y le pintábamos las uñas. Cuando estaba preparada, la novia se ponía a llorar y nosotras le acariciábamos el pelo para que no se preocupara. «El matrimonio es parte de la vida —decíamos—. Sé amable con tu suegra y con tu suegro para que te traten bien, cuida a tu esposo y sé feliz».

A veces había bodas reales con grandes fiestas que duraban varios días y dejaban a la familia arruinada o con deudas. Las novias llevaban ropas exquisitas bordadas en oro, y las dos partes de la familia le entregaban como dote collares y brazaletes. Leí que Benazir Bhutto había declarado que sólo llevaría brazaletes de cristal para establecer un ejemplo, pero la tradición de adornar a las novias se mantuvo. A veces llegaba un féretro de madera barata de alguien que había ido a trabajar a las minas. Las mujeres se reunían alrededor de la casa de la esposa o la madre del fallecido y comenzaban unos plañidos terribles que retumbaban por todo el valle y a mí me ponían la carne de gallina.

Por la noche la aldea estaba a oscuras y sólo las lámparas de aceite parpadeaban en las casas de las colinas. Ninguna mujer mayor había recibido alguna formación, pero todas contaban historias y recitaban *tapae*, pareados pashtunes. A mi abuela se le daban especialmente bien. Solían ser de amor o sobre la vida pashtún. «Ningún pashtún abandona su tierra gustosamente —decía uno—. Se marcha por la pobreza o se marcha por amor». Nuestras tías nos asustaban con historias de fantasmas, como la de *Shalgwatay*, el Hombre de Veinte Dedos, sobre el que nos decían que dormiría en nuestras camas. Nosotras llorábamos de terror y no nos dábamos cuenta de que, en realidad, todos tenemos veinte dedos, pues en pashtún todos los dedos se dicen con la misma palabra. Para que nos laváramos, nos contaban historias sobre una espeluznante mujer llamada *Shashaka*, que te perseguía con las manos pringosas de suciedad y aliento pestilente si no te bañabas o no te lavabas el pelo, y te convertía en una mujer sucia con el pelo como colas de ratas llenas de insectos. Incluso podría matarte. En invierno, cuando los padres no querían que sus hijos estuvieran fuera, en la nieve, les contaban una historia sobre el león o el tigre que siempre debe ser el primero en pisar la nieve; de lo contrario, los animales se enfadarían y bajarían de la montaña para devorarnos. Sólo cuando el león o el tigre ha dejado su huella se nos permite salir a nosotros.

A medida que nos hacíamos mayores la aldea empezó a parecernos aburrida. El único televisor estaba en la *hujra* de una de las familias acomodadas. Nadie tenía ordenador.

Las mujeres ocultaban su rostro siempre que salían de los aposentos *purdah* y no podían hablar ni encontrarse con hombres que no fueran parientes próximos. Yo llevaba ropa bonita y no me cubría la cara, ni siquiera con la adolescencia. Uno de mis primos

77

varones se indignó y preguntó a mi padre: «¿Por qué no va cubierta?». Él repuso: «Es mi hija. Ocúpate de tus asuntos». Pero algunos miembros de la familia pensaban que la gente chismorrearía sobre nosotros y diría que no cumplíamos el *pashtunwali*.

Yo me siento muy orgullosa de ser pashtún, pero a veces pienso que nuestro código de conducta tiene la culpa de muchas cosas, particularmente en lo que se refiere al tratamiento de las mujeres. Una mujer llamada Shahida que trabajaba para nosotros y tenía tres hijas pequeñas me dijo que con sólo diez años su padre la había vendido a un hombre anciano que ya tenía una esposa pero quería otra más joven. Cuando las jóvenes desaparecen no siempre es porque las casan. Había una hermosa joven de quince años llamada Seema. Todo el mundo sabía que estaba enamorada de un muchacho y a veces él pasaba por delante y ella le miraba bajando sus largas pestañas que eran la envidia de todas las chicas. En nuestra sociedad una joven que coquetea con un hombre trae la vergüenza a la familia. Eso sólo está bien para los hombres. Más tarde se nos dijo que se había suicidado, pero descubrimos que su propia familia la había envenenado.

Tenemos una costumbre, la *swara*, por la cual una muchacha puede ser entregada a otra tribu para resolver una disputa. Oficialmente está prohibida, pero sigue practicándose. En nuestra aldea había una viuda llamada Soraya que se casó con un viudo de otro clan que tenía un conflicto con su familia. Nadie puede casarse con una viuda sin el permiso de la familia de ella. Cuando la familia de Soraya descubrió la unión, se pusieron furiosos. Amenazaron a la familia del viudo hasta que se convocó una *jirga* de los ancianos de la aldea para resolver la disputa. La *jirga* decidió que la familia del viudo debía ser castigada entregando a su joven más hermosa para que se casara con el candidato menos ventajoso del clan rival. El muchacho era un inútil, tan pobre que el padre de la joven tuvo que hacerse cargo de todos los gastos. ¿Por qué tiene que destrozarse la vida de una joven para resolver una disputa con la que no tiene nada que ver?

Cuando me quejaba de estas cosas a mi padre, me decía que en Afganistán era peor. Poco antes de mi nacimiento, un grupo llamado «Talibanes» dirigido por un mulá tuerto se había apoderado del país y estaba incendiando las escuelas de niñas. Obligaban a los hombres a dejarse barbas tan largas como linternas y a las mujeres a llevar burka. Esto es como ir metida dentro de un gran volante de bádminton hecho de tela y que sólo tiene una rejilla para ver. Cuando hace calor es como un horno. Al menos, yo no tenía que ponérmelo. Dijo que los talibanes incluso habían prohibido que las mujeres se rieran alto o que llevaran zapatos blancos, porque éste era «un color que pertenecía a los hombres». Se las metía en la cárcel y se las golpeaba sólo por llevar las uñas pintadas. A mí me daban escalofríos cuando me contaba todo aquello.

Yo leía mis libros, como *Anna Karenina* y las novelas de Jane Austen, y confiaba en las palabras de mi padre: «Malala es libre como un pájaro». Cuando escuchaba historias sobre las atrocidades que se cometían en Afganistán, me sentía orgullosa de estar en Swat. «Aquí una niña puede ir a la escuela», solía decir. Pero los talibanes estaban al lado y eran pashtunes, como nosotros. Para mí el valle era un lugar soleado y no podía ver las nubes que se estaban formando tras las montañas. Mi padre solía decir: «Yo protegeré tu libertad, Malala. Sigue tus sueños».

5

Por qué no llevo pendientes y los pashtunes no dicen «gracias»

A la edad de siete años ya estaba acostumbrada a ser la primera de la clase. Era la que ayudaba a las otras alumnas cuando tenían dificultades. «Malala es un genio», decían mis compañeras de clase. También era conocida porque participaba en todo: bádminton, teatro, cricket, arte, incluso cantar, aunque no lo hacía muy bien. Así que cuando llegó a la clase una nueva niña llamada Malka-e-Noor, no me impresionó especialmente. Su nombre significa Reina de la Luz y decía que quería ser la primera mujer jefe del ejército de Pakistán. Su madre era maestra en otra escuela; algo insólito, porque ninguna de nuestras madres trabajaba. Al principio, no hablaba mucho en clase. Mi principal competidora siempre había sido mi mejor amiga, Moniba, que tenía una letra y una presentación preciosas, y eso a los profesores les encanta, pero yo sabía que podía superarla en cuanto al contenido. Así que cuando hicimos los exámenes finales y Malka-e-Noor sacó las mejores notas, fue un golpe para mí. En casa no paraba de llorar y mi madre tenía que consolarme.

Por aquellas fechas nos mudamos de la casa en que vivíamos, que estaba en la misma calle que la de Moniba, a una zona en la que no tenía amigos. Allí vivía una niña llamada Safina, que era un poco más pequeña que yo, y empezamos a jugar juntas. Era una niña mimada que tenía muchas muñecas y una caja de zapatos llena de joyas. Pero no dejaba de mirar el teléfono móvil de plástico que mi padre me había comprado y que era el único juguete que tenía. Mi padre siempre estaba hablando por el móvil, así que a mí me encantaba imitarle y hacer que llamaba con el mío. Un día desapareció.

A los pocos días vi a Safina jugando con un teléfono que era exactamente igual que el mío. «¿Dónde lo has conseguido?», pregunté. «Lo he comprado en el mercado», repuso.

Ahora me doy cuenta de que quizá estuviera diciendo la verdad, pero entonces pensé *Voy a hacerle a ella lo mismo que me ha hecho a mí*. Yo solía ir a su casa a estudiar, así que cuando estuviera allí, cogería sus cosas, joyas de juguete como pendientes y collares. Sería fácil. Al principio, robar me causaba excitación, pero eso no duró. No tardó en convertirse en algo compulsivo. No sabía cómo detenerme.

Un día llegué a casa de la escuela y, como siempre, entré corriendo en la cocina para comer algo. «¡Hola, *Bhabi!* —dije—. ¡Me estoy muriendo de hambre!». Mi madre estaba sentada en el suelo moliendo especias, cúrcuma y comino, que llenaban el aire con su aroma. Siguió moliendo sin mirarme siquiera. ¿Qué había hecho? Me puse muy triste y me fui a mi habitación. Cuando abrí el armario, vi que todas las cosas que había robado ya no estaban. Me habían descubierto.

Mi prima Reena entró en la habitación. «Sabían que estabas robando —me dijo—. Esperaban que lo reconocieras, pero tú seguías y seguías».

Sentí que se me encogía el estómago. Con la cabeza gacha volví a donde estaba mi madre. «Lo que has hecho está mal, Malala —me

82

dijo—. ¿Es que quieres avergonzarnos porque no podemos permitirnos comprar esas cosas?».

«No es cierto —mentí—. Yo no las robé».

Pero ella sabía que lo había hecho. «La que empezó fue Safina —protesté—. Me robó el teléfono rosa que me compró *Aba*».

Mi madre permaneció inconmovible. «Safina es más pequeña que tú y deberías haberle enseñado lo correcto —dijo—. Deberías haber dado ejemplo».

Me puse a llorar y a pedir perdón una y otra vez. «No se lo digas a *Aba*», supliqué. No podía soportar decepcionarle. Es horrible sentirse indigno a los ojos de tus padres.

No era la primera vez. Cuando era más pequeña, una vez que fui al mercado con mi madre vi un montón de almendras en una carreta. Parecían tan sabrosas que no pude resistir la tentación de coger un puñado. Mi madre me regañó y se disculpó al dueño de la carreta. Él estaba furioso y no había manera de apaciguarle. En aquellos días aún teníamos muy poco dinero y mi madre miró en el monedero para ver cuánto llevaba. «¿Me las vende por diez rupias?», preguntó. «No —respondió él—. Las almendras son muy caras».

Mi madre estaba muy disgustada y se lo dijo a mi padre. Inmediatamente él fue a comprarlas y las puso en un plato de cristal.

«Las almendras son buenas —dijo—. Si te las tomas con la leche antes de acostarte, te hacen inteligente». Pero yo sabía que no tenía dinero y que las almendras en el plato eran un recordatorio de mi culpa. Me prometí que nunca volvería a hacer algo así. Pero lo había hecho. Mi madre me llevó a pedir perdón a Safina y a sus padres. Fue muy duro. Safina no dijo nada sobre mi teléfono, lo que no me pareció justo, pero yo tampoco lo mencioné.

Aunque me sentía mal, también estaba aliviada de que todo hubiera terminado. Desde aquel día no he vuelto a mentir ni a robar. Ni una sola mentira ni un centavo, ni siquiera las monedas que mi padre deja por casa y con las que podemos comprarnos alguna chuchería.

También dejé de llevar joyas porque me pregunté *¿Qué son esas baratijas para tentarme? ¿Por qué voy a envilecerme por unos adornos de metal?* Pero todavía hoy siento vergüenza y pido perdón a Dios en mis oraciones.

Mi madre y mi padre se lo cuentan todo, así que él no tardó en descubrir por qué estaba tan triste. Yo veía en sus ojos que le había fallado. Quería que estuviera orgulloso de mí, como cuando me concedieron los premios del primer curso en el colegio. O cuando la maestra del jardín de infancia, la señorita Ulfat, le dijo que yo había escrito en la pizarra «Hablad sólo en urdu» al comenzar la clase de urdu para que aprendiéramos esa lengua más rápido.

Mi padre me consolaba hablándome de los errores que nuestros héroes habían cometido de pequeños. Me contó que Mahatma Gandhi había dicho: «La libertad no vale la pena si no incluye la libertad de equivocarse». En la escuela habíamos leído historias sobre nuestro fundador, Mohammad Ali Jinnah. De niño en Karachi estudiaba a la luz de las farolas de la calle porque no tenía luz en casa. Dijo a los otros muchachos que dejaran de jugar a las canicas por el suelo y que jugaran al cricket, para no mancharse las manos y la ropa. En la escuela mi padre tiene enmarcada una copia traducida al pashtún de una carta que Abraham Lincoln dirigió al maestro de su hijo. Es una carta muy hermosa, llena de buenos consejos. «*Enséñele, si puede, la maravilla de los libros... Pero dele también tiempo para pensar sobre el eterno misterio de los pájaros en el cielo, las abejas al sol y las flores en una ladera verde —dice—. Enséñele que es mucho más honorable fracasar que engañar*».

Creo que todo el mundo comete un error al menos una vez en la vida. Lo importante es lo que se aprende de él. Por esa razón tengo problemas con nuestro código *pashtunwali*. Se supone que tenemos que vengarnos de las ofensas que recibimos, pero ¿adónde nos lleva eso? Si en una familia un hombre es herido o muere a manos de otro hombre, es necesario vengarse en aras del *nang*. Eso puede significar matar a algún miembro de la familia del atacante. Entonces esa familia, a su vez, ha de vengarse. Y así sucesivamente, y no acaba nunca. Tenemos un proverbio: «Un pashtún se vengó después de veinte años y otro dijo que fue demasiado pronto».

Somos un pueblo de muchos proverbios. Uno es: «La piedra del pashtún no coge verdín en el agua», lo que significa que ni olvidamos ni perdonamos. Por eso rara vez decimos «gracias», *manana*, pues creemos que un pashtún nunca olvida una buena acción y está obligado a corresponder en algún momento, lo mismo que haría si la acción fuera mala. La bondad sólo puede ser agradecida con bondad. No con palabras como «gracias».

Muchas familias viven en recintos cerrados con torres de vigilancia a fin de que sus enemigos no les sorprendan. Conocemos a muchas víctimas de disputas. Una de ellas fue Sher Zaman, un hombre de la aldea de mi padre que fue con él al colegio y siempre tenía mejores notas que él. Mi abuelo y mi tío solían tomar el pelo a mi padre diciéndole «No eres tan bueno como Sher Zaman» tantas veces que él llegó a desear que se desprendiera una roca de una montaña y lo aplastara. Pero Sher Zaman no fue a la universidad y terminó despachando medicamentos en la farmacia de la aldea. Su familia se enzarzó en una disputa con sus primos sobre un pequeño terreno en el bosque. Un día, cuando él y sus dos hermanos iban de camino al campo, cayeron en una emboscada de su tío y varios de sus hombres. Los tres hermanos fueron asesinados.

Como miembro respetado de la comunidad, a mi padre se le pedía con frecuencia que mediara en las disputas. Él no creía en el *bádal* —la venganza— e intentaba hacer ver a la gente que ninguno de los dos bandos ganaba nada continuando la violencia y que lo mejor era olvidarlo todo. Había dos familias en nuestra aldea a las que no logró convencer. Llevaban tanto tiempo enzarzadas en una disputa que nadie se acordaba ya de cómo había empezado, probablemente por alguna pequeña ofensa, porque somos un pueblo impetuoso. Primero, un hermano de un lado atacó a un tío de otro. Después, al contrario. Consumió sus vidas.

Nuestro pueblo dice que es un buen sistema, que nuestra tasa de delincuencia es muy inferior a las de las zonas no pashtunes. Pero yo creo que si alguien mata a tu hermano, no debes matar a su hermano, debes enseñarle. Esto es lo que enseñaba Khan Abdul Ghaffar Khan, el hombre que llamamos el Gandhi de la Frontera, que introdujo la filosofía de la no violencia en nuestra cultura.

Ocurre lo mismo con robar. Algunas personas, como yo, son descubiertas y no vuelven a hacerlo nunca. Otras dicen: «No es para tanto; era una nimiedad». Pero la segunda vez roban algo mayor y la tercera mayor aún. En mi país los políticos no le dan importancia a robar. Ellos son ricos y el país es pobre, y sin embargo no dejan de saquearlo. La mayoría de ellos no pagan impuestos, pero comparativamente eso es lo de menos. Toman préstamos de bancos estatales y no los devuelven. A cambio de contratos gubernamentales reciben comisiones de amigos o de las compañías a las que se les adjudican. Muchos de ellos poseen caros pisos en Londres.

No sé cómo pueden vivir con sus conciencias cuando ven que nuestra gente pasa hambre o vive a oscuras por los constantes cortes de luz, o que los niños no pueden ir a la escuela porque sus padres necesitan que trabajen. Mi padre dice que Pakistán tiene la maldición de unos políticos que sólo se preocupan del dinero. No les preocupa si es el ejército quien realmente lleva el avión, con tal de no ir en la cabina con la mayoría de los pasajeros, sino acomodarse en business, echar las cortinillas y disfrutar de la buena comida y del servicio mientras los demás sufrimos dificultades económicas.

Nací en una especie de democracia en la que durante diez años se sucedieron los gobiernos de Benazir Bhutto y de Nawaz Sharif, con acusaciones recíprocas de corrupción y sin que ninguno de los dos llegara a cumplir su mandato completo. Pero dos años después de mi nacimiento, los generales volvieron al poder. Ocurrió de una forma tan espectacular que parece una película. Nawaz Sharif era primer ministro en aquellos momentos, se enemistó con el jefe del Ejército, el general Pervez Musharraf, y le destituyó. Esto ocurrió mientras el general Musharraf regresaba de Sri Lanka en un avión de las líneas aéreas pakistaníes. Nawaz Sharif estaba tan preocupado por su reacción que intentó impedir que su avión aterrizara en Pakistán. Ordenó que el aeropuerto de Karachi apagara las luces de aterrizaje y situara coches de bomberos en la pista para bloquearla, aunque el avión llevaba otros doscientos pasajeros y no tenía suficiente combustible para llegar a otro país. Una hora después de que se anunciara por televisión la destitución de Musharraf, los tanques estaban en la calle y las tropas habían tomado los aeropuertos y las salas de redacción de los medios. El general Iftikhar asaltó la torre de control de Karachi para que el avión de Musharraf pudiera aterrizar. El ejército se hizo con el poder y metió a Sharif en un calabozo en el fuerte Attock. Alguna gente lo celebró invitando a dulces porque Sharif era impopular, pero mi padre lloró cuando escuchó la noticia. Él creía que ya no habría más dictaduras militares. Se acusó a Sharif de traición y sólo pudo salvarse gracias a sus amigos en la familia real saudí, que organizó su exilio.

Musharraf fue nuestro cuarto dictador militar. Como todos los dictadores, empezó dirigiéndose a la nación por televisión: «*Mere aziz hamwatano*», «queridos compatriotas», y después emprendió una larga diatriba contra Sharif, sobre el que dijo que había «perdido nuestro honor, dignidad y respeto...». Se comprometió a acabar con la corrupción y a perseguir a los «culpables del robo y el saqueo de la riqueza nacional». Prometió que haría públicos sus bienes y su declaración de la renta. Dijo que permanecería poco tiempo en el poder, pero nadie le creyó. El general Zia había prometido quedarse noventa días y al final fueron once años, hasta que murió en un accidente de avión.

Es la misma vieja historia, dijo mi padre, y tenía razón. Musharraf prometió acabar con el antiguo sistema feudal, por el que unas pocas docenas de familias controlaban todo el país, e incorporar caras nuevas a la política. Sin embargo, en su gobierno estaban las mismas caras de siempre. De nuevo nuestro país fue expulsado de la Commonwealth y se convirtió en una oveja negra internacional. Los estadounidenses ya habían suspendido la mayor parte de la ayuda el año anterior, cuando llevamos a cabo pruebas nucleares, pero ahora casi todo el mundo nos boicoteaba.

Con una historia así no resulta difícil entender por qué la población de Swat no siempre estaba de acuerdo con formar parte de Pakistán. Cada pocos años Pakistán nos enviaba un nuevo comisionado delegado para gobernar Swat, lo mismo que habían hecho los británicos en la época colonial. A nosotros nos parecía que aquellos burócratas sólo venían a nuestra provincia para enriquecerse y después volverse a casa. No tenían ningún interés en desarrollar Swat. Nuestro pueblo estaba acostumbrado a ser sumiso porque con el valí no se toleraba ninguna crítica. Si alguien le ofendía, toda su familia podía ser expulsada de Swat. Así que cuando llegaron los comisionados delegados de Pakistán, eran como los nuevos reyes y nadie los cuestionaba. Mucha gente mayor recordaba con nostalgia los días del último valí. Entonces, decían, las montañas todavía estaban cubiertas de árboles, había escuelas cada cinco kilómetros y el *sahib* valí les visitaba en persona para resolver sus problemas.

Después de lo ocurrido con Safina, hice la promesa de no volver a portarme mal con un amigo. Mi padre siempre dice que es importante tratar bien a los amigos. Cuando él era estudiante y no tenía dinero para comida ni libros, muchos de sus amigos le ayudaron a salir adelante y él nunca lo ha olvidado. Tengo tres buenas amigas: Safina, de la zona en la que vivo, Sumbul, de la aldea, y Moniba, de la escuela. Moniba se convirtió en mi mejor amiga en primaria, cuando vivíamos cerca una de la otra y la convencí de que viniera a nuestra escuela. Es una chica lista, pero nos peleamos con frecuencia, especialmente cuando vamos de excursión con el colegio. Su familia es numerosa, tiene tres hermanas y cuatro hermanos. Para mí es como mi hermana mayor, aunque la llevo seis meses. Moniba establece normas que yo trato de seguir. No tenemos secretos entre nosotras y no compartimos nuestros secretos con nadie más. No le gusta que hable con otras chicas y dice que debemos cuidarnos de relacionarnos con personas que no se comportan correctamente o que tienen reputación de crear problemas. Siempre dice: «Tengo cuatro hermanos y si hago lo más mínimo que esté mal, me pueden sacar de la escuela».

Yo quería tan desesperadamente no decepcionar a mis padres que hacía recados para todos. Un día nuestros vecinos me pidieron que les comprara maíz en el mercado. En el camino me atropelló un muchacho que iba en bicicleta y el hombro izquierdo me dolía tanto que se me llenaron los ojos de lágrimas. De todas formas, fui a comprar el maíz, se lo llevé a mis vecinos y después fui a casa.

Sólo entonces lloré. Poco después descubrí la forma perfecta de recuperar el respeto de mi padre. En la escuela se anunció un concurso de oratoria, y Moniba y yo decidimos inscribirnos. Me acordé de cómo mi padre había sorprendido a mi abuelo y quise hacer lo mismo. Al ver el tema, no podía dar crédito: «La honestidad es la mejor política».

La única práctica que yo tenía era leer poemas en alto cuando en la escuela nos reuníamos por las mañanas, pero había una niña mayor llamada Fatima que era muy buena oradora. Era muy guapa y se expresaba con vivacidad. Podía hablar tranquilamente ante cientos de personas, a las que mantenía absortas con cada palabra suya. Moniba y yo la observábamos porque queríamos ser como ella.

En nuestra cultura los discursos los suelen escribir los padres, tíos o maestros. Normalmente están en inglés o en urdu, no en nuestro pashtún nativo. Creíamos que hablar en inglés significaba que eras más inteligente. Por supuesto, estábamos equivocados. Con independencia de la lengua que escojas, lo que importa son las palabras que empleas para expresarte. A Moniba le escribió el discurso uno de sus hermanos mayores. Citaba hermosos poemas de Allama Iqbal, nuestro poeta nacional. El mío lo escribió mi padre. En él argumentaba que si quieres hacer el bien, pero lo haces incorrectamente, sigue siendo incorrecto. Acababa con las palabras de Lincoln: «Es mucho más honorable fracasar que engañar».

Llegó el día y sólo se presentaron ocho o nueve jóvenes. Moniba habló bien, estaba muy tranquila y su discurso era más emocional y poético que el mío, aunque el mío tenía un mensaje mejor. Yo estaba muy nerviosa antes de que me tocara hablar y temblaba de miedo. Mi abuelo había venido a verme y yo sabía que él realmente quería que ganara, lo que me ponía aún más nerviosa. Recuerdo que mi padre me había dicho que respirara profundamente antes de empezar, pero vi que todos los ojos estaban fijos en mí y comencé a hablar apresuradamente. Me perdí muchas veces porque las páginas no dejaban de moverse en mis temblorosas manos. Pero cuando terminé con las palabras de Lincoln, miré a mi padre. Estaba sonriendo.

Los jueces anunciaron el resultado: Moniba había ganado. Yo era la segunda.

No me importó. Lincoln también había escrito en la carta al maestro de su hijo: *Enséñele a perder con dignidad.* Yo estaba acostumbrada a ser la primera de la clase. Pero me di cuenta de que, incluso si ganas tres o cuatro veces, no tienes garantizada la siguiente victoria sin más... y que a veces es mejor contar tu propia historia. Empecé a escribir mis propios discursos y a pronunciarlos de otra forma, desde el corazón, no desde una hoja de papel.

6

Los niños de la montaña de basura

Cuando el Colegio Khushal empezó a tener a más alumnos, nos mudamos de casa y por fin tuvimos un televisor. Mi programa favorito era *Shaka Laka Boom Boom,* una serie india de dibujos animados sobre un niño llamado Sanju que tiene un lápiz mágico. Todo lo que dibujaba se volvía real. Si dibujaba una planta o un policía, la planta o el policía aparecían mágicamente. Si le salía una serpiente sin querer, podía borrarla y desaparecía. Utilizaba su lápiz para ayudar a la gente —incluso salvó a sus padres de unos gángsteres— y yo quería aquel lápiz mágico más que nada en el mundo.

Por la noche rezaba: «Dios, concédeme el lápiz de Sanju. No se lo diré a nadie. Simplemente déjamelo en mi armario. Lo usaré para hacer felices a todos». En cuanto acababa de rezar, iba a mirar en el cajón. El lápiz nunca estaba allí, pero yo ya sabía a quién ayudaría primero. En nuestra calle había un terreno abandonado que la gente usaba como vertedero; en Swat no hay servicio de recogida de basuras. Rápidamente se convirtió en una montaña de basura. No me gustaba pasar cerca de allí por lo mal que olía. A veces veíamos ratas negras corriendo entre la basura y había buitres volando por encima.

Un día que mis hermanos no estaban en casa mi madre me pidió
que tirara unas mondas de patata y cáscaras de huevos. Arrugué la nariz
mientras me acercaba, apartando las moscas y teniendo cuidado de no
pisar nada con mis bonitos zapatos. Al tirar los desperdicios a la montaña de comida podrida, vi que algo se movía y pegué un salto. Era una
niña de mi edad. Tenía el pelo enmarañado y la piel cubierta de llagas.
Su aspecto era el que yo me imaginaba que debía de tener Shashaka, la
mujer del cuento que nos contaban en la aldea para que nos laváramos.
La niña sujetaba un gran saco y estaba clasificando la basura en montones, uno para envases, otro para tapones de botellas, otro para cristal y
otro para papel. Cerca había dos niños buscando metales con imanes
sujetos con cuerdas. Quería hablar con ellos pero me dio miedo.

Aquella tarde, cuando mi padre volvió de la escuela, le hablé de
aquellos niños y le pedí que viniera conmigo a verlos. Intentó hablar
con ellos pero huyeron. Me explicó que los niños vendían por unas
pocas rupias lo que habían conseguido a un trapero que, a su vez, lo
revendía quedándose con un margen. Cuando volvíamos a casa vi
que tenía lágrimas en los ojos.

«*Aba,* tienes que darles plazas gratis en la escuela», dije. Él se rio.
Mi madre y yo ya le habíamos convencido de que admitiera a varias
niñas sin cobrarles.

Aunque mi madre no tenía estudios, era la más práctica de la
familia, la que actuaba, mientras que mi padre era el que hablaba.
Siempre estaba ayudando a la gente. Mi padre a veces se enfadaba.
Llegaba a la hora de comer y decía a mi madre: «¡Tor Pekai, ya estoy
en casa!» y se encontraba con que mi madre había salido y no había
comida para él. Entonces se enteraba de que estaba en el hospital vi-
sitando a alguien enfermo o que había ido a ayudar a una familia, y
él no podía enfadarse. A veces había salido a comprar ropa al mercado de Cheena, y eso ya era otra cosa.

Mi madre siempre llenaba la casa de gente. Yo compartía mi habitación con Aneesa, una prima de la aldea que había venido a vivir con nosotros para poder ir a la escuela, y con una niña llamada Shehnaz cuya madre, Sultana, había trabajado en nuestra casa. Shehnaz y su hermana también habían tenido que ir a recoger basura cuando su padre murió, dejándolas muy pobres. Uno de sus hermanos tenía una enfermedad mental y siempre estaba haciendo cosas extrañas como prender fuego a sus ropas o vender el ventilador eléctrico que les habíamos dado. Sultana era muy irascible y mi madre no quería tenerla en casa, pero mi padre dispuso una pequeña asignación para ella y una plaza para Shehnaz y su otro hermano en su escuela. Shehnaz nunca había ido al colegio, así que, aunque tenía dos años más que yo, la pusieron dos cursos anteriores al mío y se vino a vivir con nosotros para que yo pudiera ayudarla.

También estaba Nooria, cuya madre, Kharoo, nos ayudaba con la limpieza y el lavado de la ropa, y Alishpa, una de las hijas de Khalida, la mujer que ayudaba a mi madre en la cocina. A Khalida la habían vendido en matrimonio a un hombre viejo que la pegaba y ella acabó escapándose con sus tres hijas. Sus allegados no la quisieron ayudar porque se cree que una mujer que abandona a su marido trae la vergüenza a la familia. Durante un tiempo rebuscaron en la basura para sobrevivir. Su historia parecía sacada de las novelas que había empezado a leer.

Para entonces, el colegio se había ampliado mucho y tenía tres edificios: el original en Landikas era para la primaria y además había un instituto para chicas en la calle Yahya y otro para chicos con un gran jardín de rosas cerca de los restos del templo budista. En total teníamos unos ochocientos alumnos y aunque la escuela realmente no daba muchos beneficios, mi padre admitía a más de cien alumnos sin cobrar. Uno de ellos era un muchacho cuyo padre, Sharafat

Ali, había ayudado al mío cuando era un estudiante sin medios. Eran amigos de la aldea. Por aquella época Sharafat Ali trabajaba en la compañía eléctrica y daba a mi padre unos cientos de rupias siempre que podía permitírselo. Mi padre estaba muy contento de poder corresponder a su bondad. Otra era una niña de mi clase llamada Kausar, cuyo padre bordaba ropa y velos, un oficio por el que nuestra región es famosa. Cuando hacíamos excursiones a las montañas yo sabía que no podía permitírselas, así que se las pagaba con mi dinero de bolsillo.

Al dar plazas a niños pobres mi padre no sólo perdía sus mensualidades. Algunos de los padres más acomodados habían sacado a sus hijos de la escuela cuando se dieron cuenta de que estaban compartiendo la clase con los hijos de personas que limpiaban sus casas o remendaban su ropa. Creían que era una vergüenza que sus hijos se relacionaran con los de familias pobres. Mi madre decía que para los niños pobres era difícil aprender sin suficiente comida en el estómago, así que algunas de las niñas venían a nuestra casa a desayunar. Mi padre bromeaba diciendo que nuestra casa se había convertido en un hostal.

Era difícil estudiar con tanta gente alrededor. Yo estaba encantada de tener mi propia habitación y mi padre incluso me había comprado una mesa para trabajar. Pero ahora tenía a otras dos niñas en mi habitación. «¡Quiero espacio!», me quejaba. Pero enseguida me sentía culpable y sabía que éramos afortunados. Pensaba en los niños que trabajaban en el montón de basura. No dejaba de ver la cara sucia de aquella niña e insistía a mi padre para que les diera una plaza en nuestra escuela.

Él me intentó explicar que aquellos niños eran trabajadores y que si iban a la escuela, incluso sin pagar, toda la familia pasaría hambre. Sin embargo, consiguió que un filántropo adinerado, un amigo suyo, Azaday Khan, le financiara un folleto que preguntaba *Kia hasool e elum in bachun ka haq nahe?*, «¿No tienen derecho esos niños a la educación?». Mi padre hizo imprimir miles de esos panfletos para dejarlos en reuniones locales y repartirlos por la ciudad.

Para entonces mi padre se estaba convirtiendo en una figura conocida de Swat. Aunque no era un khan o un hombre rico, la gente le escuchaba. Sabían que diría cosas interesantes en los talleres y seminarios, y que no tenía miedo de criticar a las autoridades o incluso al ejército, que de nuevo había asumido el control de nuestro país. También le conocía ya el ejército, y unos amigos suyos le dijeron que el comandante local le había llamado «letal» en público. Mi padre no sabía qué había querido decir exactamente aquel general, pero en nuestro país, donde el ejército es tan poderoso, no presagiaba nada bueno.

Una de las cosas que más odiaba eran las llamadas «escuelas fantasma»: personas influyentes de zonas apartadas recibían dinero del gobierno para abrir escuelas que sólo existían sobre el papel. Utilizaban los edificios como *hujras* o para guardar sus animales. Incluso se daba el caso de un hombre que cobraba pensión de maestro aunque no había enseñado nunca en su vida. Aparte de la corrupción y del mal gobierno, la principal preocupación de mi padre en aquellos días era el medio ambiente. Mingora crecía rápidamente —ya tenía unos 175.000 habitantes— y el aire se estaba contaminando a causa de los vehículos y los fuegos para cocinar. Los maravillosos árboles de nuestras colinas y montañas estaban desapareciendo convertidos en leña. Mi padre decía que aproximadamente la mitad de la población de la ciudad no tenía acceso a agua potable y la mayoría, como nosotros, carecía de saneamiento. Él y sus amigos crearon algo llamado Consejo para la Paz Mundial que, pese a su nombre, tenía inquietudes muy locales. El nombre era irónico y mi padre con frecuencia se reía de él, pero el objetivo de la organización era muy serio: conservar el medio ambiente de Swat y promover la paz y la educación entre la población local.

A mi padre también le gustaba escribir poesía, a veces sobre el amor, pero también sobre temas controvertidos como los crímenes de honor o los derechos de las mujeres. En una ocasión fue a Afganistán a un festival de poesía que se celebró en el Hotel Intercontinental de Kabul, donde leyó un poema sobre la paz. En el discurso de clausura se le mencionó como el más estimulante y varios asistentes le pidieron que repitiera estrofas completas y pareados. Cuando algo les gustaba especialmente exclamaban «woh woh», que es algo así como «bravo». Incluso mi abuelo estaba orgulloso. «Hijo, que te conviertas en una estrella en el firmamento del saber», solía decirle.

Nosotros también nos enorgullecíamos, pero su creciente popularidad significaba que no le veíamos mucho. Siempre era mi madre quien nos compraba la ropa y nos llevaba al hospital si estábamos enfermos, aunque en nuestra cultura, particularmente en los pueblos, se supone que una mujer no debe hacer esas cosas sola. Uno de los sobrinos de mi padre tenía que acompañarnos. Cuando mi padre estaba en casa, él y sus amigos se sentaban en la azotea al atardecer y hablaban de política interminablemente. En realidad sólo había un tema: el 11-S. Aquello quizá cambiara el mundo, pero nosotros vivíamos en el epicentro de todo. Osama bin Laden, el líder de Al Qaeda, vivía en Kandahar cuando se produjo el atentado contra el World Trade Center y los estadounidenses enviaron tropas a Afganistán para atraparle y derrocar el régimen de los talibanes que le protegía.

En Pakistán seguíamos viviendo bajo una dictadura pero los estadounidenses necesitaban nuestra ayuda, lo mismo que en los años ochenta para combatir a los soviéticos en Afganistán. Y lo mismo que la invasión soviética de Afganistán había cambiado todo para el general Zia, el 11-S hizo presentable al general Musharraf en la escena internacional. De repente, George W. Bush le invitó a la Casa Blanca y Tony Blair al 10 de Downing Street. Sin embargo, había un gran problema. El ISI, nuestro servicio de inteligencia, prácticamente había creado a los talibanes. Muchos oficiales estaban próximos a sus líderes y compartían algunas de sus convicciones. Un oficial del ISI conocido como el coronel Imam se vanagloriaba de haber entrenado a 90.000 talibanes e incluso fue nombrado cónsul general de Pakistán en Herat durante el régimen talibán.

A nosotros no nos entusiasmaban los talibanes, pues habíamos oído que destruían las escuelas de niñas y que habían volado las estatuas gigantes de Buda; nosotros teníamos muchos Budas y estábamos orgullosos de ellos. Pero muchos pashtunes tampoco estaban de acuerdo con que se bombardeara Afganistán o con la forma en que Pakistán estaba ayudando a los estadounidenses, aunque sólo fuera permitiéndoles cruzar nuestro espacio aéreo y dejando de suministrar armas a los talibanes. No sabíamos entonces que Musharraf también estaba facilitándoles el uso de nuestros campos de aterrizaje.

Para algunos religiosos pashtunes Osama bin Laden era un héroe. En el mercado se vendían posters de él sobre un caballo blanco y cajas de dulces con su retrato. Los clérigos decían que el 11-S era la venganza por lo que los estadounidenses hacían a otra gente en todo el mundo. Pero omitían el hecho de que las personas que se encontraban en el World Trade Center eran inocentes y no tenían nada que ver con la política estadounidense, y que el Corán dice claramente que no se debe matar. Nuestro pueblo ve conspiraciones detrás de todo y muchos sostenían que el ataque en realidad lo habían llevado a cabo los judíos como excusa para que Estados Unidos pudiera embarcarse en una guerra contra el mundo musulmán. De acuerdo con algunos periódicos, aquel día los judíos no habían ido a trabajar al World Trade Center. Mi padre decía que esto eran tonterías.

Musharraf anunció a nuestro pueblo que no le quedaba más opción que cooperar con los estadounidenses. Afirmó que le habían dicho: «Están con nosotros o están con los terroristas» y que le habían amenazado con «bombardearnos hasta devolvernos a la Edad de Piedra» si nos poníamos en su contra. Pero tampoco estábamos cooperando exactamente, pues el ISI seguía armando a los combatientes talibanes y proporcionando refugio a sus líderes en Quetta. Incluso convencieron a los estadounidenses de que les permitieran sacar a cientos de sus hombres del norte de Afganistán. El jefe del ISI pidió a los estadounidenses que pospusieran el ataque a Afganistán hasta que hubiera ido a Kandahar a pedir al mulá Omar que le entregara a Bin Laden. Por el contrario, le ofreció ayuda.

En nuestra provincia el maulana Sufi Mohammad, que había luchado en Afganistán contra los soviéticos, emitió una fetua contra Estados Unidos. Organizó una concentración en Malakand, donde nuestros antepasados habían combatido a los británicos. El gobierno pakistaní no se lo impidió. El gobernador de nuestra provincia declaró que todo el que quisiera ir a luchar a Afganistán contra las fuerzas de la OTAN podía cumplir su deseo. Unos doce mil jóvenes de Swat fueron a ayudar a los talibanes. Muchos nunca regresaron. Seguramente murieron, pero como no se puede demostrar, sus esposas no son viudas oficialmente. Es muy duro para ellas. Un hermano y un cuñado del amigo de mi padre Wahid Zaman estaban entre los muchos que fueron a Afganistán. Sus esposas e hijos aún les esperan. Recuerdo su añoranza cuando los visitamos. No obstante, todo parecía muy lejano de nuestro pacífico valle. Afganistán está a menos de ciento sesenta kilómetros, pero hay que pasar por el área tribal de Bajaur para llegar allí.

Bin Laden y sus hombres huyeron a las montañas Blancas de Tora Bora al este de Afganistán, donde habían construido una red de túneles y cuevas subterráneas mientras luchaban contra los soviéticos. Por esos túneles y las montañas llegaron hasta la región Kurram en las FATA. Lo que no sabíamos entonces es que Bin Laden vino a Swat y permaneció un año en una aldea remota aprovechando el código de hospitalidad *pashtunwali*.

Era evidente la doblez de Musharraf, aceptando el dinero estadounidense al tiempo que seguía ayudando a los yihadistas, los «activos estratégicos», como los llama el ISI. Los estadounidenses dicen que entregaron a Pakistán miles de millones de dólares para que les apoyaran en su campaña contra Al Qaeda, pero nosotros no vimos un céntimo. Musharraf se construyó una mansión junto al lago Rawal en Islamabad y se compró una casa en Londres. Cada cierto tiempo algún alto cargo estadounidense se quejaba de que no cooperábamos lo suficiente y de repente caía un pez gordo. Khalid Sheikh Mohammad, el cerebro que planeó el 11-S, fue descubierto a poco más de un kilómetro de distancia de la residencia oficial del jefe del ejército en Rawalpindi. Sin embargo, el presidente Bush no dejaba de elogiar a Musharraf, invitándole a Washington y llamándole amigo suyo. A mi padre y a sus amigos esto les asqueaba. Decían que los estadounidenses preferían tratar con dictadores en Pakistán.

Desde que era pequeña me interesaba la política y me sentaba en las rodillas de mi padre escuchando todo lo que él y sus amigos decían, pero lo que más me preocupaban eran las cuestiones más próximas a casa... a nuestra calle para ser exactos. Hablé a mis amigas de la escuela sobre los niños del basurero y les dije que debíamos ayudarles. No todo el mundo quería; decían que los niños estaban sucios y probablemente enfermos y que a sus padres no les gustaría que fueran a la escuela con niños así. También decían que ese problema no era cosa nuestra. Yo no estaba de acuerdo. «Podemos mantenernos al margen y esperar que el gobierno haga algo, pero no lo va a hacer. Si yo contribuyo a ayudar a uno o dos niños y otra familia también ayuda a uno o dos niños, entre nosotros podemos ayudarles a todos».

Yo sabía que no tenía sentido apelar al general Musharraf. En mi experiencia, si mi padre no podía ayudar en cosas como éstas, sólo quedaba una opción. Escribír una carta a Dios. «Querido Dios —decía—, ya sé que lo ves todo, pero hay tantas cosas que quizá, a veces, algunas pasan inadvertidas, especialmente ahora, con el bombardeo en Afganistán. Pero me parece que no estarías contento si vieras a los niños de mi calle viviendo en un montón de basura. Dios, dame fuerza y valor y hazme perfecta, porque quiero hacer este mundo perfecto. Malala».

El problema era que no sabía cómo hacérsela llegar. De alguna manera imaginé que tenía que hundirse en la tierra. Así que primero la enterré en el jardín. Después pensé que de esa forma se estropearía, y la metí en una bolsa de plástico. Pero eso no pareció servir de mucho. A nosotros nos gusta arrojar textos sagrados a los ríos, así que hice un rollo con ella, la até a un trozo de madera, puse un diente de león encima y la eché al río que desemboca en el Swat. Seguramente Dios la encontraría allí.

7

El muftí que intentó cerrar nuestra escuela

Justo enfrente del colegio de la calle Khushal, donde yo nací, vivía un mulá alto y guapo con su familia. Su nombre era Ghulamullahand y se llamaba a sí mismo muftí, lo que significa que alguien es un erudito musulmán y una autoridad en la ley islámica, aunque mi padre dice que todo el que lleva turbante puede llamarse maulana o muftí. La escuela marchaba bien y mi padre estaba construyendo una impresionante zona de recepción con la entrada en arco en el instituto de los chicos. Por primera vez mi madre podía comprar ropa bonita e incluso pedir que le trajeran la comida hecha, como había soñado en la aldea. Pero durante todo este tiempo el muftí no dejaba de observar. Observaba a las niñas entrando y saliendo de la escuela cada día y le indignaba, particularmente porque algunas eran adolescentes. «Ese maulana nos mira mal», dijo mi padre un día. Tenía razón.

Poco después, el muftí fue a la mujer que era propietaria del recinto done estaba el colegio y le dijo: «Ziauddin tiene una escuela *haram* en su edificio y está avergonzando al *mohalla*. Esas jóvenes deberían observar el *purdah*». También le dijo: «Quítele el edificio y yo se lo alquilo para mi madrasa. Si lo hace así, recibirá dinero ahora, pero también será recompensada en el otro mundo».

Ella se negó y su hijo vino a ver a mi padre en secreto. «Este maulana va a comenzar una campaña contra usted —le advirtió—. No le vamos a ceder el edificio, pero tenga cuidado».

Mi padre estaba indignado. «Igual que decimos *nim hakim khatrai jan* —un medio médico es un peligro para la vida—, *nim mullah khatrai iman*, un mulá medio formado es un peligro para la fe», dijo.

Estoy orgullosa de que nuestro país naciera como la primera nación musulmana del mundo, pero todavía no nos hemos puesto de acuerdo en lo que eso significa. El Corán nos enseña *sabar*, que significa «paciencia», pero hemos olvidado ese concepto y pensamos que el islam significa mujeres con burka o metidas en casa observando el *purdah*, mientras los hombres hacen la yihad. En Pakistán hay muchas tendencias del islam. Jinnah, nuestro fundador, quería que se reconocieran los derechos de los musulmanes en la India, pero la mayoría de la población india era hindú. Era como si hubiera una disputa entre dos hermanos y acordaran vivir en casas distintas. Así que la India se dividió y a medianoche del 14 de agosto de 1947 nació un estado musulmán independiente. Los comienzos difícilmente pudieron ser más sangrientos. Millones de musulmanes cruzaron la frontera desde la India, mientras que los hindúes marcharon en la otra dirección. Casi dos millones de personas murieron tratando de cruzar la nueva frontera. Muchas fueron asesinadas en trenes que llegaron a Lahore y Delhi llenos de cadáveres ensangrentados. Mi propio abuelo casi murió en los disturbios cuando su tren fue atacado por hindúes de camino a Pakistán. Ahora somos un país de ciento ochenta millones de personas, de las que más del noventa y seis por ciento son musulmanas. También tenemos unos dos millones de cristianos y más de dos millones de ahmadis, que se consideran musulmanes, aunque nuestro gobierno lo niega. Por desgracia, esas comunidades sufren frecuentes ataques.

En su juventud Jinnah había vivido en Londres, donde estudió derecho. Él quería un país tolerante. Nuestra gente con frecuencia cita el famoso discurso que pronunció unos días antes de la independencia: «Sois libres de ir a vuestros templos, sois libres de ir a vuestras mezquitas o a cualquier otro lugar de culto en este estado de Pakistán. Podéis pertenecer a cualquier religión, casta o credo... esto no le concierne al estado». Mi padre dice que el problema es que Jinnah negoció un territorio para nosotros, pero no un estado. Murió de tuberculosis sólo un año después de la fundación de Pakistán, y no hemos dejado de pelear desde entonces. Hemos librado tres guerras contra la India y provocado lo que parecen interminables matanzas en nuestro propio país.

Los musulmanes nos dividimos en suníes y chiíes; compartimos las mismas creencias fundamentales y el mismo Libro Sagrado del Corán, pero no estamos de acuerdo en quién debía guiar nuestra religión cuando el Profeta murió en el siglo VII. El hombre elegido para ser califa o líder fue Abu Bakr, amigo y estrecho colaborador del Profeta, la persona que él eligió para dirigir las oraciones en su lecho de muerte. La palabra «suní» viene del árabe «el que sigue las tradiciones del Profeta». Pero un grupo más pequeño creía que el liderazgo debería haber permanecido en la familia del Profeta y que Ali, su primo y yerno, era el sucesor legítimo. Se les conoció como chiíes o *shias*, abreviado de Shia-t-Ali o facción de Ali.

Cada año los chiíes conmemoran con la fiesta de Muharram la muerte del nieto del Profeta Hussein Ibn Ali en la batalla de Kerbala en el año 680. En un sangriento frenesí se azotan con cadenas de metal o con látigos acabados en cuchillas hasta que las calles enrojecen de sangre. El padre de una de mis amigas es chií y llora cada vez que habla de la muerte de Hussein en Kerbala. Se emociona tanto que parece como si los acontecimientos de Kerbala hubieran ocurrido la noche anterior. Nuestro fundador, Jinnah, pertenecía a una familia chií y la madre de Benazir Bhutto era una chií de Irán.

La mayoría de los pakistaníes —más del ochenta por ciento— son suníes, como nosotros, pero también hay muchos grupos. El más grande, con diferencia, es el de los barelvis, llamados así por una madrasa del siglo XIX que había en Bareilly, en el estado indio de Uttar Pradesh. También están los deobandi, cuyo nombre también procede de otra célebre madrasa del siglo XIX en Uttar Pradesh, en este caso en la aldea de Deobrand. Son muy conservadores y la mayoría de nuestras madrasas son deobandi. Además tenemos los Ahl-e-Hadith (el pueblo del hadiz), que son salafistas. Este grupo está más influido por los árabes y es incluso más conservador que los otros. Son lo que Occidente denomina fundamentalistas. No aceptan nuestros santos y templos: muchos pakistaníes también son místicos y se congregan en los santuarios sufíes los jueves por la noche para danzar y rezar. Cada una de estas tendencias comprende a su vez muchos grupos diferentes.

El muftí de la calle Khushal pertenecía a Tablighi Jamaat, un grupo deobandi que celebra una gran concentración cada año en su sede de Raiwind, cerca de Lahore, a la que asisten millones de personas. El general Zia solía asistir y en los años ochenta, bajo su régimen, se hicieron muy poderosos. Muchos de los imanes nombrados para predicar en los cuarteles eran tablighis y había oficiales del ejército que tomaban frecuentes permisos para ir a predicar en nombre del grupo.

Una noche, después de que el muftí no hubiera logrado convencer a nuestra casera de que cancelara el alquiler del local, reunió a varias personas influyentes y ancianos de nuestro *mohalla* y formó una delegación. Se presentaron siete —algunos ancianos tablighis, el guardián de una mezquita, un antiguo yihadista y un tendero— y llenaron nuestra pequeña casa.

Mi padre parecía preocupado y nos dijo que nos fuéramos a la otra habitación. Pero la casa era tan pequeña que se oía todo. «Vengo en representación de los ulemas y de los tablighi y talibanes—dijo el mulá Ghulamullahand, refiriéndose no a una sino a dos organizaciones de estudiosos musulmanes en aras de la *gravitas*—. Represento a los buenos musulmanes y todos pensamos que su escuela de niñas es *haram* y una blasfemia. Tiene que cerrarla. Las niñas no deben ir a la escuela —continuó—. Una niña es tan sagrada que debe observar el *purdah* y tan privada que en el Corán no hay ningún nombre de mujer, pues Dios no quiere que se las mencione».

Mi padre no pudo escuchar más. «A Maryam se la menciona en todo el Corán. ¿Es que no era una mujer, y una mujer buena, además?».

«No —respondió el mulá—. Sólo está ahí para demostrar que Isa [Jesús] era el hijo de Maryam, ¡no el hijo de Dios!».

«Puede ser —respondió mi padre—, pero lo que estoy diciendo es que el Corán menciona a Maryam».

Entonces el muftí empezó a poner objeciones, pero mi padre ya estaba harto. Dirigiéndose al grupo, dijo: «Cuando me cruzo con este caballero por la calle, yo le miro y le saludo, pero él no responde y se limita a hacer una inclinación de cabeza».

El mulá bajó la mirada avergonzado porque saludar a alguien como es debido es importante en el islam. «Usted dirige la escuela *haram* —dijo—. Por eso no quiero saludarle».

Entonces habló uno de los otros. «Había oído que usted era un infiel, pero veo que hay Coranes en su casa», dijo a mi padre.

«¡Por supuesto que los hay! —repuso mi padre, asombrado de que su fe se pusiera en entredicho—. Soy musulmán».

«Volvamos al tema de la escuela —dijo el muftí, que veía que la discusión se le estaba yendo de las manos—. En la zona de recepción de la escuela hay hombres que ven entrar a las niñas, y eso es muy malo».

«Tengo una solución —dijo mi padre—. La escuela tiene otra puerta. Las niñas entrarán por ahí».

Era evidente que el muftí no estaba satisfecho y que lo que quería era cerrar la escuela. Pero a los ancianos les satisfizo este compromiso y se marcharon.

Mi padre sospechaba que el problema no estaba zanjado. Lo que nosotros sabíamos, y ellos no, era que la sobrina del muftí iba a la escuela en secreto. Así que, unos días después, mi padre fue a hablar con el hermano mayor del muftí, el padre de la niña.

«Estoy muy cansado de su hermano —dijo—. ¿Qué clase de muftí es? Nos está volviendo locos. ¿Puede ayudarnos a que deje de molestarnos?».

«Me temo que no puedo ayudarle, Ziauddin —repuso—. Yo también tengo problemas en casa. Vive con nosotros y ha dicho a su esposa que debe observar el *purdah* con nosotros y que nuestras esposas deben observar el *purdah* con él en este espacio tan pequeño. Nuestras esposas son como hermanas para él y la suya como una hermana para nosotros, pero este demente ha convertido nuestra casa en un infierno. Lo siento, pero no puedo ayudarle».

Mi padre estaba en lo cierto al pensar que aquel hombre no iba a ceder; los mulás habían adquirido un poder creciente desde el gobierno de Zia y su campaña de islamización.

En algunos sentidos, el general Musharraf era muy diferente del general Zia. Aunque solía ir de uniforme, a veces se le veía con trajes occidentales y se llamaba jefe ejecutivo, en vez de administrador jefe de la ley marcial. Tenía varios perros pequeños, que los musulmanes consideramos impuros. La islamización de Zia fue sustituida por lo que denominó «moderación ilustrada». Abrió los medios de comunicación, permitiendo nuevos canales de televisión privados y mujeres locutoras, así como que se viera bailar por televisión. También se permitió la celebración de fiestas occidentales, como el día de San Valentín y la Nochevieja. Incluso aprobó la organización de un concierto anual de música pop en la víspera del día de la Independencia, que era retransmitido a todo el país. Además, hizo algo que ninguno de nuestros líderes democráticos, ni siquiera Benazir, habían hecho y abolió la ley en virtud de la cual una mujer tenía que presentar cuatro testigos varones para probar que había sido violada. Nombró a la primera mujer gobernadora de un banco estatal y las primeras mujeres pilotos de líneas aéreas y guardacostas. Incluso anunció que habría mujeres en la guardia de la tumba de Jinnah en Karachi.

No obstante, en nuestra región pashtún de la Provincia Fronteriza del Noroeste, las cosas eran muy distintas. En 2002 Musharraf celebró elecciones para una «democracia controlada». Fueron unas elecciones extrañas pues los principales líderes de los partidos, Nawaz Sharif y Benazir, estaban en el exilio. En nuestra provincia aquellas elecciones llevaron al poder lo que denominamos un gobierno de mulás. La alianza Muttahida Majlis e-Amal (MMA) estaba formada por cinco partidos religiosos incluido el Jamiat Ulema-e-Islam (JUI), que dirigía las madrasas en que se formaban los talibanes. La gente decía bromeando que la MMA era la Alianza Militar de Mulás [Mullah Military Alliance] y que habían resultado elegidos porque contaban con el apoyo de Musharraf, pero lo cierto es que los pashtunes más religiosos los apoyaban porque estaban indignados por la invasión estadounidense de Afganistán y la expulsión del poder de los talibanes.

Nuestra zona siempre había sido más conservadora que la mayor parte de Pakistán. Durante la yihad afgana se construyeron muchas madrasas, la mayoría financiadas con dinero saudí, y muchos jóvenes habían pasado por ellas porque eran gratuitas. Ése fue el comienzo de lo que mi padre denomina la «arabización» de Pakistán. Entonces el 11-S generalizó este tipo de militancia. En la carretera principal se podían ver edificios cubiertos con mensajes escritos con tiza: ENTRENAMIENTO PARA LA YIHAD. LLÁMENOS y a continuación un número de teléfono. En aquellos días los grupos yihadistas campaban a sus anchas. Reclutaban hombres y recogían fondos abiertamente. El director de un colegio incluso se vanagloriaba de que su mayor éxito había sido enviar a diez muchachos que acababan de terminar la enseñanza secundaria a un campamento de entrenamiento de yihadistas en Cachemira.

El MMA prohibió las tiendas de cds y dvds, y se propuso instaurar una policía de moralidad como la de los talibanes afganos. La idea era que pudiera detener a cualquier mujer que fuera acompañada de un hombre y exigirle que demostrara que aquel hombre era pariente suyo. Afortunadamente, el Tribunal Supremo se opuso. Entonces, los activistas del MMA se dedicaron a atacar los cines y a destruir las vallas publicitarias en que aparecían mujeres o a cubrirlas de pintura. Incluso se llevaban los maniquíes de mujeres de las tiendas de ropa. Acosaban a los hombres que llevaban camisas y pantalones de tipo occidental en vez del tradicional shalwar kamiz e insistían en que las mujeres se cubrieran la cabeza. Era como si quisieran borrar de la vida pública todas las huellas de mujeres.

El instituto de mi padre empezó a funcionar en 2003. El primer año las clases eran mixtas, pero en 2004 el clima ya había cambiado tanto que era impensable que chicas y chicos estuvieran juntos en la misma clase. El ambiente predominante envalentonó a Ghulamullahand. Uno de los empleados de la escuela dijo a mi padre que el muftí no dejaba de ir a la escuela y preguntar por qué las niñas seguíamos utilizando la entrada principal. Dijo que, un día, cuando un empleado acompañó a una maestra a la carretera principal para coger un rickshaw, el maulana preguntó: «¿Por qué la ha acompañado este hombre a la carretera? ¿Es su hermano?».

«No —repuso el empleado—, es un colega».

«¡Eso no puede ser!», dijo el maulana.

Mi padre dijo al empleado que le llamara la siguiente vez que viera al maulana. Cuando la llamada llegó, mi padre y el maestro de estudios islámicos salieron a hablar con él.

«Maulana, ¡me está poniendo en una posición muy difícil! —dijo—. ¿Quién es usted? ¡Está loco! Necesita un médico. ¿Es que piensa que entro en la escuela y me desnudo? Cuando ve a un chico y una chica ve un escándalo. Son alumnos. ¡Creo que debería ir a ver al doctor Haider Ali!».

El doctor Haider Ali era un conocido psiquiatra de nuestra zona, de forma que decir: «¿Le llevamos al doctor Haider Ali?» significaba «¿Está usted loco?».

El muftí se quedó en silencio. Se quitó el turbante y se lo dio a mi padre. Para nosotros un turbante es un signo exterior de caballerosidad y de pertenencia a nuestra cultura. Perderlo se considera una gran humillación. Pero entonces volvió a comenzar: «Yo nunca dije esas cosas a su empleado. Está mintiendo».

Mi padre ya estaba harto. «No se le ha perdido nada aquí. ¡Márchese!», gritó.

El muftí no había logrado cerrar la escuela, pero su intromisión ya era una señal de cómo estaba cambiando nuestro país. Mi padre estaba preocupado. Él y sus compañeros activistas mantenían reuniones interminables. Ya no trataban sólo del medio ambiente, sino también de la educación y la democracia.

En 2004, después de resistir la presión de Washington durante más de dos años y medio, el general Musharraf había enviado el ejército a las Áreas Tribales bajo Administración Federal, las siete entidades que se encuentran en la frontera con Afganistán y que el gobierno apenas controlaba. Los estadounidenses sostenían que, aprovechando nuestra hospitalidad pashtún, en esas zonas se habían refugiado militantes de Al Qaeda que habían huido de los bombardeos en Afganistán. Se suponía que desde allí organizaban campos de entrenamiento y lanzaban ataques contra las fuerzas de la OTAN al otro lado de la frontera. Esto ocurría muy cerca de nosotros. Bajaur, una de las FATA, limita con Swat. La población de las FATA pertenece a tribus pashtunes, como los Yousafzai, que están repartidos a ambos lados de la frontera con Afganistán.

Las entidades tribales fueron creadas por los británicos como zona de amortiguación entre Afganistán y lo que entonces era la India, y siguen administradas de la misma forma, por jefes tribales o ancianos conocidos como maliks. Desgraciadamente, los maliks no sirven de mucho y la realidad es que las zonas tribales no están gobernadas en absoluto. Son lugares olvidados, valles de peñascos en los que la gente sobrevive con el contrabando. (Su renta anual media sólo es de 250 dólares, la mitad de la media pakistaní.) Tienen muy pocos hospitales y escuelas, en especial para niñas, y los partidos políticos estaban prohibidos hasta hace poco. Prácticamente ninguna mujer de esas zonas sabe leer. Son poblaciones famosas por su virulencia e independencia, como atestiguan los antiguos relatos británicos.

Nuestro ejército nunca había entrado en las FATA. Habían mantenido un control indirecto, como habían hecho los británicos, utilizando un Cuerpo de Fronteras integrado por pashtunes, en vez de soldados regulares. Enviar al ejército fue una decisión dura. No era sólo que nuestro ejército y el ISI tuvieran estrechos vínculos con algunos militantes, sino también que lucharían contra sus hermanos pashtunes. La primera zona tribal en la que penetró el ejército fue Waziristán del Sur, en marzo de 2004. Como era de esperar, la gente lo vio como un ataque a su forma de vida. Allí todos los hombres llevan armas y cientos de soldados murieron cuando la población se rebeló.

El ejército estaba paralizado. En algunos casos los soldados se negaron a luchar, pues no querían enfrentarse a su propia gente. Se retiraron después de doce días y llegaron a lo que denominaron «un acuerdo de paz negociado» con los líderes militantes locales como Nek Mohammad. El acuerdo consistió en que el ejército los sobornó para que detuvieran todos los ataques y no dieran cobijo a combatientes extranjeros. Los militantes simplemente usaron el dinero para comprar más armas y reanudaron sus actividades. Unos meses después se produjo el primer ataque de un drone estadounidense sobre Pakistán.

El 17 de junio de 2004 un Predator no tripulado lanzó un misil Hellfire a Nek Mohammad en Waziristán del Sur al parecer mientras daba una entrevista por teléfono vía satélite. Él y los hombres que le rodeaban murieron en el acto. La población local no sabía qué había ocurrido; por aquel entonces no sabíamos que los estadounidenses pudieran hacer algo así. Con independencia de lo que uno pensara sobre Nek Mohammad, no estábamos en guerra con los estadounidenses y nos escandalizó que pudieran lanzar ataques desde el aire sobre nuestro territorio. En las zonas tribales la gente estaba indignada y muchos se unieron a grupos militantes o formaron *lashkars*, milicias locales.

Hubo más ataques. Los estadounidenses decían que el lugarteniente de Bin Laden, Ayman al-Zawahiri, se escondía en Bajaur y que se había casado allí. En enero de 2006 un drone que supuestamente iba dirigido contra él destruyó tres casas y mató a dieciocho personas en una aldea llamada Damadola. Los estadounidenses dijeron que alguien le había avisado y había escapado. Aquel mismo año, el 30 de octubre, otro Predator estadounidense lanzó sus misiles contra una madrasa situada en una colina cerca de la ciudad de Khar y mató a ochenta y dos personas, en su mayoría muchachos. Los estadounidenses dijeron que era un campo de entrenamiento de Al Qaeda que aparecía en vídeos del grupo y que la colina estaba llena de túneles y emplazamientos de armas. Unas horas después del ataque, Faqir Mohammad, que dirigía la madrasa, anunció que las muertes serían vengadas por atentados suicidas contra soldados pakistaníes.

Mi padre y sus amigos estaban preocupados y convocaron a los ancianos y líderes locales a una conferencia de paz. Era una noche muy fría de enero, pero acudieron 150 personas.

«Está llegando aquí —advirtió mi padre—. El fuego está llegando al valle. Apaguemos las llamas antes de que eso ocurra».

Pero nadie quería escuchar. Algunos asistentes incluso se rieron de sus advertencias, como un líder político local que estaba sentado en la primera fila.

«Señor Khan —le dijo mi padre—. Usted sabe lo que ocurrió a la población de Afganistán. Ahora son refugiados y viven aquí con nosotros. Lo mismo está ocurriendo en Bajaur. Lo mismo nos ocurrirá a nosotros, acuérdese de mis palabras, y no tendremos dónde refugiarnos, ningún lugar al que emigrar».

Pero la expresión de aquel hombre era burlona. «Mira este hombre —parecía decir de mi padre—. Yo soy un khan. ¿Quién se va a atrever a expulsarme de aquí?».

Mi padre llegó a casa frustrado. «Tengo una escuela pero no soy un khan ni un líder político. No tengo una plataforma —nos dijo—. Sólo soy un hombre corriente».

8

El otoño del terremoto

Un día de octubre, cuando todavía iba a la escuela primaria, los pupitres comenzaron a temblar y a tambalearse. Las clases todavía eran mixtas a esa edad y niños y niñas empezamos a gritar «¡Terremoto!». Corrimos afuera, como se nos había enseñado a hacer, y nos reunimos alrededor de nuestros maestros como polluelos que corren hacia su madre gallina.

Swat se encuentra sobre una falla y teníamos frecuentes terremotos, pero éste parecía distinto. A nuestro alrededor temblaban todos los edificios y aquel ruido sordo no se detenía. La mayoría de nosotros nos pusimos a llorar, mientras nuestros profesores rezaban. La señorita Rubi, una de mis maestras preferidas, nos dijo que dejáramos de llorar y nos tranquilizáramos, que pasaría en seguida.

Cuando el temblor se detuvo, nos mandaron a casa a todos. Encontramos a nuestra madre sentada en una silla con el Corán en las manos y recitando versículos una y otra vez. Cuando hay dificultades, la gente reza mucho. Al vernos, se tranquilizó y nos abrazó con la cara llena de lágrimas. Pero durante toda la tarde hubo réplicas, así que seguíamos muy asustados.

Nos habíamos mudado de casa otra vez —para cuando cumplí trece años habíamos cambiado siete veces de casa— y vivíamos en un bloque de pisos. Para Mingora era alto: dos plantas con un gran depósito de agua en la azotea. A mi madre le aterrorizaba que pudiera hundirse sobre nosotros, así que constantemente salíamos del edificio. Mi padre no regresó a casa hasta tarde porque había estado controlando si se habían producido daños en las demás escuelas.

Por la noche aún había réplicas y mi madre estaba aterrada. Cada vez que notábamos un temblor pensábamos que era el Día del Juicio. «Vamos a quedar enterrados en la cama», gritaba, e insistía en que saliéramos, pero mi padre estaba agotado y los musulmanes creemos que Dios ha decretado nuestro destino. Así que nos llevó a mí y a mis hermanos, Khushal y Atal, que entonces era un bebé, a la cama.

«Id adonde queráis —les dijo a mi madre y a un primo—. Yo me quedo aquí. Si creéis en Dios, os quedaréis aquí». Parece que cuando hay un gran desastre o nuestras vidas corren peligro recordamos nuestros pecados y nos preguntamos cómo nos presentaremos ante Dios y si seremos perdonados. Pero Dios también nos ha dado la capacidad de olvidar, de forma que, cuando la tragedia ha pasado, seguimos actuando como siempre. Yo confiaba en la fe de mi padre, ¡pero también compartía los muy reales temores de mi madre!

El terremoto del 8 de octubre de 2005 resultó ser uno de los peores en la historia. Alcanzó 7,6 grados en la escala Richter y se sintió hasta en Kabul o en Delhi. Nuestra ciudad, Mingora, no fue de las más afectadas —sólo se hundieron algunos edificios—, pero la vecina Cachemira y las zonas del norte de Pakistán quedaron devastadas. Incluso en Islamabad se hundieron edificios.

Tardamos en darnos cuenta de su gravedad. Cuando las noticias empezaron a mostrar por televisión el desastre, vimos que aldeas enteras habían quedado reducidas a polvo. Avalanchas de tierra bloqueaban el acceso a las zonas más afectadas y las líneas eléctricas y telefónicas estaban cortadas. El terremoto había afectado a 30.000 kilómetros cuadrados [un área equivalente a Galicia]. Las cifras eran increíbles. Había más de 73.000 víctimas mortales y 128.000 heridos, muchos de ellos mutilados para siempre. Unos tres millones y medio de personas habían perdido sus hogares. Nos quedamos sin carreteras, puentes, agua y energía. Lugares que conocíamos como Balakot estaban casi completamente en ruinas. Muchas de las víctimas eran niños que, como yo, se encontraban en la escuela aquella mañana. Unas 6.400 escuelas quedaron reducidas a escombros y 18.000 niños perdieron la vida.

Recordábamos el miedo que habíamos pasado aquella mañana y organizamos una colecta en la escuela. Cada uno trajo lo que pudo. Mi padre acudió a toda la gente que conocía para pedirles donativos de comida, ropa y dinero, y yo ayudé a mi madre a recoger mantas. Mi padre hizo una colecta en la Asociación de Colegios Privados de Swat y en el Consejo para la Paz Mundial que sumó a lo que habíamos reunido en la escuela. En total, un millón de rupias. Una editorial de Lahore que publicaba nuestros libros de texto envió cinco camiones de comida y otros productos básicos.

Estábamos terriblemente preocupados por nuestra familia en Shangla, encajonados en aquel angosto valle entre las montañas. Por fin recibimos noticias de un primo. En la pequeña aldea de mi padre habían muerto ocho personas y muchas casas habían quedado destruidas. Una de ellas era la del mulá, el maulana Khadim, que se hundió y les aplastó a él y a sus cuatro hermosas hijas. Yo quería ir a Shangla con mi padre y los camiones, pero me dijo que sería demasiado peligroso.

Cuando regresó unos días después estaba lívido. Nos dijo que la última parte del viaje había sido muy difícil. Gran parte de la carretera se había hundido en el río y el camino estaba bloqueado por grandes rocas. Nuestros allegados creían que había llegado el fin del mundo. Describían el rugido de las rocas al caer por las laderas y cómo todos habían salido corriendo de sus casas recitando el Corán, los gritos cuando se hundían los techos y los berridos de los búfalos y las cabras. Como los temblores continuaban, habían pasado a la intemperie todo el día y toda la noche, muy juntos para darse calor, porque en las montañas hacía un frío terrible.

Al principio, los únicos equipos de rescate que acudieron pertenecían a la rama local de un organismo de ayuda exterior o eran voluntarios del Tehrik-e-Nifaz-e-Sharia-e-Mohammadi (TNSM), Movimiento para la Aplicación de la Ley Islámica, el grupo fundado por Sufi Mohammad, que había enviado hombres a luchar en Afganistán. Sufi Mohammad estaba en la cárcel desde 2002, cuando, presionado por Estados Unidos, Musharraf hizo detener a una serie de líderes militantes, pero su organización continuaba activa y la dirigía su cuñado, el maulana Fazlullah. A las autoridades les resultaba difícil llegar a lugares como Shangla porque la mayoría de las carreteras y puentes habían quedado destruidos y el gobierno local había desaparecido en toda la región. En televisión vimos a un responsable de las Naciones Unidas decir que era «la peor pesadilla logística a la que se ha enfrentado nunca la ONU».

El general Musharraf lo llamó «una prueba para la nación» y anunció que el ejército había puesto en marcha lo que denominó Operación Salvamento. A nuestro ejército le gusta poner nombres a sus operaciones. En las noticias se mostraron muchas fotos de helicópteros del ejército cargados con víveres y tiendas de campaña, pero en muchos de los valles pequeños los helicópteros no podían aterrizar y los paquetes con la ayuda que arrojaban con frecuencia rodaban por las laderas y acababan en los ríos. En algunos sitios, cuando los helicópteros se aventuraban, la gente corría por debajo de ellos, lo que significaba que no podían arrojar los víveres con seguridad.

Pero algo de ayuda llegó. Los estadounidenses fueron rápidos: tenían miles de soldados y cientos de helicópteros en Afganistán y podían transportar fácilmente los víveres y mostrar que nos estaban ayudando en nuestro momento de necesidad, aunque en algunos casos tapaban los distintivos estadounidenses por temor a represalias. En las zonas más remotas, muchas personas era la primera vez que veían a un extranjero.

La mayoría de los voluntarios eran de organizaciones benéficas islámicas, pero algunas de ellas eran fachadas de grupos militantes. La más visible era Jamaat-ul-Dawa (JuD), el ala de auxilio social de Lashkar-e-Taiba. LeT tenía estrechos vínculos con el ISI y se había fundado para liberar Cachemira, que nosotros creemos que debe formar parte de Pakistán, no de la India, pues su población es mayoritariamente musulmana. El líder del LeT es un exaltado profesor de Lahore llamado Hafiz Saeed, que sale con frecuencia en televisión llamando a la gente a atacar a la India. Cuando se produjo el terremoto y nuestro gobierno no fue de mucha utilidad, JuD estableció campos de distribución de ayuda controlados por hombres provistos de kalashnikovs y walkie-talkies. Todo el mundo sabía que aquellos hombres pertenecían a LeT y sus banderas negras y blancas con las espadas cruzadas no tardaron en ondear por todas partes en los valles y montañas. En el pueblo de Muzaffarabad, en Azad Cachemira, el JuD incluso estableció un gran hospital de campaña con rayos X, un quirófano, una farmacia bien provista de medicamentos y un departamento dental. Allí ofrecían sus servicios médicos y cirujanos, junto con miles de jóvenes voluntarios.

Las víctimas del terremoto elogiaban a los activistas que, con todas las dificultades, habían tenido que moverse por las montañas y los valles arrasados llevando ayuda médica a regiones apartadas por las que nadie más se había interesado. Ayudaron a desescombrar y reconstruir las aldeas, además de dirigir las oraciones y enterrar los cadáveres. Aun hoy, cuando la mayoría de los organismos de ayuda extranjeros se han marchado, la carretera sigue flanqueada por edificios en ruinas y los damnificados siguen esperando compensaciones del gobierno para construir casas nuevas, las banderas y los voluntarios del JuD siguen allí. Mi primo, que estaba estudiando en el Reino Unido por aquellas fechas, dijo que los pakistaníes que vivían allí donaron mucho dinero. Más tarde se rumoreó que parte de aquellos fondos se desviaron para financiar una trama a fin de hacer estallar aviones en vuelo de Gran Bretaña a Estados Unidos.

Al haber muerto tanta gente, muchos niños quedaron huérfanos: 11.000. En nuestra cultura los huérfanos normalmente son adoptados por la familia extensa, pero el terremoto fue tan terrible que muchas familias habían desaparecido o lo habían perdido todo, por lo que no podían hacerse cargo de los niños. El gobierno declaró que el estado les atendería a todos, pero aquella promesa parecía tan vacía como la mayoría de las promesas gubernamentales. Mi padre oyó que el JuD se llevó a muchos niños y los alojó en sus madrasas. En Pakistán las madrasas constituyen una especie de red de ayuda, pues proporcionan comida y alojamiento gratuitos, pero sus enseñanzas no siguen el currículum normal. Los muchachos aprenden el Corán de memoria, balanceándose hacia delante y hacia atrás mientras lo recitan. Aprenden que la ciencia y la literatura no existen, que nunca hubo dinosaurios y que el hombre nunca fue a la luna.

Después del terremoto, el país permaneció largo tiempo conmocionado. Ya éramos tan desafortunados con nuestra política y nuestros dictadores militares y ahora, además, teníamos que enfrentarnos a un desastre natural. Los mulás del TNSM empezaron a predicar que el terremoto era una advertencia de Dios. Si no nos corregíamos e instaurábamos la sharía o ley islámica —gritaban con voces atronadoras—, se nos infligirían castigos más severos.

PARTE SEGUNDA
El valle de la muerte

رباب منګیه وخت د تیر شو   د کلي خوا ته طالبان راغلي دینه

Rabab mangia wakht de teer sho
Da kali khwa ta Talibaan raaghali dena

¡Adiós, música! Silencia hasta tus más dulces melodías
Los talibanes están junto a la aldea y han sellado todos los labios

9

El Mulá de la Radio

Yo tenía diez años cuando los talibanes llegaron a nuestro valle. Moniba y yo habíamos empezado a leer los libros de *Crepúsculo* y deseábamos ser vampiros. Nos parecía que los talibanes habían llegado por la noche, igual que los vampiros. Aparecieron en grupos, armados con cuchillos y kalashnikovs. Primero llegaron al Alto Swat, a la montañosa zona de Matta. Al principio no se autodenominaban talibanes y no se parecían a los talibanes afganos con turbantes y de párpados pintados de negro que habíamos visto en las fotos.

Éstos eran hombres de aspecto extraño, con barbas y pelo largo y enmarañado, y chalecos de camuflaje sobre el shalwar kamiz, que llevaban con los pantalones enrollados muy por encima de los tobillos. Llevaban zapatillas deportivas o sandalias de plástico baratas, y a veces se cubrían la cabeza con calcetines en los que habían hecho agujeros para los ojos y se sonaban los mocos ruidosamente con el extremo de sus turbantes. Llevaban insignias negras en las que ponían SHARIAT YA SHAHADAT, sharía o martirio, y veces turbantes negros, por lo que la gente los llamaba Tor Patki, o Brigada del Turbante Negro. Tenían un aspecto tan sombrío y sucio que un amigo de mi padre los describió como «gente sin baños ni barberos».

Su líder era el maulana Fazlullah, un hombre de veintiocho años que había operado el telesilla para cruzar el río Swat y que arrastraba la pierna derecha porque de niño había tenido poliomielitis. Había estudiado en la madrasa del maulana Sufi Mohammad, el fundador del TNSM, y se había casado con su hija. Cuando Sufi Mohammad fue encarcelado en una redada de líderes militantes en 2002, Fazlullah se había hecho cargo de la dirección del movimiento. Poco antes del terremoto, Fazlullah apareció en Imam Dheri, una pequeña aldea a unos kilómetros de Mingora, al otro lado del río Swat, e instaló allí su emisora de radio ilegal.

En nuestro valle recibíamos la mayor parte de la información por radio, pues mucha gente no tenía televisor o era analfabeta. Pronto todo el mundo estaba hablando de la emisora de Fazlullah, que empezó a conocerse como Mulá FM y a Fazlullah como el Mulá de la Radio. Transmitía cada noche, de 8 a 10, y por la mañana de 7 a 9.

Al principio, Fazlullah era muy prudente. Se presentaba como reformador islámico e intérprete del Corán. Mi madre es muy devota y al principio le parecía bien. Fazlullah utilizaba su emisora para animar a la gente a adoptar buenos hábitos y abandonar las prácticas que él calificaba de deleznables. Decía que los hombres debían dejarse barba y dejar el tabaco que fumaban o mascaban. Decía que la gente debía abandonar la heroína y el *chars*, que es como nosotros llamamos al hachís. Decía cuál era la forma correcta de hacer las abluciones para rezar, qué parte del cuerpo había que lavarse primero. Incluso decía cómo había que lavarse las partes íntimas.

A veces su voz sonaba razonable, como cuando los adultos tratan de convencerte de que hagas algo que no quieres hacer, y a veces sonaba llena de vehemencia y daba miedo. Con frecuencia lloraba mientras describía su amor por el islam. Normalmente hablaba un rato y después continuaba su lugarteniente, Shah Douran, un hombre que solía vender chucherías en un triciclo en el mercado. Había que dejar de escuchar música, ver películas y bailar. Actos pecaminosos como ésos eran los que habían causado el terremoto, atronaba Fazlullah, y si la gente no cambiaba esos hábitos volvería a provocar la ira de Dios. Los mulás con frecuencia interpretan equivocadamente el Corán y los hadices cuando los enseñan en nuestro país, pues pocas personas comprenden el original árabe. Fazlullah explotaba esta ignorancia.

«¿Tiene razón, *Aba*?», pregunté a mi padre. Recordaba lo terrible que había sido el terremoto.

«No, *jani* —repuso—. Sólo está engañando a la gente».

Mi padre decía que la emisora de radio era la comidilla de la sala de profesores. Para entonces nuestros colegios tenían unos setenta profesores, más o menos cuarenta hombres y treinta mujeres. Algunos eran contrarios a Fazlullah, pero muchos le apoyaban. La gente pensaba que era un buen intérprete del Corán y admiraba su carisma. Les parecía bien lo de volver a implantar la ley islámica, pues todo el mundo estaba decepcionado con el sistema judicial pakistaní, que había sustituido al nuestro cuando nos integramos en el país. Casos como las disputas sobre tierras, frecuentes en nuestra zona, que solían resolverse rápidamente ahora tardaban diez años en llegar a juicio. Todo el mundo estaba harto de los funcionarios corruptos que el gobierno había enviado a nuestro valle. Casi era como si pensaran que Fazlullah iba a recrear nuestro antiguo principado de la época del valí.

Seis meses después la gente estaba desprendiéndose de sus televisores, dvds y cds. Los hombres de Fazlullah los reunían en grandes montones en la calle y los prendían fuego, creando nubes de espeso humo negro que se alevaban muy alto. Cientos de tiendas de cds y dvds cerraron voluntariamente y sus propietarios recibieron una compensación de los talibanes. Mis hermanos y yo estábamos preocupados, pues nos gustaba mucho ver la televisión, pero mi padre nos tranquilizó diciendo que la conservaríamos. De todas formas, para estar seguros, la metimos en un armario y la veíamos con el volumen muy bajo. Se sabía que los talibanes escuchaban detrás de las puertas y después entraban por la fuerza, cogían los televisores y los hacían añicos en la calle. Fazlullah odiaba las películas de Bollywood que a nosotros nos gustaban tanto y las tachaba de antiislámicas. Sólo estaba permitida la radio y toda la música, excepto las canciones talibanes, fue declarada *haram*.

Un día mi padre fue a visitar a un amigo que estaba en el hospital y encontró a numerosos pacientes escuchando cintas de sermones de Fazlullah. «Tiene que conocer al maulana Fazlullah —le dijeron—. Es un gran sabio».

«En realidad no ha logrado terminar la educación secundaria y su verdadero nombre ni siquiera es Fazlullah», repuso mi padre, pero no estaban dispuestos a escucharle. A mi padre le deprimía que la gente hubiera empezado a creerse las palabras de Fazlullah y su romanticismo religioso. «Es ridículo —decía— que este presunto sabio esté sembrando la ignorancia».

Fazlullah era especialmente popular en las zonas remotas en las que la gente recordaba cómo los voluntarios del TNSM habían ido a ayudar durante el terremoto cuando el gobierno no se había dejado ver. En algunas mezquitas conectaron altavoces a la radio de forma que sus charlas pudieran ser oídas por todo el mundo en la aldea y en los campos. El momento más popular de su emisión llegaba cada tarde, cuando mencionaba nombres de personas. Decía: «El señor tal fumaba *chars*, pero lo ha dejado porque era pecaminoso» o «El señor tal se ha dejado barba y le felicito» o «El señor tal ha cerrado por voluntad propia su tienda de cds». A la gente le gustaba oír su nombre por la radio. También le gustaba enterarse de quiénes de sus vecinos eran pecadores para poder chismorrear: «¿Has oído lo de fulanito?».

Mulá FM hacía bromas sobre el ejército. Fazlullah denunció por «infieles» a varios cargos del gobierno pakistaní y dijo que se oponían a implantar la sharía. Declaró que, si no lo hacían, sus hombres «la aplicarán y los harán pedazos». Uno de sus temas favoritos era la injusticia del sistema feudal de los khans. A los pobres les alegraba ver cómo cambiaban las tornas para los khans. Fazlullah les parecía una especie de Robin Hood y creían que cuando llegara al poder distribuiría entre ellos las tierras de los khans. Algunos khans huyeron. Mi padre estaba contra el «khanismo», pero decía que los talibanes eran peores.

Su amigo Hidayatullah ahora era funcionario gubernamental en Peshawar y nos advirtió: «Así es como operan estos militantes. Quieren ganarse el corazón y la mente de la gente, así que primero miran cuáles son los problemas locales y centran sus denuncias en los responsables; de esta forma obtienen el apoyo de la mayoría silenciosa. Eso es lo que hicieron en Waziristán, cuando persiguieron a los secuestradores y bandidos. Después, cuando ya están en el poder, se comportan como los criminales a los que antes perseguían».

Las emisiones de Fazlullah con frecuencia iban dirigidas a las mujeres. Quizá sabían que muchos de nuestros hombres estaban lejos de casa, trabajando en las minas de carbón en el sur o en la construcción en el Golfo. A veces ordenaba: «Hombres, salid ahora. Voy a hablar a las mujeres». Y decía: «Las mujeres deben cumplir sus responsabilidades en el hogar. Sólo pueden salir en caso de emergencia, pero entonces deben llevar el velo». A veces sus hombres mostraban las adornadas ropas que, según decían, habían cogido a «mujeres decadentes» para avergonzarlas.

Mis amigas del colegio decían que sus madres escuchaban al Mulá de la Radio, aunque nuestra directora, la señorita Maryam, nos había recomendado que no lo hiciéramos. En casa sólo teníamos la vieja radio de mi abuelo, que estaba rota. Pero todas las amigas de mi madre la escuchaban y le contaban lo que habían oído. Elogiaban a Fazlullah y hablaban de su largo cabello y de cómo montaba a caballo y se comportaba como el Profeta. Las mujeres le contaban sus sueños y le pedían que rezara por ellas. A mi madre también le gustaban aquellas historias, pero mi padre estaba horrorizado.

A mí me causaban confusión las palabras de Fazlullah. En el Corán no está escrito que los hombres tengan que salir y las mujeres permanecer en casa todo el día. En la escuela, en la clase de estudios islámicos escribíamos redacciones tituladas «Cómo vivió el Profeta». Aprendimos que la primera esposa del Profeta era una mujer de negocios llamada Jadiyah. Tenía cuarenta años, quince más que él, y ya había estado casada con anterioridad; no obstante, se casó con ella. Por mi propia madre, yo también sabía que las mujeres pashtunes son muy poderosas y fuertes. Su madre, mi abuela, había cuidado a sus ocho hijos sola después de que mi abuelo tuviera un accidente y se fracturase la pelvis, por lo que no se pudo mover de la cama en ocho años.

Un hombre va a trabajar, gana un salario, regresa a casa, come, duerme. Eso es lo que hace. Nuestros hombres piensan que el poder radica en ganar dinero y dar órdenes a los demás. No creen que el poder esté en manos de la mujer que atiende a todos durante todo el día y pare a sus hijos. En nuestra casa mi madre organizaba todo porque mi padre estaba muy ocupado. Era mi madre la que se despertaba temprano por la mañana, nos planchaba la ropa del colegio, nos hacía el desayuno y nos enseñaba a comportarnos. Era mi madre la que iba al mercado, compraba y cocinaba para nosotros. Se encargaba de todas aquellas cosas.

En el primer año de los talibanes, me tuvieron que operar dos veces, una para extraerme el apéndice, y la otra, las amígdalas. A Khushal también le operaron de apendicitis. Fue mi madre quien nos llevó al hospital. Mi padre nos venía a ver y nos traía helados. Sin embargo, mi madre seguía creyendo que en el Corán estaba escrito que las mujeres no deben salir de casa ni hablar con hombres, excepto parientes con los que no se pueden casar. Mi padre la decía: «Pekai, el *purdah* no está sólo en el velo. El *purdah* está en el corazón».

A muchas mujeres les emocionaba tanto lo que decía Fazlullah que le daban oro y dinero, especialmente en las aldeas y hogares pobres, en los que los maridos estaban trabajando fuera. Se colocaban mesas donde las mujeres entregaban sus brazaletes y collares de boda, y ellas hacían cola para ello o enviaban a sus hijos. Algunas se desprendieron de los ahorros de toda su vida, creyendo que así harían feliz a Dios. Empezó a construir en Imam Deri un gran recinto de ladrillo rojo con una madrasa, una mezquita, altos muros y un dique para protegerlo del río Swat. Nadie sabía dónde obtenía el cemento y las vigas de hierro, pero la mano de obra era local. Todas las aldeas se turnaban enviando hombres por un día para su construcción. Un día uno de nuestros maestros de urdu, Nawab Ali, dijo a mi padre: «Mañana no vengo». Cuando mi padre le preguntó por qué, respondió que le correspondía a su aldea trabajar en la obra de Fazlullah.

«Tu principal responsabilidad es enseñar a los alumnos», respondió mi padre.

«No, tengo que hacer esto», dijo Nawab.

Mi padre vino muy enfadado a casa. «Si la gente estuviera igual de dispuesta a construir escuelas o incluso a limpiar el río de bolsas de plástico, por Dios, Pakistán sería un paraíso en un año —dijo—. La única caridad que conocen son las donaciones a la mezquita y la madrasa».

Unas semanas más tarde el mismo maestro le dijo que ya no podía enseñar a las niñas, porque «al maulana no le parece bien».

Mi padre intentó hacerle cambiar de idea. «Estoy de acuerdo en que a las niñas las eduquen maestras —repuso—. ¡Pero primero tenemos que formar a nuestras niñas para que sean maestras!».

Un día Sufi Mohammad declaró en la cárcel que las mujeres no debían recibir ninguna educación, ni siquiera en madrasas de niñas. «Si alguien puede mostrarme algún ejemplo en la historia en el que el islam permita una madrasa femenina, puede venir y orinarse en mi barba», dijo.

Entonces, el Mulá de la Radio dirigió su atención a las escuelas. Empezó hablando contra los directores de los centros de enseñanza y felicitando por su nombre a las niñas que habían dejando de estudiar. «La señorita tal ha dejado la escuela e irá al paraíso», decía, o «La señorita X de la aldea Y ha dejado las clases en el quinto curso, la felicito». A las niñas que, como yo, seguíamos yendo al colegio, nos llamaba búfalos y ovejas.

Mis amigas y yo no podíamos entender qué tenía de malo. «¿Por qué no quieren que las niñas vayamos a la escuela?», pregunté a mi padre.

«Porque tienen miedo del bolígrafo», respondió.

Otro profesor de nuestra escuela, un maestro de matemáticas de pelo largo, también se negó a enseñar a niñas. Mi padre le despidió. Pero otros maestros estaban preocupados y enviaron una delegación a su despacho. «Señor, no lo despida —le rogaron—. Son días difíciles. Permítale quedarse y nosotros le supliremos».

Cada día parecía traer un nuevo edicto. Fazlullah cerró las peluquerías y prohibió afeitarse, por lo que los barberos se quedaron sin trabajo. Mi padre, que sólo lleva bigote, insistía en que no se iba a dejar barba por los talibanes. También dijeron que las mujeres no debían ir al mercado. A mí no me importaba no ir al mercado de Cheena. En realidad, no me gustaba ir. No me lo pasaba bien comprando, a diferencia de mi madre, a la que le gustaba la ropa bonita, aunque no teníamos mucho dinero. Mi madre siempre me decía: «Tápate la cara, la gente te está mirando».

Yo respondía: «No importa, yo también les miro a ellos», y ella se enfadaba.

Mi madre y sus amigas estaban disgustadas por no poder ir de compras, en especial en los días anteriores al Eid, cuando nos arreglábamos e íbamos a los puestos iluminados con guirnaldas de luces en los que se vendían brazaletes y henna. Todo eso se acabó. Las mujeres no eran atacadas si iban a los mercados, pero los talibanes les gritaron y amenazaron hasta que se quedaron en casa. Un talibán tenía el poder de intimidar a una aldea entera. Los niños también estábamos disgustados. Normalmente se estrenan películas en vacaciones, pero Fazlullah había cerrado las tiendas de dvds. Por aquel entonces mi madre también se hartó de Fazlullah, especialmente cuando empezó a hablar en contra de la educación e insistió en que quienes fueran a la escuela acabarían en el infierno.

Fazlullah convocó una *shura*, una especie de tribunal local. A la gente le parecía bien porque la justicia era rápida, a diferencia de los tribunales pakistaníes, donde podías esperar años y tenías que pagar sobornos para que se ocuparan de tu caso. Empezaron a acudir a

Fazlullah y a sus hombres para resolver las reclamaciones sobre cualquier cosa, desde asuntos de negocios hasta disputas personales. «Tenía un problema desde hacía treinta años y me lo han resuelto en un santiamén», dijo un hombre a mi padre. Los castigos decretados por la *shura* de Fazlullah incluían latigazos públicos, algo que no habíamos visto antes. Uno de los amigos de mi padre le dijo que había visto a tres hombres azotados públicamente cuando la *shura* los declaró culpables de participar en el secuestro de dos mujeres. Se levantó un escenario cerca del recinto de Fazlullah y, después de escucharle a él en la oración del viernes, cientos de personas se reunieron allí para presenciar las flagelaciones gritando «*¡Allahu Akbar!*», «Dios es grande», con cada latigazo. Fazlullah se presentó allí montado en un caballo negro.

Sus hombres impidieron que el personal sanitario distribuyera las vacunas contra la poliomielitis, diciendo que las vacunas eran un complot de Estados Unidos para hacer estériles a las mujeres musulmanas y extinguir así a la población en Swat. «Curar una enfermedad antes de que aparezca es contrario a la sharía —dijo Fazlullah por la radio—. En Swat no habrá ni un solo niño que beba una gota de la vacuna».

Sus hombres patrullaban las calles buscando infractores. Parecían la policía de moralidad talibán, que, según habíamos oído, se había implantado en Afganistán. Crearon una policía de tráfico integrada por voluntarios llamada Comandos Halcón que recorrían las calles con ametralladoras montadas en sus camionetas.

Había gente que estaba contenta. Un día mi padre se encontró al director de su banco. «Lo bueno que tiene Fazlullah es que ha prohibido a las mujeres y las niñas ir al mercado de Cheena, lo que para los hombres es un ahorro de dinero», dijo. Pocos protestaron. Mi padre se quejaba de que la mayoría de la gente era como nuestro barbero local, que un día se lamentaba de que sólo tenía ochenta rupias en la caja registradora, menos de una décima parte de lo que solía ganar. Sin embargo, el día antes el barbero había dicho a un periodista que los talibanes eran buenos musulmanes.

Después de que Mulá FM hubiera estado emitiendo durante un año aproximadamente, Fazlullah se volvió más agresivo. Su hermano el maulana Liaquat, junto con tres de sus hijos, estaban entre las víctimas del ataque del drone estadounidense a la madrasa de Bajaur a finales de octubre de 2006. Habían muerto ochenta personas en aquel ataque, incluidos muchachos de doce años, algunos de los cuales eran de Swat. Aquello nos horrorizó a todos y la gente de la zona juró vengarse. Diez días después un terrorista suicida mató a cuarenta y dos soldados pakistaníes en el cuartel de Dargai, entre Islamabad y Swat. En aquella época los atentados suicidas no eran frecuentes en Pakistán —ese año hubo seis en total— y aquel fue el mayor atentado llevado a cabo hasta entonces por militantes pakistaníes.

Con motivo de la fiesta de Eid sacrificamos animales como ovejas o cabras. Pero Fazlullah declaró: «En este Eid se van a sacrificar animales de dos patas». Pronto supimos a qué se refería. Sus hombres empezaron a asesinar a khans y activistas políticos de partidos seculares y nacionalistas, especialmente del Partido Nacional Awami. En enero de 2007 un íntimo amigo de un amigo de mi padre fue secuestrado en su aldea por ochenta matones enmascarados. Su nombre era Malak Bakht Baidar. Pertenecía a una familia khan acomodada y era el vicepresidente local del PNA. Poco después su cuerpo fue hallado en el cementerio ancestral de su familia. Le habían roto los brazos y las piernas. Fue el primer asesinato selectivo en Swat y la gente decía que era porque había ayudado al ejército a encontrar los escondites de los talibanes.

Las autoridades gubernamentales hicieron la vista gorda. Nuestro gobierno provincial seguía integrado por partidos de mulás que no iban a criticar a nadie que afirmara luchar por el islam. Al principio pensamos que estaríamos a salvo en Mingora, la ciudad más grande de Swat. Pero el cuartel de Fazlullah se hallaba a unos pocos kilómetros de distancia y aunque los talibanes no estaban cerca de nuestra casa, se les veía por los mercados, por las calles y las colinas. El peligro se iba acercando.

Para la fiesta de Eid fuimos a la aldea de nuestra familia, como siempre. Yo iba en el coche de mi primo; habíamos cruzado un río en el que la carretera desaparecía cuando tuvimos que detenernos en un puesto de control talibán. Yo iba en los asientos de atrás con mi madre. Mi primo nos dio rápidamente sus cintas de música para que las escondiéramos en nuestros bolsos. Los talibanes iban vestidos de negro y llevaban kalashnikovs. Nos dijeron: «Hermanas, traéis la vergüenza. Debéis llevar burkas».

Cuando volvimos a la escuela después de Eid encontramos una carta pegada a la verja. «Señor, la escuela que dirige es occidental e infiel —decía—. Entre sus alumnos hay niñas y su uniforme es antiislámico. Ponga fin a esto o tendrá problemas y sus hijos llorarán y se lamentarán por usted». La firmaban «Fedayines del islam».

Mi padre decidió cambiar el uniforme de los niños y sustituir las camisas y los pantalones por shalwar kamiz. El nuestro siguió siendo un shalwar kamiz azul eléctrico con *dupatta*, pañuelo de cabeza, blanca, y nos recomendaron que nos cubriéramos la cabeza al salir y al entrar en la escuela.

Su amigo Hidayatullah le animó a que se mantuviera firme. «Ziauddin, tienes carisma; tú puedes alzar la voz y organizar a la gente contra ellos —le dijo—. La vida no es sólo aspirar oxígeno y emitir dióxido de carbono. Puedes quedarte ahí aceptando todo de los talibanes o puedes tomar postura contra ellos».

136

Mi padre nos contó lo que había dicho. Entonces escribió una carta al *Diario Azadi*, nuestro periódico local: «A los Fedayines del islam [o sacrificadores del islam], ésta no es la forma correcta de aplicar el islam —escribió—. Por favor, no hagan daño a mis hijos porque el Dios en el que creéis es el mismo Dios al que ellos rezan cada día. Podéis tomar mi vida, pero no matéis a mis alumnos». Cuando mi padre vio el periódico estaba muy descontento. La carta estaba en una página interior poco visible y, en contra de los deseos de mi padre, el director había publicado el nombre y la dirección de la escuela. Pero le llamó mucha gente. «Ha echado la primera piedra al agua estancada —decían—. Ahora tendremos valor para hablar».

10

Caramelos, pelotas de tenis y los Budas de Swat

Los talibanes primero se llevaron nuestra música, después nuestros Budas, después nuestra historia. Una de las cosas que más nos gustaban eran las excursiones escolares. Teníamos la suerte de vivir en un paraíso como Swat, con tantos lugares maravillosos que podíamos visitar: cascadas, lagos, la estación de esquí, el palacio del valí, las estatuas de Buda, la tumba del Akhund de Swat. Todos esos lugares relataban nuestra historia. Hablábamos de las excursiones durante semanas y, cuando por fin llegaba el día, nos poníamos nuestra ropa mejor y nos apiñábamos en autobuses con cacerolas de pollo con arroz para comerlo al aire libre. Algunas niñas tenían cámaras y hacían fotos. Al acabar el día mi padre nos hacía que nos subiéramos a una roca por turnos y contáramos historias sobre lo que habíamos visto. Cuando Fazlullah llegó, se acabaron las excursiones escolares. A las niñas no se nos debía ver fuera de casa.

Los talibanes destruyeron las estatuas de Buda y las estupas en las que jugábamos. Llevaban allí miles de años y formaban parte de nuestra historia desde el tiempo de los reyes kushan. Creían que cualquier estatua o pintura era *haram*, pecaminosa, y por tanto debía ser prohibida. Un día negro incluso dinamitaron el rostro de nuestro Buda de Jehanabad, que estaba tallado en la ladera de una colina a media hora en coche desde Mingora y se alzaba más de siete metros hacia el cielo. Los arqueólogos dicen que era casi tan importante como los Budas de Bamiyán, que los talibanes volaron.

Fueron necesarios dos intentos para destruirlo. La primera vez taladraron la roca y llenaron los agujeros de dinamita, pero no funcionó. Unas semanas después, el 8 de octubre de 2007, volvieron a intentarlo. Esta vez destruyeron el rostro de Buda que llevaba guardando el valle desde el siglo VII. Con anterioridad se habían puesto a salvo todas las piezas del museo de Swat. Los talibanes eran enemigos de las bellas artes, la cultura y nuestra historia. Destruyeron todo lo que era antiguo y no trajeron nada nuevo. Se apoderaron de la montaña Esmeralda con su gran mina y empezaron a vender las maravillosas piedras para comprar sus repulsivas armas. Aceptaban el soborno de la gente que cortaba nuestros magníficos árboles para vender la madera de contrabando y después les exigían más dinero para permitir el paso de sus camiones.

Su emisora llegaba a todo el valle y a los distritos próximos. Aunque todavía teníamos el televisor, ya habían desconectado los canales por cable. Moniba y yo ya no podíamos ver nuestros programas favoritos de Bollywood, como *Shararat* o *Haciendo travesuras*. Daba la impresión de que los talibanes no querían que hiciéramos nada. Incluso prohibieron uno de nuestros juegos de mesa favoritos, el Carrom, en el que vamos moviendo fichas a capirotazos en un tablero de madera. Nos contaron historias de que, al oír a niños reírse, los talibanes habían irrumpido en una casa y destruido los tableros. Nos sentíamos como si los talibanes nos vieran como muñecas que había que controlar, diciéndonos qué hacer y cómo vestirnos. Yo pensaba que si Dios hubiera querido que fuéramos así no nos habría hecho diferentes.

Un día encontramos a nuestra maestra la señorita Hammeda hecha un mar de lágrimas. Su marido era policía en la pequeña ciudad de Matta y los hombres de Fazlullah habían lanzado un ataque y matado a varios oficiales de policía, a su marido entre ellos. Era la primera vez que los talibanes atacaban a la policía en nuestro valle. No tardaron en apoderarse de numerosas aldeas. En las comisarías de policía empezaron a aparecer las banderas negras y blancas del TNSM de Fazlullah. Los militantes entraban en las aldeas con megáfonos y la policía huía. En poco tiempo habían ocupado cincuenta y nueve aldeas en las que establecieron su administración paralela. Los policías tenían tanto miedo de que les mataran que empezaron a poner anuncios en los periódicos para hacer público que habían abandonado el cuerpo.

Mientras todo esto ocurría nadie hizo nada. Era como si todo el mundo estuviera en trance. Mi padre decía que la gente se había dejado seducir por Fazlullah. Algunos incluso se unieron a sus fuerzas, pensando que vivirían mejor. Mi padre intentaba responder a su propaganda, pero era difícil. «No tengo militantes ni emisora FM», bromeaba. En una ocasión incluso se atrevió a entrar en la aldea del Mulá de la Radio para hablar en la escuela. Cruzó el río en una de las cabinas de metal suspendidas del sistema de poleas que hace las veces de puente. Por el camino vio que el humo se elevaba hasta las nubes, el humo más negro que había visto jamás. Al principio pensó que sería la fábrica de ladrillos, pero, al aproximarse, vio figuras de barbudos con turbantes quemando televisores y ordenadores.

En la escuela mi padre dijo a la gente: «He visto a vuestros vecinos quemando estas cosas. ¿No os dais cuenta de que los únicos beneficiados son las compañías japonesas que fabricarán más?».

Alguien se acercó a él y le susurró: «No siga hablando así. Es peligroso».

Entre tanto, las autoridades, como la mayoría de la gente, no hacían nada.

Parecía que todo el país estaba enloqueciendo. El resto de Pakistán estaba preocupado por otra cosa: los talibanes habían llegado hasta el corazón de la capital, Islamabad. En las noticias vimos imágenes de lo que la gente llamaba la «Brigada del Burka»: mujeres jóvenes y niñas como nosotras, cubiertas con burkas y atacando con palos tiendas de cds y dvds en mercados del centro de Islamabad.

Eran de la madrasa Jamia Hafsa, la madrasa femenina más grande del país, que formaba parte de Lal Masjid, la Mezquita Roja de Islamabad. Construida en 1965, se la llamaba así por el color de sus muros. Estaba a unos bloques de distancia del Parlamento y de la sede del ISI, y muchos cargos gubernamentales iban a rezar allí. La mezquita tiene dos madrasas, una para niñas y otra para niños, en las que desde hacía años se reclutaban y entrenaban voluntarios para combatir en Afganistán y Cachemira. La dirigían dos hermanos, Abdul Aziz y Abdul Rashid, y se había convertido en un centro de propaganda sobre Bin Laden, al que Abdul Rashid había conocido en Kandahar cuando fue a visitar al mulá Omar. Los hermanos eran famosos por sus encendidos sermones y atrajeron a miles de devotos, especialmente después del 11-S. Cuando el presidente Musharraf accedió a ayudar a Estados Unidos en su «guerra contra el terror», la mezquita rompió sus antiguos vínculos con el ejército y se convirtió en un centro de protesta contra el gobierno. A Abdul Rashid incluso se le acusó de formar parte de una trama para volar el coche de Musharraf en Rawalpindi en diciembre de 2003. Los investigadores dijeron que los explosivos empleados habían estado escondidos en Lal Masjid. No obstante, unos meses después se retiraron los cargos.

Cuando Musharraf envió tropas a las FATA, comenzando con Waziristán en 2004, los hermanos organizaron una campaña declarando la operación militar «antiislámica». Tenían su propio sitio web y una emisora FM pirata desde la que emitían, lo mismo que Fazlullah.

Por las mismas fechas en que los talibanes surgieron en Swat, las jóvenes de la madrasa de la Mezquita Roja empezaron a sembrar el terror por las calles de Islamabad. Asaltaron casas que, según decían, se usaban como centros de masaje, secuestraron a mujeres a las que acusaban de prostitución y cerraron tiendas de dvds, de nuevo haciendo hogueras con cds y dvds. Cuando les conviene a los talibanes, las mujeres pueden expresarse y ser visibles. Dirigía la madrasa Umme Hassan, esposa del hermano mayor, Abdul Aziz, y se vanagloriaba de haber entrenado a muchas de sus jóvenes como terroristas suicidas. La mezquita también creó sus propios tribunales en los que se impartía justicia islámica, pues afirmaban que el estado había fracasado. Sus militantes secuestraron a policías y saquearon edificios gubernamentales.

El gobierno de Musharraf parecía no saber qué hacer, quizá debido a los vínculos que el ejército había mantenido con la mezquita. Pero a mediados de 2007 la situación era tan grave que la gente empezó a temer que los militantes pudieran apoderarse de la capital. Era casi increíble. Islamabad normalmente es un sitio tranquilo y ordenado, muy distinto del resto del país. Finalmente, la tarde del 3 de julio, cuerpos especiales con tanques y vehículos blindados de transporte de tropas rodearon la mezquita. Cortaron la electricidad en la zona y al caer la tarde se oyó una repentina explosión. Los proyectiles hicieron agujeros en el muro que rodea la mezquita y las tropas dispararon morteros en el recinto, mientras helicópteros artillados vigilaban desde el aire. Llamaron a rendirse a las muchachas por los altavoces.

Muchos de los militantes de la mezquita habían combatido en Afganistán y en Cachemira. Con las estudiantes de la madrasa se hicieron fuertes en búnkeres de hormigón con sacos de arena. Angustiados, los padres se reunieron fuera y llamaron a sus hijas por los teléfonos móviles para rogarles que salieran. Algunas se negaron diciendo que sus maestras les habían enseñado que el martirio es algo glorioso.

En la tarde siguiente, un pequeño grupo de jóvenes empezó a salir. Ocultos entre ellas estaban Abdul Aziz, disfrazado con un burka, y su hija, pero su esposa y su hermano menor permanecieron dentro junto con numerosos estudiantes. Se mantuvieron los intercambios diarios de fuego entre los militantes y las tropas en el exterior hasta que los militares decidieron llevar el ataque a una nueva fase y volaron una pared entera del recinto. Los militantes tenían lanzacohetes y cócteles molotov hechos con botellas de Sprite. El asedio continuó durante varios días hasta que a última hora del 9 de julio el comandante de las Fuerzas Especiales murió por el disparo de un francotirador que estaba en uno de los minaretes. El ejército perdió la paciencia y asaltó el recinto.

Aunque la operación recibió el nombre de Operación Silencio, fue bastante ruidosa. Nunca había habido una batalla de ese calibre en el centro de la capital. Las fuerzas especiales tuvieron que luchar estancia por estancia hasta que finalmente descubrieron a Abdul Rashid con sus seguidores en un sótano, donde le mataron. Cuando en la noche del 10 de julio el asedio concluyó, habían muerto alrededor de cien personas, entre ellas varios soldados y también niños. Las noticias mostraban imágenes terribles de la destrucción, con sangre, cristales rotos y cadáveres por todas partes. Todos las vimos horrorizados. Algunos estudiantes de las dos madrasas eran de Swat. ¿Cómo podía ocurrir algo así en nuestra capital y en una mezquita? Para nosotros, una mezquita es un lugar sagrado.

Después del asedio de la Mezquita Roja los talibanes de Fazlullah cambiaron. El 12 de julio —recuerdo el día porque era mi cumpleaños— Fazlullah pronunció por la radio un discurso muy distinto de los anteriores. Estaba furioso por el ataque a Lal Masjid y juró vengar la muerte de Abdul Rashid. Además, declaró la guerra al gobierno de Pakistán.

Entonces comenzaron en serio los problemas en Swat. Fazlullah podía ahora llevar a cabo sus amenazas y movilizar el apoyo a sus talibanes en nombre de Lal Masjid. Unos días después atacaron un convoy de armas que se dirigía hacia Swat y mataron a trece soldados. La reacción no fue sólo en Swat. Hubo una gran protesta por parte de las tribus de Bajaur y una oleada de atentados suicidas en todo el país. Sin embargo, había un rayo de esperanza. Benazir Bhutto iba a regresar. A los estadounidenses les preocupaba que su aliado el general Musharraf fuera demasiado impopular en el país como para resultar eficaz contra los talibanes, por lo que mediaron para que llegaran a un improbable acuerdo de reparto de poder. El plan era que Musharraf finalmente se quitara el uniforme y fuera un presidente civil, apoyado por el partido de Benazir. A cambio, retiraría las acusaciones de corrupción contra ella y su esposo y accedería a celebrar elecciones, que todo el mundo daba por supuesto darían la victoria a Benazir. Ningún pakistaní, incluido mi padre, pensaba que este acuerdo podría funcionar, pues Musharraf y Benazir se odiaban.

Benazir llevaba en el exilio desde que yo tenía dos años, pero había oído hablar mucho de ella a mi padre y me entusiasmaba la idea de que regresara y volviéramos a tener una mujer líder. Gracias a Benazir las niñas como yo teníamos la posibilidad de expresar nuestra opinión y de pensar en dedicarnos a la política. Era nuestro modelo. Simbolizaba el final de la dictadura y el comienzo de la democracia, enviaba un mensaje de esperanza y fuerza al resto del

145

mundo. También era la única de nuestros líderes políticos que había declarado su oposición a los militantes e incluso ofreció ayuda a las tropas estadounidenses en su búsqueda de Bin Laden dentro de las fronteras pakistaníes.

Obviamente, hubo a quienes esto no les gustó. El 18 de octubre de 2007 estábamos todos pegados al televisor viendo cómo bajaba la escalerilla del avión en Karachi y lloraba al volver a pisar suelo pakistaní después de casi nueve años de exilio. Cientos de miles de personas habían acudido a verla desfilar en un autobús abierto por las calles. Habían llegado de todo el país y muchas llevaban niños pequeños. Algunas soltaron palomas blancas, una de las cuales se posó en el hombro de Benazir. Había tanta gente que el autobús ni siquiera avanzaba al paso de una persona. Al cabo de un rato dejamos de verlo porque era evidente que iba a durar horas.

Ya me había ido a la cama cuando, justo antes de la medianoche, los militantes atacaron. El autobús de Benazir estalló entre llamas anaranjadas. Mi padre me dio la noticia cuando me levanté al día siguiente. Él y sus amigos estaban tan conmocionados que no se habían acostado. Por suerte, Benazir sobrevivió porque en ese momento se encontraba en el compartimento blindado, a donde había bajado a descansar justo antes de las explosiones. Pero habían muerto ciento cincuenta personas. Era el mayor atentado realizado en nuestro país. Muchas de las víctimas eran estudiantes que habían formado una cadena humana alrededor del autobús. Se llamaban Mártires de Benazir. Aquel día, en la escuela todo el mundo estaba apagado, incluso los que se oponían a Benazir. Estábamos devastados, pero también agradecidos de que ella hubiera sobrevivido.

Aproximadamente una semana después el ejército llegó a Swat haciendo un montón de ruido con sus jeeps y sus helicópteros. Nos encontrábamos en la escuela cuando empezaron a llegar los helicópteros y nos alborotamos. Salimos y ellos nos lanzaron desde arriba caramelos y pelotas de tenis, que nosotras nos apresuramos a atrapar. No era frecuente ver helicópteros en Swat, pero como nuestra casa estaba cerca del cuartel del ejército a veces volaban por encima de nosotros. Competíamos para ver quién conseguía más caramelos.

Un día llegó un hombre y nos dijo que se había anunciado en las mezquitas que al día siguiente había toque de queda. No sabíamos qué era toque de queda y nos preocupamos. Había un agujero en el muro que daba a la casa de nuestros vecinos, la familia de Safina, que utilizábamos para comunicarnos con ellos, así que dimos unos golpecitos en el muro para que se acercaran. «¿Qué significa toque de queda?», preguntamos. Cuando nos lo explicaron, ni siquiera salíamos de nuestras habitaciones por temor a que ocurriera algo malo. Más tarde, el toque de queda se convirtió en parte de nuestra vida.

Oímos en las noticias que Musharraf había enviado a tres mil soldados a nuestro valle para enfrentarse a los talibanes. Ocuparon todos los edificios gubernamentales y privados que consideraron de importancia estratégica. Hasta entonces había dado la impresión de que el resto de Pakistán ignoraba lo que estaba ocurriendo en Swat. Al día siguiente el atentado contra un camión del ejército de un terrorista suicida mató a diecisiete soldados y trece civiles en Swat. Durante toda la noche escuchamos el «ra ta ta ta» de los disparos de cañones y ametralladoras desde las montañas. Apenas se podía dormir.

Al día siguiente oímos en televisión que en las montañas del norte habían estallado los combates. La escuela permaneció cerrada y nos quedamos en casa, tratando de entender lo que estaba ocurriendo. Aunque la lucha se desarrollaba fuera de Mingora, podíamos oír los tiroteos. El ejército declaró que había matado a más de cien militantes, pero el día 1 de noviembre unos setecientos talibanes se apoderaron de una posición del ejército en Khwazakhela. Unos cincuenta hombres del Cuerpo de Fronteras desertaron y otros cuarenta y ocho fueron capturados y exhibidos públicamente. Los hombres de Fazlullah los humillaron quitándoles los uniformes y las armas y dando a cada uno quinientas rupias para que regresaran. Los talibanes tomaron después dos comisarías de policía en Khwazakhela y avanzaron hacia Madyan, donde la policía entregó sus armas. Rápidamente los talibanes habían conseguido controlar la mayor parte de Swat excepto Mingora.

El 12 de noviembre Musharraf envió diez mil soldados más a nuestro valle, con más helicópteros artillados. El ejército estaba por todas partes. Incluso acamparon en la calle del campo de golf y situaron la artillería en las laderas de las colinas. Lanzaron contra Fazlullah lo que más tarde dio en conocerse como la Primera Batalla de Swat. Era la primera vez que el ejército lanzaba una operación contra su propia población fuera de las FATA. La policía intentó capturar a Fazlullah mientras hablaba en un mitin, pero se desencadenó una tormenta de arena y consiguió escapar. Esto no hizo sino acrecentar el misterio que le rodeaba y su reputación espiritual.

Los militantes no iban a abandonar tan fácilmente. Avanzaron hacia el este y el 16 de noviembre capturaron Alpuri, la principal ciudad de Shangla. De nuevo, la policía huyó sin luchar. La gente decía que había chechenos y uzbekos entre los combatientes. Nos preocupaba nuestra familia en Shangla, aunque mi padre decía que la aldea estaba demasiado apartada como para que les interesara a los talibanes y la población local había declarado que ofrecerían resistencia. El ejército pakistaní tenía muchos más hombres y armas pesadas, por lo que enseguida recuperaron el valle. Tomaron Imam Deri, el cuartel general de Fazlullah. Los militantes huyeron a los bosques a primeros de diciembre y el ejército declaró que había limpiado la mayor parte de la región. Fazlullah se retiró a las montañas.

Pero no expulsaron a los talibanes. «Esto no durará», predijo mi padre.

El grupo de Fazlullah no era el único que estaba haciendo estragos. En toda la región noroccidental de Pakistán habían surgido grupos militantes encabezados por miembros de distintos grupos tribales. Aproximadamente una semana después de la Batalla de Swat, cuarenta líderes talibanes de toda la provincia se reunieron en Waziristán del Sur para declarar la guerra a Pakistán. Acordaron formar un frente unido bajo la bandera de Tehrik-i-Taliban-Pakistan (TTP), los Talibanes de Pakistán, que, según decían, contaban con cuarenta mil combatientes entre todos. Eligieron como líder a un hombre de treinta y muchos años llamado Baitullah Mehsud, que había luchado en Afganistán. A Fazlullah lo nombraron jefe del sector de Swat.

Cuando llegó el ejército pensábamos que la lucha acabaría pronto, pero nos equivocábamos. Iban a pasar muchas más cosas. Los talibanes tenían en su punto de mira no sólo a políticos, parlamentarios y policías, sino también a quienes no observaban el *purdah*, llevaban la barba de una longitud equivocada o un shalwar kamiz que no merecía su aprobación.

El 27 de diciembre Benazir organizó un mitin electoral en Liaquat Bagh, el parque de Rawalpindi en el que nuestro primer ministro Liaquat Ali había sido asesinado. «Derrotaremos a las fuerzas del extremismo y la militancia con el poder del pueblo», declaró entre ovaciones. Iba en un Toyota Land Cruiser blindado y cuando salía del parque se subió al asiento y asomó la cabeza por el techo descapotable para saludar a sus partidarios. De repente se oyó un estallido y una explosión cuando un terrorista suicida hizo detonar sus explosivos junto al coche. Benazir se desplomó. El gobierno de Musharraf dijo más tarde que se golpeó la cabeza con la manivela del techo: otra gente dice que la dispararon.

Estábamos viendo la televisión cuando llegó la noticia. Mi abuela dijo: «Benazir será *shaheed*», refiriéndose a que su muerte sería honorable. Todos empezamos a llorar y a rezar por ella. Cuando nos enteramos de que había muerto, mi corazón me dijo *¿Por qué no vas tú y luchas por los derechos de las mujeres?* Anhelábamos la democracia, pero ahora la gente se preguntaba: «Si Benazir puede morir, nadie está a salvo». Parecía como si mi país se estuviera quedando sin esperanza.

Musharraf culpó de la muerte de Benazir a Baitullah Mehsud e hizo pública la transcripción de una llamada telefónica interceptada en la que el líder talibán y otro militante supuestamente hablaban del atentado. Baitullah rechazó cualquier responsabilidad, lo que no era habitual para los talibanes.

Teníamos profesores de estudios islámicos —*qari sahibs*— que venían a casa a enseñarnos el Corán a otras niñas de la zona y a mí. Cuando llegaron los talibanes, había terminado la recitación completa del Corán, lo que denominamos *Khatam-ul-Quran*, con gran satisfacción por parte de *Baba*, mi abuelo el clérigo. Lo recitamos en árabe y la mayoría de la gente en realidad no sabe qué significan los versículos, pero yo también empecé a aprenderlos traducidos. Para mi horror, uno de aquellos *qari sahibs* trató de justificar el asesinato de Benazir. «Estuvo bien que la mataran —dijo—. Cuando vivía era nefasta. No observaba el islam debidamente. Si hubiera vivido, habría habido anarquía».

Me dejó preocupada y se lo dije a mi padre. «No tenemos otra opción, sólo podemos aprender el Corán con esos mulás —me dijo—. Pero limítate a aprender el sentido literal de las palabras, no sigas su interpretación ni su explicación. Aprende sólo lo que dice Dios. Sus palabras son mensajes divinos que tú eres libre de interpretar con independencia».

11

La clase de niñas listas

Lo que me mantenía en aquellos días sombríos era la escuela. Cuando estaba en la calle parecía que cada hombre con el que me cruzaba podría ser un talibán. Escondíamos las mochilas y los libros debajo del velo. Mi padre decía que lo más bonito que se podía ver por la mañana en una aldea era una niña con el uniforme del colegio, pero ahora teníamos miedo de llevarlo.

Ya estábamos en el instituto. La señorita Maryam decía que nadie quería dar nuestra clase porque hacíamos tantas preguntas. Queríamos que se supiera lo listas que éramos. Cuando nos decorábamos las manos con henna para las vacaciones y las bodas, dibujábamos fórmulas matemáticas y químicas en vez de flores y mariposas. Mi rivalidad con Malka-e-Noor continuaba, pero después del disgusto de que me hubiera adelantado cuando entró en la escuela, trabajé duro y logré recuperar mi posición de primera de la clase en el cuadro de honor del colegio. Ella solía ser la segunda y Moniba la tercera. Las profesoras nos decían que los encargados de corregir exámenes primero se fijaban en cuánto habíamos escrito y después en la presentación. La presentación y la letra de Moniba eran las mejores de las tres, pero yo siempre le decía que no tenía suficiente confianza en sí misma. Se esforzaba mucho porque temía que si sus notas eran malas sus parientes varones lo utilizarían como excusa para sacarla del colegio. La asignatura que se me daba peor eran las matemáticas —en una ocasión tuve un cero—, pero trabajé para mejorar. El señor Obaidullah (llamábamos a nuestros maestros señor o señorita), mi profesor de química, dijo que yo era una política nata porque al comienzo de los exámenes orales siempre decía: «Señor, sólo puedo decir que usted es el mejor maestro y que su asignatura es mi favorita».

Algunos padres se quejaban de que había favoritismo conmigo porque mi padre era el dueño de la escuela, pero a todo el mundo le asombraba que a pesar de nuestra rivalidad todas fuéramos buenas amigas y no tuviéramos envidia unas de otras. También competíamos en lo que denominamos «exámenes del Consejo» en los que se selecciona a los mejores alumnos de los colegios privados del distrito, y un año Malka-e-Noor y yo obtuvimos exactamente la misma nota. Hicimos otro examen en la escuela para ver quién conseguía el premio y volvimos a tener la misma nota. Para que la gente no pensara que yo estaba recibiendo un trato especial mi padre había dispuesto que hiciéramos los exámenes en otra escuela, la de su amigo Ahmad Shah. De nuevo tuvimos la misma nota, así que el premio fue para las dos.

Pero en la escuela había más cosas aparte de trabajo. Nos gustaba representar obras de teatro. Yo escribí un sketch sobre la corrupción basado en *Romeo y Julieta*. Caractericé a Romeo como un funcionario que entrevista a los candidatos a un puesto de trabajo. El primer candidato es una hermosa joven y le hace preguntas muy sencillas como: «¿cuántas ruedas tiene una bicicleta?». Cuando ella responde «dos», él le dice «es usted brillante». El siguiente candidato es un hombre, así que Romeo le hace preguntas imposibles como: «sin moverse de la silla dígame la marca del ventilador que está en el techo». «¿Cómo voy a saberlo?», se asombra el candidato. «¡Me está usted diciendo que tiene un doctorado y no lo sabe!», replica Romeo. Y decide dar el puesto a la joven.

El papel de la chica lo hizo Moniba, por supuesto, y otra compañera de la clase, Attiya, representó el de mi ayudante, dando toques de humor con sus ingeniosos apartes. Todo el mundo se rio mucho. Me gusta imitar a la gente y en el recreo mis amigas me pedían que imitara a nuestros profesores, especialmente al señor Obaidullah. Con todo lo que estaba ocurriendo aquellos días necesitábamos muy poco para reírnos.

Al final de 2007 la campaña del ejército no había acabado con los talibanes. El ejército permaneció en Swat y se le veía por toda la ciudad; sin embargo, Fazlullah seguía retransmitiendo cada día por la radio y a lo largo de 2008 la situación se hizo peor que nunca con las bombas y los asesinatos. Por aquellos días lo único de lo que hablábamos era del ejército y los talibanes, y nos daba la sensación de que estábamos atrapados entre ellos. Attiya me picaba diciendo que los talibanes eran buenos, y el ejército no. Yo respondía: «Si vienen a atacarnos una serpiente y un león, ¿quién diremos que es bueno, la serpiente o el león?».

Nuestra escuela era un refugio de los horrores de fuera. Las demás niñas de mi clase querían ser médicos, pero yo decidí que quería ser inventora y hacer una máquina antitalibanes que acabara con ellos y destruyera sus armas. Pero, por supuesto, en la escuela también estábamos amenazadas y algunas de mis amigas dejaron de venir. Fazlullah seguía diciendo por su emisora que las niñas debían quedarse en casa y sus hombres habían empezado a volar escuelas, normalmente por la noche, cuando las niñas no estaban allí.

La primera que volaron fue Shawar Zangay, una escuela primaria estatal de niñas en Matta. No podíamos creer que alguien hiciera una cosa así. Después siguieron muchas más, casi cada día. Incluso en Mingora ponían bombas. Se produjeron dos explosiones mientras me encontraba en la cocina, tan cerca que toda la casa tembló y se cayó el ventilador que teníamos sobre la ventana. Entonces me empezó a dar miedo salir de la cocina y volvía corriendo cada vez que tenía que salir.

El último día de febrero de 2008 estaba en la cocina cuando oímos una explosión enorme. Fue ensordecedora y estaba claro que se había producido muy cerca. Como siempre, nos llamábamos para asegurarnos de que estábamos bien. «*Khaista, pisho, bhabi*, Khushal, Atal». Entonces oímos sirenas, una tras otra, como si todas las ambulancias de Mingora estuvieran pasando por allí. Un terrorista suicida había provocado una gran explosión en la pista de baloncesto del Instituto Haji Baba. En aquel momento se estaba celebrando el funeral de Javid Iqbal, un popular oficial de policía que había muerto en un atentado suicida en una zona apartada, cuando trataba de escapar de los talibanes. Era de Mingora y habían traído su cuerpo para el funeral y el homenaje de la policía. Ahora los talibanes asesinaban a quienes lloraban su muerte. Más de cincuenta y cinco personas perdieron la vida, entre ellas el hijo pequeño de Javid Iqbal y muchas otras personas a las que conocíamos. Diez miembros de la familia de Moniba habían ido y murieron o resultaron heridos. Moniba estaba devastada y toda la ciudad horrorizada. Hubo condolencias en cada mezquita.

«¿Tienes miedo ahora?», pregunté a mi padre.

«De noche, nuestro temor es fuerte, *Jani* —repuso—, pero por la mañana, a la luz, volvemos a encontrar el valor». Y esto es cierto en mi familia. Teníamos miedo, pero nuestro temor no era tan fuerte como nuestro valor. «Debemos librar el valle de talibanes y nadie tendrá que sentir miedo», dijo mi padre.

En momentos de crisis los pashtunes recurrimos a nuestras tradiciones, así que en 2008 los ancianos de Swat formaron una asamblea llamada Qaumi Jirga para enfrentarse a Fazlullah. Tres hombres de la zona, Mukhtar Khan Yousafzai, Khurshid Kakajee y Zahid Khan, fueron de *hujra* en *hujra* para convencer a los ancianos de que participaran. El mayor era un hombre de barba blanca de setenta y cuatro años llamado Abdul Khan Khaliq, que había sido uno de los guardaespaldas de la reina de Inglaterra cuando visitó Swat invitada por nuestro valí. A pesar de que no era anciano ni khan, mi padre fue elegido portavoz porque no tenía miedo de exponer su opinión. Aunque era más poético en pashtún, hablaba con fluidez urdu, nuestra lengua nacional, e inglés, lo que le convertía en un eficaz comunicador dentro y fuera de Swat.

Cada día hablaba en seminarios o en los medios de comunicación enfrentándose a Fazlullah en representación del Consejo de Ancianos de Swat. «¿Qué está haciendo? —preguntaba—. Está destrozando nuestras vidas y nuestra cultura».

Mi padre me decía: «Colaboraré con cualquier organización que trabaje por la paz. Si quieres resolver una disputa o salir de un conflicto, lo primero es decir la verdad. Si tienes dolor de cabeza y le dices al médico que te duele el estómago, ¿cómo te va a ayudar? Hay que decir la verdad. La verdad acaba imponiéndose al miedo».

Muchas veces acompañaba a mi padre cuando se reunía con otros activistas, particularmente sus viejos amigos Ahmad Shah, Mohammad Farooq y Zahid Khan. Ahmad Shah también tenía una escuela en la que Mohammad Farooq trabajaba y a veces se reunían en el patio, mientras que Zahid Khan tenía un hotel con una gran *hujra*. Cuando venían a nuestra casa, les llevaba té y me sentaba silenciosamente mientras discutían qué hacer. «Malala no es sólo la hija de Ziauddin —decían—. Es la hija de todos nosotros».

Iban frecuentemente a Peshawar y a Islamabad, y dieron muchas entrevistas por radio, en especial a Voice of America y a la

BBC, turnándose para que uno de ellos siempre estuviera disponible. Explicaban a la gente que lo que estaba ocurriendo en Swat no estaba relacionado con el islam. Mi padre dijo que la presencia talibán en Swat no era posible sin el apoyo de ciertos elementos en el ejército y la burocracia. El estado debe proteger los derechos de sus ciudadanos, pero es una situación muy difícil cuando no puedes diferenciar entre el estado y el no-estado, y no puedes confiar en que el estado te proteja del no-estado.

Nuestro ejército y el ISI son muy poderosos y la mayoría de la gente no quería decir esas cosas públicamente, pero mi padre y muchos de sus amigos no tenían miedo. «Lo que están haciendo va en contra de nuestro pueblo y de Pakistán —decía—. No apoyen la talibanización, es inhumana. Nos dicen que Swat va a ser sacrificado por el resto de Pakistán, pero nadie ni nada debe ser sacrificado por el estado. Un estado es como una madre y una madre nunca abandona ni engaña a sus hijos».

Mi padre odiaba el hecho de que la mayoría de la gente se callara. Llevaba en su bolsillo un poema de Martin Niemöller, que vivió en la Alemania nazi:

Cuando los nazis vinieron a por los comunistas,
yo me callé; no era comunista.
Cuando encerraron a los socialdemócratas,
yo me callé; no era socialdemócrata.
Cuando vinieron a por los sindicalistas,
no protesté; no era sindicalista.
Cuando vinieron a por los judíos,
no protesté; no era judío.
Cuando vinieron a por mí,
no quedaba nadie que pudiera protestar.

Yo sabía que tenía razón. Si la gente permanecía en silencio, nada cambiaría.

En la escuela mi padre organizó una marcha por la paz y nos animó a hablar contra lo que estaba ocurriendo. Moniba lo expresó bien. «Los pashtunes somos un pueblo que ama la religión —dijo—. A causa de los talibanes todo el mundo cree que somos terroristas. Pero no es así, somos amantes de la paz. Nuestras montañas, nuestros árboles, nuestras flores, todo en nuestro valle transmite paz». Un grupo de nosotras dio una entrevista a la ATV Jaiber, el único canal privado pashtún, sobre las niñas que estaban dejando de estudiar a causa de los militantes. Los maestros nos ayudaron sobre cómo responder a las preguntas. Yo no fui la única entrevistada. Las que teníamos once y doce años hicimos juntas la entrevista, pero los padres y hermanos de las que tenían trece o catorce años no se lo permitieron porque como habían llegado a la pubertad debían observar el *purdah* y tenían miedo.

Un día fui a Geo, que es uno de los principales canales de noticias de nuestro país. Allí tenían una pared llena de pantallas. Me asombró ver tantos canales. Después pensé *Los medios de comunicación necesitan entrevistas, quieren entrevistar a una niña, pero las niñas tienen miedo y, cuando no lo tienen, sus padres no se lo permiten. Mi padre no tiene miedo y me apoya. Decía: «Eres una niña y tienes derecho a hablar».* Cuantas más entrevistas daba, más fuerte me sentía y más apoyo recibía. No tenía más que once años, pero parecía mayor y a los medios de comunicación les gustaba oír la opinión de una niña. Una periodista me llamó *takra jenai*, «brillante jovencita», y otra dijo que era *pakha jenai*, «muy madura para mi edad». En mi corazón tenía el convencimiento de que Dios me protegería. Si defiendo mis derechos, los derechos de las niñas, no estoy haciendo nada malo. Es mi deber. Dios quiere ver cómo nos comportamos en esas situaciones. En el Corán hay un dicho: «La falsedad ha de desaparecer y la verdad prevalecerá». *Si un hombre, Fazlullah, puede destruirlo todo, ¿por qué no puede cambiarlo una niña?*, me preguntaba. Cada noche rezaba a Dios para que me diera fuerza.

En Swat los medios de comunicación sufrían presiones para presentar una imagen positiva de los talibanes; algunos incluso daban al portavoz talibán Muslim Khan el respetuoso nombre de «*Dada* [padre] de las escuelas», cuando en realidad las estaba destruyendo. No obstante, muchos periodistas locales no estaban conformes con lo que estaba ocurriendo en su valle y nos ofrecieron una poderosa plataforma para que dijéramos lo que ellos no se atrevían a decir.

No teníamos coche, así que íbamos a las entrevistas en rickshaw o nos llevaba alguno de los amigos de mi padre. Un día mi padre y yo fuimos a Peshawar a tomar parte en un programa de opinión en urdu de la BBC a cargo del famoso columnista Wasatullah Khan. Fuimos con el amigo de mi padre Fazal Maula y su hija. Dos padres y dos hijas. En representación de los talibanes tenían a Muslim Khan, que no se encontraba en el estudio. Yo estaba nerviosa, pero sabía que era importante porque mucha gente estaría escuchando el programa en todo Pakistán. «¿Cómo se atreven los talibanes a privarme de mi derecho básico a la educación?», dije. No hubo respuesta de Muslim Khan, porque su entrevista telefónica había sido pregrabada. ¿Cómo va a responder una grabación a preguntas en directo?

La gente me felicitó después. Mi padre se reía y dijo que me debería dedicar a la política. «Ya de pequeñita hablabas como un político», bromeaba. Pero yo nunca escuchaba mis entrevistas. Sabía que eran pasos muy pequeños.

Nuestras palabras eran como las flores de eucalipto que el viento llevaba en primavera. La destrucción de las escuelas continuaba. En la noche del 7 de octubre de 2008 oímos una serie de explosiones a lo lejos. A la mañana siguiente nos enteramos de que militantes enmascarados habían entrado en la escuela conventual Sangota de niñas y en el Excelsior College de niños y los habían volado con artefactos explosivos improvisados. Los maestros ya habían sido evacuados porque habían recibido amenazas con anterioridad. Se trataba de escuelas famosas, en particular Sangota, que databa de la época de nuestro último valí, y era conocida por su excelencia académica. Además, eran grandes: el Excelsior tenía más de dos mil alumnos, y Sangota, mil. Mi padre fue allí después de los atentados y encontró los edificios arrasados. Habló con los periodistas de televisión entre los escombros y los libros quemados, y regresó a casa horrorizado. «No quedan más que cascotes», dijo.

No obstante, mi padre no perdía la esperanza y creía que un día acabaría esta destrucción. Lo que realmente le deprimía era el saqueo de las escuelas destruidas por parte de la población local, que robaba el mobiliario, los libros, los ordenadores... Lloraba cuando se enteró de esto: «Son buitres abalanzándose sobre un cadáver».

Al día siguiente fue a un programa en directo de Voice of America y condenó indignado los ataques. Muslim Khan, el portavoz talibán, estaba al teléfono. «¿Qué era tan terrible en esas escuelas para que las volarais?», le preguntó mi padre.

Muslim Khan dijo que Sangota era una escuela conventual en la que se enseñaba el cristianismo y que el Excelsior era mixto, por lo que niños y niñas estaban juntos. «¡Las dos cosas son falsas! —repuso mi padre—. Sangota está allí desde los años sesenta y nunca ha convertido a nadie al cristianismo; de hecho, algunos de ellos se han convertido al islam. Y el Excelsior sólo era mixto en la enseñanza primaria».

Muslim Khan no respondió. «¿Y sus hijas? —preguntó mi padre—. ¿No quiere que aprendan?».

Nuestra directora, la señorita Maryam, había sido alumna de Sangota y su hermana pequeña, Ayesha, estudiaba allí, por lo que tanto ella como algunas de las alumnas de Sangota vinieron a estudiar a nuestra escuela. Las cuotas mensuales de nuestros alumnos nunca alcanzaban para cubrir todos nuestros gastos, por lo que aquellas cuotas adicionales eran bienvenidas. Pero mi padre no estaba contento. Fue a todos los sitios que pudo para pedir la reconstrucción de ambos colegios. En una ocasión en que habló ante una nutrida audiencia sostuvo en alto a la bebé de una madre presente y dijo: «Esta niña es nuestro futuro. ¿Queréis que sea una ignorante?». Los asistentes estuvieron de acuerdo en que preferían sacrificarse a renunciar a la educación de sus hijas. Las alumnas nuevas contaban historias terribles. Ayesha nos dijo que un día, de camino a Sangota, había visto a un talibán sujetando por el pelo la cabeza cortada de un policía, mientras la sangre goteaba del cuello. Las nuevas también eran muy inteligentes, lo que significaba más competidoras. Una de ellas, Rida, era excelente haciendo discursos. Se hizo buena amiga de Moniba y de mí, lo que a veces provocaba peleas, porque tres es un número difícil. Moniba se traía muchas veces comida a la escuela pero sólo un tenedor de sobra. «¿Eres mi amiga o de Rida?», le pregunté.

«Las tres somos amigas», dijo riéndose.

A finales de 2008, los talibanes habían destruido cuatrocientas escuelas. Teníamos un nuevo gobierno del presidente Asif Zardari, el viudo de Benazir, pero no parecía que Swat les importara. Yo decía a la gente que las cosas serían distintas si las hijas de Zardari fueran a la escuela en Swat. Había atentados suicidas por todo el país, e incluso habían volado el hotel Marriott, en Islamabad.

En Swat la ciudad era más segura que las zonas remotas y muchos miembros de nuestra familia se vinieron a vivir con nosotros. La casa era muy pequeña y se llenó de gente, que se sumó a los primos que ya vivían con nosotros. No había mucho que pudiéramos hacer. No podíamos jugar al cricket en la calle ni en la azotea, como solíamos. Jugábamos una y otra vez a las canicas en el jardín. Yo me peleaba constantemente con mi hermano Khushal, y él iba llorando a quejarse a mi madre. En la historia Khushal y Malala nunca se han llevado bien.

Me gustaba cambiar de peinado y me pasaba horas en el cuarto de baño ante el espejo probando ideas que había visto en las películas. Hasta los ocho o nueve años mi madre me cortaba el pelo como a mis hermanos, por los piojos y también porque, como se enredaba bajo el velo, era más fácil lavarlo y cepillarlo. Pero, por fin, la convencí de que me permitiera dejármelo hasta los hombros. Al contrario que Moniba, que tiene el pelo liso, el mío es ondulado y a mí me gustaba hacerme rizos y trenzas. «¿Qué haces ahí, *pisho?* —gritaba mi madre—. Nuestros invitados necesitan el cuarto de baño y todo el mundo tiene que esperar por ti».

Una de las peores épocas fue el mes del Ramadán de 2008. En ese mes los musulmanes no podemos tomar agua ni comida durante el día. Los talibanes volaron la central eléctrica y nos quedamos sin luz; unos días después volaron la conducción de gas, así que también nos quedamos sin gas. El precio de las bombonas de gas que comprábamos en el mercado se duplicó, por lo que mi madre tenía que cocinar con fuego, como había hecho en la aldea. No se quejaba. Había que cocinar, y ella lo hacía; había otros en peor situación que nosotros. Pero no había agua limpia y el cólera empezó a cobrarse las primeras vidas. El hospital de Swat no podía atender a todos los pacientes y hubo que instalar grandes tiendas en el exterior para tratarlos.

Aunque en casa no teníamos generador, mi padre compró uno para instalarlo en la escuela y sacar agua fresca de un pozo al que acudían todos los niños del vecindario. Cada día se formaban colas de gente que esperaba para llenar recipientes, botellas y barriles. Uno de los vecinos se asustó. «¿Qué haces? —le dijo—. ¡Si los talibanes descubren que estás dando agua en el Ramadán, nos pondrán una bomba!».

Mi padre replicó que la gente se moriría de sed o de las bombas.

Los días en que íbamos de excursión ahora nos parecían un sueño. Nadie se aventuraba a salir de casa después del atardecer. Los terroristas incluso volaron el teleférico de la estación de esquí y el gran hotel de Malam Jabba, en el que solían alojarse los turistas. Un paraíso vacacional convertido en un infierno en el que ningún turista se aventuraría.

Entonces, a finales de 2008, el lugarteniente de Fazlullah, el maulana Shah Dauran, anunció por la radio que se cerraban todas las escuelas de niñas. A partir del 15 de enero ninguna niña debía ir a la escuela, advirtió. Al principio pensé que era una broma. «¿Cómo van a impedir que vayamos a la escuela? —pregunté a mis amigas—. No pueden hacerlo. Dicen que van a destruir la montaña, pero ni siquiera pueden controlar la carretera».

Las demás no estuvieron de acuerdo conmigo. «¿Quién va a impedírselo? —dijeron—. Ya han volado cientos de escuelas y nadie ha hecho nada».

Mi padre solía decir que la población de Swat y los maestros seguirían educando a los niños mientras quedase un aula en pie, mientras siguieran vivos el último maestro y el último alumno. Mis padres nunca sugirieron que yo dejara la escuela, nunca. Aunque nos gustaba ir al colegio, no nos habíamos dado cuenta de lo importante que era la educación hasta que los talibanes trataron de negárnosla. Ir al colegio, leer, hacer los deberes no era una forma de pasar el tiempo, era nuestro futuro.

Aquel invierno nevó e hicimos muñecos de nieve, pero sin mucha alegría. En invierno los talibanes solían desaparecer en las montañas, pero estábamos seguros de que volverían y no sabíamos qué ocurriría entonces. Creíamos que la escuela comenzaría con el nuevo curso. Los talibanes podrían arrebatarnos los bolígrafos y los libros, pero no podrían impedir que nuestras mentes pensaran.

12

La plaza sangrienta

Por la noche arrojaban los cuerpos a la plaza para que todos los vieran a la mañana siguiente de camino al trabajo. Normalmente les prendían en la ropa una nota en la que ponía algo así como «Esto es lo que le ocurre a un agente del ejército» o «No toquéis este cuerpo hasta las once o seréis los siguientes». Algunas noches en que se cometían asesinatos también se producían terremotos, lo que asustaba a la gente aún más, pues tendemos a relacionar cada desastre natural con un desastre humano.

Mataron a Shabana en una gélida noche de enero de 2009. Shabana vivía en Banr Bazaar, la callejuela de Mingora que es famosa por sus bailarinas y músicos. El padre de Shabana dijo que un grupo de hombres había llamado a su puerta y le había pedido que bailara para ellos. Ella fue a ponerse la ropa de baile y cuando volvió sacaron las armas y la amenazaron con degollarla. Esto ocurrió después del toque de queda de las 9 de la noche y la gente la oyó gritar: «¡Prometo que lo voy a dejar! No volveré a cantar y bailar. ¡Dejadme, por Dios! Soy una mujer, musulmana. ¡No me matéis!». Entonces se oyeron disparos y su cuerpo, cosido a balazos, fue arrastrado hasta Green Chowk. Habían dejado allí tantos cadáveres que la gente empezó a llamarla la Plaza Sangrienta.

A la mañana siguiente nos enteramos de la muerte de Shabana. En Mulá FM, Fazlullah dijo que merecía morir por su carácter inmoral y que matarían una a una a todas las jóvenes que actuaran en Banr Bazaar. En Swat nos enorgullecíamos de nuestra música y nuestro arte, pero la mayoría de las bailarinas huyeron a Lahore o a Dubái. Los músicos pusieron anuncios en la prensa en los que aseguraban que habían dejado de tocar y se comprometían a vivir piadosamente para apaciguar a los talibanes.

La gente solía hablar del mal carácter de Shabana, pero nuestros hombres deseaban verla bailar, al tiempo que la despreciaban por ser bailarina. La hija de un khan no puede casarse con el hijo de un barbero, y la hija de un barbero no puede casarse con el hijo de un khan. A los pashtunes nos gustan los zapatos pero no nos gusta el zapatero; nos encantan nuestros velos y mantas, pero no respetamos a los tejedores. Los trabajadores manuales hacían una gran aportación a nuestra sociedad, pero no recibían ningún reconocimiento, y por esta razón muchos se unieron a los talibanes, para adquirir finalmente estatus y poder.

Así que a la gente le gustaba ver a Shabana bailar, pero no la respetaba y cuando la asesinaron nadie dijo nada. A algunas personas incluso les pareció bien su asesinato, por temor a los talibanes o porque simpatizaban con ellos. «Shabana no era musulmana —decían—. Era mala y su muerte fue justa».

No puedo decir que aquél fuera el peor día. Por la época del asesinato de Shabana, cada día, cada momento, parecía el peor de todos. De todas partes llegaban malas noticias: han puesto una bomba en la casa de esta persona, han volado esta escuela, flagelaciones públicas. Las historias eran interminables y terribles. Unas semanas después de que mataran a Shabana, un profesor de Mingora fue asesinado por no querer levantarse el shalwar por encima del tobillo, como lo llevaban los talibanes. Les dijo que en el islam no ponía en ningún sitio que tuviera que ser así. Lo colgaron y después asesinaron a su padre.

No entendía qué estaban intentando los talibanes. «Insultan nuestra religión —decía en las entrevistas—. ¿Cómo va alguien a aceptar el islam si le ponen un arma en la cabeza y le dicen que el islam es la verdadera religión? Si quieren que todo el mundo sea musulmán, ¿por qué no actúan ellos primero como buenos musulmanes?».

Mi padre casi siempre llegaba a casa abatido por las cosas terribles que había presenciado o de las que se había enterado, como los policías a los que habían decapitado para exhibir después sus cabezas por la ciudad. Incluso los que habían defendido a Fazlullah al principio, pensando que sus hombres eran los verdaderos defensores del islam, y le habían dado oro, empezaron a volverse en contra de él. Mi padre me habló de una mujer que había hecho generosas donaciones a los talibanes mientras su marido estaba trabajando en el extranjero. Cuando él regresó y descubrió que ella había dado su oro, se puso furioso. Una noche hubo una pequeña explosión en su aldea y la mujer se puso a llorar. «No llores —le dijo su marido—. Éste es el sonido de tus pendientes y tus aros para la nariz. Ahora escucha cómo suenan tus medallones y tus brazaletes».

Sin embargo, poca gente alzaba la voz. Ihsan ul-Haq Haqqani, el antiguo rival político de mi padre en la universidad, trabajaba de periodista en Islamabad y organizó una conferencia sobre la situación en Swat. No se presentó ninguno de los abogados y académicos de Swat a los que había invitado. Sólo fueron mi padre y varios periodistas. Parecía que la gente había decidido que los talibanes habían llegado para quedarse y que lo mejor era no contrariarles. «Cuando estás en los talibanes, tienes la vida completamente asegurada», decían. Por eso muchas familias les ofrecían a sus jóvenes. Los talibanes se presentaban en las casas exigiendo dinero para comprar kalashnikovs o les pedían que sus hijos se unieran a sus filas. Muchos de los ricos huyeron. A los pobres no les quedaba más opción que quedarse y tratar de sobrevivir como pudieran. Había muchos hombres que se habían marchado a trabajar en las minas o en el Golfo dejando a sus familias sin padres, de forma que sus hijos eran presa fácil.

Las amenazas empezaron a acercarse a nuestra casa. Un día, varios individuos desconocidos amenazaron a Ahmad Shah con matarle, por lo que durante un tiempo se marchó a Islamabad para dar a conocer lo que estaba ocurriendo en nuestro valle. Una de las peores cosas de aquella época fue cuando empezamos a dudar unos de otros. Incluso hubo gente que acusó a mi padre. «Están matando a nuestra gente, pero este Ziauddin que habla tanto sigue vivo. ¡Debe de ser un agente encubierto!». En realidad también le habían amenazado, pero no nos lo dijo. Había dado una conferencia de prensa en Peshawar en la que exigió que el ejército actuara contra los talibanes y persiguiera a sus comandantes. Después de aquello la gente le dijo que Shah Douran le había amenazado en Mulá FM.

Mi padre no hizo caso. Pero yo estaba preocupada. Él decía su opinión abiertamente y participaba en tantos grupos y comités que muchas veces no llegaba a casa hasta medianoche. Empezó a dormir en casas de sus amigos para protegernos en caso de que los talibanes vinieran a por él. No soportaba la idea de que lo mataran delante de nosotros. Yo no podía dormir hasta que él regresaba y oía cerrarse la puerta del jardín. Cuando estaba en casa, mi madre ponía una escalera contra una pared del patio trasero para que pudiera llegar a la calle rápidamente en caso de peligro. Le hacía gracia la idea. «¡Quizá Atal, que es una ardilla, lo consiguiera, pero yo no!».

Mi madre siempre estaba ideando planes por si venían los talibanes. Pensó dormir con un cuchillo bajo la almohada. Yo le dije que podía deslizarme al cuarto de baño y llamar a la policía. A mis hermanos y a mí se nos ocurrió construir un túnel. Yo volví a rezar pidiendo una varita mágica que hiciera desaparecer a los talibanes.

Un día vi a Atal, mi hermano pequeño, cavando enérgicamente en el jardín. «¿Qué haces?», le pregunté. «Una tumba», respondió. Las noticias estaban llenas de muerte y asesinatos, así que era natural que Atal pensara en féretros y tumbas. En vez de al escondite o a ladrones y policías, los niños ahora jugaban al ejército contra los talibanes. Hacían cohetes con ramas y unos palos les servían de kalashnikovs. Éstos eran los juegos del terror.

No había nadie que nos protegiera. Nuestro comisionado delegado, Syed Javid, iba a las reuniones de los talibanes, rezaba en su mezquita y dirigía sus reuniones. Se convirtió en un perfecto talibán. Uno de los blancos de los talibanes eran las organizaciones no gubernamentales, que tachaban de antiislámicas. Cuando recibían cartas amenazadoras de los talibanes y acudían al comisionado a pedir ayuda, él ni siquiera las escuchaba. En una ocasión, mi padre se enfrentó a él en una reunión: «¿A las órdenes de quién está? ¿Del gobierno o de Fazlullah?». En árabe decimos «la gente sigue a su rey». Cuando la máxima autoridad de un distrito se une a los talibanes, la talibanización se convierte en la norma.

En Pakistán nos gustan las teorías conspirativas, y teníamos muchas. Había gente que pensaba que las autoridades estaban apoyando deliberadamente a los talibanes. Decían que el ejército quería a los talibanes en Swat porque los estadounidenses necesitaban una base aérea desde la que lanzar sus drones. Con los talibanes en nuestro valle el gobierno podría decir a los estadounidenses: «no podemos ayudaros, tenemos nuestros propios problemas». También era una respuesta a las crecientes críticas estadounidenses de que nuestro ejército estaba ayudando a los talibanes en vez de esforzarse por detenerlos. Ahora nuestras autoridades podrían responder: «decís que estamos recibiendo dinero vuestro y ayudando a los terroristas, pero si es así, ¿por qué nos atacan a nosotros también?».

«Es evidente que los talibanes cuentan con el apoyo de fuerzas que no vemos —dijo mi padre—. Pero lo que está ocurriendo no tiene nada de simple y cuanto más tratas de entenderlo más complejo se vuelve».

Aquel año, 2008, el gobierno incluso liberó a Sufi Mohammed, el fundador del TNSM. Se decía que era más moderado que su yerno Fazlullah y había la esperanza de que llegara a un acuerdo de paz con el gobierno para imponer la sharía en Swat y librarnos de la violencia talibán. Mi padre estaba a favor. Sabíamos que ahí no acabaría todo, pero él sostenía que si se implantaba la sharía a los talibanes ya no les quedaría nada por lo que luchar. Entonces tendrían que deponer las armas y vivir como los demás. Si no lo hacían, eso delataría lo que realmente eran.

El ejército aún tenía la artillería en las montañas que circundaban Mingora. Después de acostarnos seguíamos oyendo sus disparos toda la noche. Se detenían cinco, diez o quince minutos y comenzaban de nuevo en el momento en que empezábamos a dormirnos. A veces probábamos a taparnos los oídos o a meter la cabeza debajo de los almohadones, pero estaban cerca y era imposible no escucharlos. A la mañana siguiente, la televisión informaba de más asesinatos cometidos por los talibanes y nos preguntábamos qué estaba haciendo el ejército con sus ruidosos cañones y por qué ni siquiera podía detener las emisiones diarias de Mulá FM.

Tanto el ejército como los talibanes eran poderosos. A veces ponían controles a menos de un kilómetro de distancia en las mismas carreteras principales. Nos detenían a nosotros pero no parecían ser conscientes de la presencia de los otros. Era increíble. Nadie comprendía por qué no nos defendían. Muchos opinaban que eran dos caras de la misma moneda. Mi padre decía que la gente corriente éramos como paja atrapada entre las piedras de un molino. Pero no tenía miedo. Dijo que no le callarían.

Como niña que era, cuando oía los cañones mi corazón latía muy deprisa. A veces tenía miedo, pero no decía nada y no dejaba de ir a la escuela. Sin embargo, el miedo es muy poderoso y, al final, era lo que había hecho a la gente volverse en contra de Shabana. El terror había hecho cruel a la gente. Los talibanes habían destruido nuestros valores pashtunes y los valores del islam.

Yo trataba de distraerme leyendo la *Breve historia del tiempo*, de Stephen Hawkins, que respondía a grandes interrogantes sobre cómo había comenzado el universo y si se podía retroceder en el tiempo. Sólo tenía once años y ya deseaba que fuera posible.

Los pashtunes sabemos que la piedra de la venganza nunca se desgasta y que cuando haces algo incorrecto has de afrontar las consecuencias, *pero cuándo llegará ese momento*, nos preguntábamos.

13

El diario de Gul Makai

Fue en uno de aquellos sombríos días cuando mi padre recibió una llamada de su amigo Abdul Hai Kakar, que trabajaba en Peshawar como corresponsal radiofónico de la BBC. Estaba buscando una maestra o una niña que escribiera un diario sobre la vida bajo los talibanes. Quería mostrar el lado humano de la catástrofe en Swat. Al principio, Ayesha, la hermana pequeña de la señorita Maryam, se mostró de acuerdo, pero su padre lo descubrió y se lo prohibió porque era demasiado peligroso.

Cuando oí a mi padre hablar sobre esto, dije: «¿Y por qué no yo?». Yo quería que la gente supiera lo que estaba ocurriendo. Tenemos derecho a la educación, dije. Lo mismo que tenemos derecho a cantar. El islam nos ha dado este derecho y dice que cada niña y cada niño deben ir a la escuela. El Corán dice que debemos buscar el conocimiento, estudiar y esforzarnos por comprender los misterios de nuestro mundo.

Nunca había escrito un diario y no sabía por dónde empezar. Aunque teníamos ordenador, en aquellos días había cortes de luz frecuentes y pocos lugares tenían acceso a internet. Así que Hai Kakar me llamó por la tarde al móvil de mi madre. Utilizó el teléfono de su mujer para protegernos, pues dijo que el suyo estaba «pinchado» por los servicios de inteligencia. Él me orientaría, haciéndome preguntas sobre mi jornada y pidiéndome que le contara pequeñas anécdotas o le hablara sobre mis sueños. Hablaríamos durante media hora o cuarenta y cinco minutos en urdu, aunque los dos somos pashtunes, pues el blog aparecería en urdu y él quería que la voz fuera lo más auténtica posible. Entonces él redactaría mis palabras y una vez a la semana aparecería en el sitio web en urdu de la BBC. Me habló de Ana Frank, una niña judía de trece años, que estuvo escondida de los nazis con su familia en Ámsterdam durante la guerra. Me dijo que escribió un diario sobre cómo vivían todos apiñados, cómo pasaban el tiempo y sobre sus sentimientos. Era muy triste cuando la familia fue traicionada, los apresaron y Ana murió en un campo de concentración cuando sólo tenía quince años. Más tarde su diario se publicó y es un poderoso testimonio.

Hai Kakar me dijo que podría ser peligroso utilizar mi nombre real y me dio el pseudónimo de Gul Makai, que significa «azulina» y es el nombre de la heroína de una popular leyenda pashtún. Es una especie de *Romeo y Julieta* en la que Gul Makai y Musa Khan se conocen en el colegio y se enamoran. Pero son de tribus diferentes, por lo que su amor provoca una guerra. No obstante, a diferencia de la obra de Shakespeare, su historia no acaba en tragedia. Gul Makai enseña a sus padres que, según el Corán, la guerra es mala, y al final dejan de pelear y permiten reunirse a los amantes.

La primera entrada de mi diario apareció el 3 de enero de 2009 con el encabezamiento TENGO MIEDO: «Ayer noche tuve un sueño terrible lleno de helicópteros militares y talibanes. He tenido sueños así desde que comenzó la operación militar en Swat». Decía que tenía miedo de ir a la escuela por el edicto talibán y que miraba a mis espaldas todo el tiempo. También escribí sobre algo que ocurrió cuando regresaba de la escuela. «Oí a un hombre detrás de mí que decía 'Te mataré'. Apreté el paso y durante un rato miré hacia atrás a ver si me seguía. Con gran alivio vi que estaba hablando por teléfono; debió de dirigirse a otra persona».

Era emocionante ver mis palabras en el sitio web. Al principio estaba un poco intimidada pero al cabo de un tiempo sabía de qué cosas quería Hai Kakar que hablara y fui cobrando confianza. Le gustaban los sentimientos personales y lo que él llamaba mis «frases mordaces», así como la mezcla de la vida cotidiana familiar con el terror de los talibanes.

Escribí mucho sobre la escuela porque era el centro de nuestras vidas. Me encantaba mi uniforme azul eléctrico, pero nos recomendaron que fuéramos con ropa normal y escondiéramos los libros bajo el velo. Una entrada se titulaba NO LLEVES ROPA DE COLORES LLAMATIVOS. En ella escribí: «Me estaba arreglando para ir a la escuela y me iba a poner el uniforme cuando me acordé del consejo del director, así que decidí llevar mi vestido rosa favorito».

También escribí sobre el burka. Cuando eres muy joven, te encanta el burka porque es fantástico para vestirse de mayor, pero cuando te obligan a llevarlo, es distinto. Además, ¡es difícil caminar con él! Una de mis entradas era sobre un incidente que ocurrió en una ocasión en que fui con mi madre y un primo a comprar al mercado de Cheena: «Allí oímos que, un día, una mujer que llevaba burka se cayó. Cuando un hombre intentó ayudarla, ella se negó y dijo: 'No me ayudes, hermano, pues esto será un inmenso placer para Fazlullah'. Cuando entramos en la tienda a la que íbamos, el dueño se rio y nos dijo que se había asustado por si éramos terroristas suicidas, porque muchos terroristas suicidas se ponían un burka».

En la escuela la gente empezó a hablar del diario. Una niña incluso lo imprimió y lo trajo para enseñárselo a mi padre.

«Es muy bueno», dijo él, con una sonrisa de complicidad.

Yo quería decir a la gente que era yo, pero el corresponsal de la BBC nos había dicho que no lo hiciéramos porque podía ser peligroso. Yo no sabía por qué, pues sólo era una niña, y ¿quién va a atacar a una niña? Pero algunas de mis amigas reconocieron incidentes en el diario y yo casi revelé el secreto en una entrada cuando dije: «A mi madre le gustaba mi pseudónimo Gul Makai y bromeaba con mi padre que deberíamos cambiarme el nombre... También me gusta ese nombre porque el mío real significa 'afligida'».

El diario de Gul Makai despertó interés incluso lejos de casa. Algunos periódicos reprodujeron extractos. La BBC incluso hizo una grabación con la voz de otra niña y empecé a ver que el bolígrafo y las palabras pueden ser mucho más poderosos que las ametralladoras, los tanques o los helicópteros. Estábamos aprendiendo a luchar. Y estábamos aprendiendo lo poderosos que somos cuando hablamos.

Algunos maestros dejaron de venir a la escuela. Uno dijo que el mulá Fazlullah le había ordenado que fuera a trabajar en la construcción de su centro en Imam Deri. Otro dijo que había visto un cadáver decapitado por el camino y que no quería seguir arriesgando la vida para enseñar. Mucha gente tenía miedo. Nuestros vecinos decían que los talibanes estaban ordenando a la gente que comunicara a la mezquita si sus hijas estaban solteras para casarlas, probablemente con militantes.

A principios de junio de 2009 sólo quedábamos diez niñas en una clase en la que habíamos sido veintisiete. Muchas de mis amigas habían abandonado el valle para poder seguir educándose en Peshawar. Mi padre insistía en que nosotros no nos marcharíamos del valle. «Swat nos ha dado tanto. En estos días difíciles debemos ser fuertes por nuestro valle», dijo.

Una noche fuimos toda la familia a cenar a casa de un amigo de mi padre, el doctor Afzal, que dirige un hospital. Después de la cena, cuando el doctor nos llevaba a casa, vimos talibanes enmascarados y armados a ambos lados de la carretera. Nos quedamos aterrorizados. El hospital del doctor Afzal estaba en una zona de la que se habían apoderado los talibanes. Los tiroteos constantes y el toque de queda habían impedido el funcionamiento del hospital, por lo que lo había trasladado a Barikot. Esto había causado indignación y el portavoz talibán, Muslim Khan, había pedido al doctor que lo volviera a abrir. Él lo consultó con mi padre, que le dijo: «No aceptes cosas buenas de mala gente». Un hospital protegido por los talibanes no era una buena idea, así que se negó.

El doctor Afzal no vivía lejos de nosotros, por lo que, en cuanto llegamos a casa, mi padre insistió en regresar con él, por si los talibanes le esperaban. Cuando él y mi padre se marchaban, el doctor Afzal le preguntó nerviosamente: «¿Qué nombres damos si nos paran?». «Tú eres el doctor Afzal y yo soy Ziauddin Yousafzai —repuso mi padre—. Esa maldita gente. No hemos hecho nada malo. Por qué vamos a cambiarnos el nombre. Eso es lo que hacen los criminales».

Por suerte los talibanes habían desaparecido. Todos respiramos tranquilos cuando mi padre telefoneó para decir que habían llegado bien.

Yo tampoco quería ceder. Pero el plazo que habían dado los talibanes se acercaba: las niñas debíamos dejar la escuela. ¿Cómo podían impedir que más de cincuenta mil niñas fuéramos al colegio en el siglo XXI? Yo esperaba que ocurriera algo y que las escuelas permanecieran abiertas. Pero la fecha tope ya estaba próxima. Habíamos decidido que el timbre del Colegio Khushal fuera el último en dejar de sonar. La señorita Maryam incluso se había casado para poder permanecer en Swat. Su familia se había marchado a Karachi para alejarse del conflicto y, como mujer, no podía vivir sola.

El miércoles 14 de enero fue el día que cerró mi escuela. Me asusté cuando aquella mañana me desperté y vi cámaras de televisión en mi habitación. Un periodista pakistaní llamado Irfan Ashraf me seguía a todas partes, incluso mientras decía mis oraciones y me cepillaba los dientes.

Me di cuenta de que mi padre estaba de mal humor. Un amigo suyo le había convencido de que participara en un documental para la web del *New York Times* en el que se mostraría al mundo lo que nos estaba ocurriendo. Unas semanas antes nos habíamos reunido con el periodista estadounidense Adam Ellick en Peshawar. Fue una curiosa reunión, pues hizo una larga entrevista a mi padre en inglés y yo no dije una palabra. Entonces preguntó si podía hablar conmigo y empezó a hacerme preguntas utilizando a Irfan como intérprete. Al cabo de unos diez minutos se dio cuenta por mis expresiones de que le entendía perfectamente. «¿Hablas inglés?», me preguntó.

«Sí. Sólo estaba diciendo que hay miedo en mi corazón», repuse.

Adam estaba asombrado. «¿Es que no os dais cuenta? —preguntó a Irfan y a mi padre—. Ella habla inglés mejor que vosotros y tú estás haciendo de intérprete». Todos nos echamos a reír.

La idea original del documental había sido seguir a mi padre en el último día de clase, pero, al acabar la reunión, Irfan me preguntó: «¿Qué harás si llega un día en el que no puedes regresar a tu valle y tu escuela?». Respondí que eso no ocurriría. Entonces insistió y yo me puse a llorar. Creo que fue entonces cuando Adam decidió centrarse en mí.

Adam no podía venir a Swat porque era demasiado peligroso para extranjeros. Cuando Irfan y un cámara llegaron a Mingora, nuestro tío, que vivía con nosotros, no dejaba de decir que era muy arriesgado tener cámaras en nuestra casa. Mi padre también les decía constantemente que ocultaran las cámaras. Pero habían venido desde muy lejos y a los pashtunes nos resulta muy difícil negar la hospitalidad. Además, mi padre sabía que aquel documental podía ser nuestro megáfono hacia el mundo exterior. Su amigo le había dicho que tendría mucho más impacto que él moviéndose de un lado a otro.

Yo había hablado en muchas entrevistas por televisión y me gustaba tanto hablar ante el micrófono que mis amigas se burlaban de mí. Pero nunca había hecho nada así. «Sé natural», me dijo Irfan. Eso no resultaba fácil con una cámara detrás hasta cuando me cepillaba los dientes. Les enseñé mi uniforme, que no podía llevar, y les dije que tenía miedo de que si los talibanes me cogían yendo a la escuela, me arrojaran ácido a la cara, como habían hecho a las niñas en Afganistán.

La última mañana celebramos una asamblea especial, aunque era difícil oír algo con el ruido de los helicópteros por encima de nosotros. Algunas hablamos contra lo que estaba ocurriendo en nuestro valle. El timbre sonó por última vez y la señorita Maryam anunció las vacaciones de invierno, pero, a diferencia de otros años, no mencionó la fecha de comienzo del curso siguiente. Sin embargo, algunos profesores nos pusieron deberes. En el patio abracé a mis amigas. Miré el cuadro de honor y me pregunté si mi nombre volvería a aparecer en él alguna vez. En marzo teníamos exámenes, pero ¿cómo los íbamos a hacer? Ser la primera ya no tenía importancia si no podías estudiar. Cuando alguien te quita el bolígrafo, te das cuenta de lo importante que es la educación.

Antes de cerrar la puerta de la escuela miré hacia atrás como si aquella fuera la última vez que estaba allí. Ésa es la última toma de una parte del documental. En la realidad, volví a entrar. Mis amigas y yo no queríamos que aquel día acabara, así que decidimos quedarnos un rato más. Fuimos a la escuela primaria, donde había más espacio para correr y jugar a policías y ladrones. Después jugamos a «mango mango», que consiste en hacer un corro y cantar, y cuando la canción acaba todo el mundo tiene que quedarse inmóvil. El primero que se mueve o se ríe queda descalificado.

Aquel día volvimos tarde a casa. Normalmente salimos del colegio a la una, pero ese día nos quedamos hasta las tres. Antes de marcharnos Moniba y yo nos peleamos por algo tan tonto que ya ni siquiera recuerdo qué era. Nuestras amigas no daban crédito. «¡Siempre discutís cuando es un día importante!», dijeron. No era una buena forma de dejar las cosas.

Dije a los autores del documental: «No pueden detenerme. Voy a formarme, tanto si es en casa, en la escuela o donde sea. Esto es lo que pedimos al mundo: que salve nuestras escuelas, que salve nuestro Pakistán, que salve nuestro Swat».

Cuando volví a casa, lloré y lloré. No quería dejar de aprender. Sólo tenía once años, pero me sentía como si lo hubiera perdido todo. Había dicho a todas las niñas de mi clase que los talibanes no cumplirían su amenaza: «Son como nuestros políticos, hablan y hablan, pero no hacen nada». Cuando la llevaron a cabo y cerraron nuestra escuela me sentí abochornada. No me podía controlar. Mi madre y yo nos echamos a llorar, pero mi padre insistía: «Irás a la escuela».

El cierre de las escuelas también significó para él una pérdida profesional. La escuela de niños volvería a abrir sus puertas después de las vacaciones de invierno, pero el cierre de la escuela de niñas representaba una reducción considerable de nuestros ingresos. Aún le debían más de la mitad de las mensualidades y mi padre pasó los últimos días intentando conseguir el dinero para pagar el alquiler, las facturas de la luz y el agua, y el sueldo de los profesores.

Aquella noche el aire estaba lleno de fuego artillero y me desperté tres veces. A la mañana siguiente todo había cambiado. Empecé a pensar en la posibilidad de ir a Peshawar o al extranjero, o de pedir a nuestros maestros que dieran clase en secreto en mi casa, como habían hecho algunos afganos durante el régimen talibán. Después, fui a todos los canales de televisión y emisoras de radio que pude. «Pueden impedir que vayamos a la escuela, pero no que sigamos aprendiendo», dije. Aquello sonaba esperanzador, pero en mi fuero interno estaba preocupada. Mi padre y yo fuimos a Peshawar y acudimos a muchos sitios para explicar a la gente lo que estaba ocurriendo. Yo hablé de la ironía de que los talibanes quisieran mujeres médicos y maestras para mujeres, pero no permitieran a las niñas ir al colegio para empezar a prepararse para esos trabajos.

En una ocasión Muslim Khan dijo que las niñas no debían ir a la escuela y aprender las costumbres occidentales. ¡Y eso lo decía un hombre que había vivido tanto tiempo en Estados Unidos! Él insistía en que prefería su propio sistema educativo. «¿Qué pretende utilizar Muslim Khan en vez del estetoscopio y el termómetro? —preguntó mi padre—. ¿Hay instrumentos orientales para tratar a los enfermos?». Los talibanes están contra la educación porque creen que cuando un niño o una niña lee un libro o aprende inglés o estudia ciencias, se occidentaliza.

Pero yo dije: «La educación es la educación. Debemos aprender todo y después elegir qué camino seguir». La educación no es oriental ni occidental, es humana.

Mi madre solía decirme que me ocultara la cara cuando hablaba a los medios porque a mi edad debería observar el *purdah* y temía por mi seguridad. Pero nunca me prohibió que hiciera nada. Fue una época de horror y temor. Con frecuencia la gente decía que los talibanes podrían asesinar a mi padre, pero no a mí. «Malala es una niña —decían—, y ni siquiera los talibanes matan niñas».

Pero mi abuela no estaba tan segura. Siempre que me veía hablando por televisión o salía de casa, rezaba: «Dios, te ruego que hagas a Malala como a Benazir Bhutto, pero no le des la breve vida de Benazir».

Aunque el colegio había cerrado, seguí escribiendo el blog. Cuatro días después de la prohibición de las escuelas de niñas, destruyeron cinco más. «Estoy muy sorprendida —escribí—, porque esas escuelas habían cerrado, así que ¿qué necesidad había de destruirlas? Nadie ha ido al colegio después de la fecha límite de los talibanes. El ejército no hace nada sobre ello. Están sentados en sus búnkeres en lo alto de las montañas. Matan cabras y comen a placer». También escribí sobre la gente que iba a presenciar las flagelaciones anunciadas en Mulá FM, y sobre el hecho de que a la policía no se la viera por ningún sitio.

Un día recibimos una llamada de Estados Unidos, de una estudiante de la Universidad de Stanford. Se llamaba Shiza Shahid y era de Islamabad. Había visto *Class Dismissed*, el documental del *New York Times,* y nos había localizado. Entonces comprobamos el poder de los medios de comunicación y Shiza se convirtió en un gran apoyo para nosotros. Mi padre estaba rebosante de orgullo por cómo salía yo en el documental. «Mírala —decía a Adam Ellick—. ¿No te parece que está destinada a algo grande?». Los padres pueden llegar a abochornarte.

Adam nos llevó a Islamabad. Era la primera vez que yo iba allí. Islamabad era un lugar maravilloso, con bonitas casas bajas blancas y amplias calles, aunque no tiene la belleza natural de Swat. Vimos la Mezquita Roja, donde se había producido el asedio, la gran avenida de la Constitución, que conduce a los edificios blancos de columnatas que son las sedes del parlamento y la presidencia, donde Zardari vivía ahora. El general Musharraf estaba en el exilio en Londres.

Fuimos a tiendas donde compré textos escolares y Adam me compró dvds de programas de televisión estadounidenses como *Ugly Betty*, sobre una niña con un gran corrector dental y un gran corazón. Me gustó mucho y soñé con ir un día a Nueva York y trabajar en una revista como ella. Visitamos el museo de Lok Virsa y fue una alegría admirar nuestro patrimonio nacional una vez más. Nuestro museo de Swat estaba cerrado. Afuera, en la escalinata, había un anciano vendiendo palomitas. Era pashtún, como nosotros, y cuando mi padre le preguntó si era de Islamabad, repuso: «¿Cree usted que Islamabad nos puede pertenecer a los pashtunes?». Dijo que era de Mohmand, una de las zonas tribales, pero que había huido debido a la operación del ejército. Vi lágrimas en los ojos de mis padres.

Numerosos edificios estaban rodeados de bloques de cemento y los vehículos que llegaban estaban sometidos a controles por temor a los terroristas suicidas. Cuando, de regreso, el autobús en que íbamos pasó por un bache mi hermano Khushal, que estaba dormido, se sobresaltó. «¿Qué ha sido eso? ¿Una explosión?», preguntó. Ése era el temor que llenaba nuestra vida cotidiana. Cualquier ruido o pequeño trastorno podía ser una bomba o un tiroteo.

En nuestros breves viajes olvidábamos los problemas que teníamos en Swat. Pero en cuanto penetrábamos en el valle volvían las amenazas y el peligro. Sin embargo, Swat era nuestro hogar y no estábamos dispuestos a abandonarlo.

Una vez en Mingora, lo primero que vi cuando abrí mi armario fue mi uniforme, la mochila del colegio y el estuche de geometría. Me entristecí. La visita a Islamabad había sido un agradable paréntesis, pero ahora ésta era mi realidad.

14

Una paz extraña

Cuando las escuelas de mis hermanos volvieron a abrir después de las vacaciones de invierno, Khushal dijo que él prefería quedarse en casa como yo. A mí me indignó aquello. «¡No te das cuenta de la suerte que tienes!», le dije. Era extraño no ir al colegio. Ya no teníamos televisor porque nos lo habían robado mientras estábamos en Islamabad, utilizando la escalera «de huida» de mi padre para entrar.

Me habían regalado un libro de Paulo Coelho, *El alquimista*, una fábula sobre un pastor que va hasta las pirámides en busca de un tesoro, cuando todo el tiempo lo había tenido en casa. Me encantó y lo leí una y otra vez. «Cuando quieres algo, todo el universo se conjura para que realices tu deseo», dice. Creo que Paulo Coelho no se ha topado nunca con los talibanes y nuestros políticos inútiles.

Lo que no sabía era que Hai Kakar estaba manteniendo conversaciones secretas con Fazlullah y sus comandantes. Los había conocido en entrevistas y les estaba instando a que reconsideraran su prohibición de que las niñas fueran a la escuela.

«Escuche, maulana —dijo a Fazlullah—. Ha matado, ha ejecutado, ha decapitado, ha destruido escuelas y no ha habido protestas en Pakistán. Pero cuando prohibió la educación de las niñas, la gente alzó la voz. Incluso los medios de comunicación pakistaníes, que hasta ahora han sido tan blandos con usted, están indignados».

La presión de todo el país surtió efecto y Fazlullah accedió a levantar la prohibición para las niñas hasta los diez años, es decir, hasta el cuarto curso. Yo estaba en el quinto curso y algunas de nosotras fingíamos ser más pequeñas de lo que realmente éramos. Empezamos a ir a la escuela otra vez, vestidas con ropa normal y ocultando los libros bajo el velo. Era arriesgado, pero en aquellos momentos era mi única ambición. También teníamos suerte de que la señorita Maryam fuera valiente y resistiera la presión para dejar de trabajar. Conocía a mi padre desde que tenía diez años y tenían una confianza recíproca absoluta; incluso solía hacerle una señal para que fuera acabando cuando se extendía demasiado al hablar ¡lo que ocurría a menudo!

«La escuela secreta es nuestra protesta silenciosa», nos dijo.

No escribí nada de eso en mi diario. Si nos hubieran descubierto, nos habrían azotado o incluso asesinado, como habían hecho con Shabana. Algunas personas temen a los fantasmas, otras a las arañas o las serpientes... en aquellos días nosotros temíamos a otros seres humanos.

De camino a la escuela a veces veía a los talibanes con sus gorros y su largo pelo sucio. Normalmente llevaban la cara tapada. Daban una impresión torpe y terrible. Las calles de Mingora estaban ahora muy vacías, pues un tercio de la población había abandonado el valle. Mi padre decía que no se podía culpar a la gente por marcharse, puesto que el gobierno no tenía poder. Ahora había doce mil soldados en la región —cuatro veces más que los efectivos que supuestamente tenían los talibanes—, además de tanques, helicópteros y armas sofisticadas. No obstante, el setenta por ciento de Swat estaba bajo control talibán.

Aproximadamente una semana después de volver al colegio, el 16 de febrero de 2009, una noche nos despertó el ruido de disparos. Entre los pashtunes es tradicional disparar los rifles cuando se celebran nacimientos y bodas, pero incluso esa costumbre se había abandonado durante el conflicto. Así que al principio pensamos que estábamos en peligro. Entonces oímos la noticia. Los disparos eran de celebración. Se había llegado a un acuerdo de paz entre los talibanes y el gobierno provincial, que ahora estaba controlado por el PNA, no por los mulás. El gobierno había acordado imponer la sharía en todo Swat a cambio de que los militantes abandonaran la lucha. Los talibanes accedieron a una tregua de diez días y, como gesto de paz, liberaron a un ingeniero de comunicaciones chino que habían secuestrado seis meses antes.

Nosotros también estábamos contentos —mi padre y yo habíamos propugnado públicamente un acuerdo de paz—, pero nos preguntábamos cómo iba a realizarse. La gente esperaba que los talibanes se asentaran, volvieran a sus hogares y vivieran como ciudadanos pacíficos. Se convenció de que la sharía en Swat sería diferente de la versión afgana, que conservaríamos nuestras escuelas para niñas y que no se crearía una policía de moralidad. Swat seguiría siendo Swat, pero con un sistema judicial diferente. Yo quería creer todo esto, pero estaba preocupada. Pensaba *Cómo funcione el sistema dependerá de quién lo supervise. Los talibanes.*

Resultaba difícil creer que todo hubiera terminado. Más de mil civiles y policías habían sido asesinados. Las mujeres habían sido confinadas al *purdah*, habían volado escuelas y puentes, se habían cerrado negocios. Habíamos sufrido los bárbaros tribunales públicos y una justicia violenta y habíamos vivido en un estado de temor constante. Y ahora todo eso se iba a acabar.

En el desayuno sugerí a mis hermanos que habláramos de paz y no de guerra. Como siempre, me ignoraron y siguieron con sus juegos bélicos. Khushal tenía un helicóptero de juguete y Atal una pistola de papel, y mientras uno gritaba «¡fuego!», el otro decía «en posición de tiro». No me importaba. Fui a ver mi uniforme, feliz porque pronto podría volver a llevarlo. Nuestra directora nos envió un mensaje para anunciarnos que los exámenes serían en la primera semana de marzo. Tenía que volver a los libros.

Nuestro entusiasmo no duró. Sólo dos días después, me encontraba en la azotea del hotel Taj Mahal mientras me entrevistaba un conocido periodista llamado Hamid Mir, cuando nos llegó la noticia de que otro corresponsal de televisión que conocíamos había sido asesinado. Su nombre era Musa Khan Khel y había hecho frecuentes entrevistas a mi padre. Aquel día había estado cubriendo una marcha por la paz dirigida por Sufi Mohammad. En realidad no era una marcha sino un desfile de coches. Más tarde, el cuerpo de Musa Khan fue descubierto cerca de allí. Le habían disparado varias veces y seccionado la garganta. Tenía veintiocho años.

Mi madre estaba tan consternada cuando se lo dijimos que se fue a la cama llorando. Temía que la violencia hubiera vuelto al valle pese al acuerdo de paz recién firmado. Se preguntaba si éste no era una ilusión.

Unos días más tarde, el 22 de febrero, el comisionado delegado Syed Javid anunció un «alto el fuego permanente» en el Club de la Prensa de Swat, en Mingora. Llamó a todos los swatis a regresar. El portavoz talibán Muslim Khan confirmó el alto el fuego permanente. El presidente Zardari daría al armisticio estatus legal. El gobierno también acordó conceder compensaciones económicas a las familias de las víctimas.

Todo el mundo estaba exultante, pero yo me sentía feliz sobre todo porque eso significaba que el colegio volvería a abrirse sin cortapisas. Los talibanes dijeron que las niñas podrían volver a la escuela después del acuerdo de paz, pero que tendrían que ir cubiertas con velo. Dijimos, de acuerdo, si eso es lo que queréis, siempre que podamos vivir nuestras vidas.

No todo el mundo estaba satisfecho con el pacto. Nuestros aliados estadounidenses estaban furiosos. «Creo que el gobierno de Pakistán básicamente está abdicando ante los talibanes y los extremistas», declaró Hillary Clinton, la secretaria de Estado. Temían que el acuerdo significara una rendición. El diario pakistaní *Dawn* escribió en un editorial que el acuerdo enviaba «una señal desastrosa: lucha militarmente contra el estado y te dará lo que quieres sin pedir nada a cambio».

Pero esas personas no tenían que vivir aquí. Necesitábamos la paz, con independencia de quién la trajera. En nuestro caso, fue un militante de barba blanca de setenta y ocho años llamado Sufi Mohammad. Organizó un «campamento de paz» en Dir y se quedó allí, en nuestra famosa mezquita Tabligh Markaz, como el señor de nuestra tierra. Era el garante de que los talibanes depondrían las armas y habría paz en el valle. La gente le visitaba para rendirle pleitesía y besarle la mano porque estaba cansada de atentados suicidas y de guerra.

A principios de marzo dejé de escribir mi blog porque Kai Kakar y yo pensábamos que ya no habría mucho más que decir. Pero, para nuestro horror, las cosas apenas cambiaron. En todo caso, los talibanes se habían vuelto más bárbaros. Ahora eran terroristas amparados por el estado. Estábamos desilusionados y decepcionados. El acuerdo de paz no era más que una ficción. Una noche, los talibanes organizaron un desfile como demostración de fuerza cerca de nuestra calle y patrullaban por las carreteras con armas y palos como si fueran el ejército.

Seguían vigilando el mercado de Cheena. Un día mi madre fue de compras con mi prima porque se iba a casar y necesitaba cosas para su boda. Un talibán les cortó el paso y les dijo: «Si os vuelvo a ver con velo pero sin burka, os apaleo». Mi madre no se amilana fácilmente y permaneció tranquila: «Sí, de acuerdo, llevaremos burkas en el futuro», le dijo. Mi madre siempre se cubre la cabeza, pero el burka no forma parte de nuestra tradición pashtún.

También oímos que los talibanes habían golpeado a un tendero porque una mujer sola estaba mirando pintalabios en su tienda. «En el mercado hay una pancarta que dice que a las mujeres no se las puede dejar entrar en las tiendas si no van acompañadas por parientes varones, y tú nos has desafiado», dijeron. Le dieron una paliza y nadie le ayudó.

Un día vi a mi padre y a sus amigos mirando un vídeo en su teléfono. Era una escena terrible. Una joven que llevaba un burka negro y pantalones rojos estaba echada boca abajo en el suelo y la azotaba un hombre con barba y turbante negro. «¡Por favor, ya no más! —suplicaba en pashtún entre sollozos y gemidos cada vez que recibía un latigazo—. ¡En el nombre de Alá, voy a morir!».

Se oía a los talibanes gritar: «¡Sujetadla. Agarradle las manos!». En un momento determinado el burka se escurrió, se detuvieron para colocárselo y siguieron azotándola. Recibió treinta y cuatro azotes. Se había congregado un nutrido grupo de gente alrededor, pero nadie hizo nada. Un pariente de la mujer incluso se prestó a sujetarla.

Unos días después el vídeo estaba en todas partes. Llegó a manos de una realizadora de cine de Islamabad y se mostró en la televisión pakistaní una y otra vez, y después se difundió por todo el mundo. La gente estaba indignada, y con razón. Sin embargo, esta reacción nos parecía extraña porque demostraba que ignoraban las atrocidades que estaban ocurriendo en nuestro valle. Yo deseaba que su indignación se extendiera a la prohibición de la educación de las niñas por los talibanes. El primer ministro Yusuf Raza Gilani anunció una investigación y emitió una declaración en la que decía que azotar a la joven era contrario a las enseñanzas del islam, pues «el islam nos enseña a tratar a las mujeres cortésmente».

Hubo quienes afirmaron que el vídeo era falso. Otros dijeron que aquello había ocurrido en enero, antes del acuerdo de paz, y que se había hecho público ahora para sabotearlo. Pero Muslim Khan confirmó su autenticidad. «Salió de su casa con un hombre que no era su esposo, por lo que tuvimos que castigarla —dijo—. Hay límites que no se pueden cruzar».

Por aquellas fechas, a principios de abril, vino a Swat otro conocido periodista llamado Zahid Hussain. Fue a visitar al comisionado delegado en su residencia oficial y le encontró en lo que parecía ser una celebración de la toma del poder por los talibanes. Estaban allí varios altos comandantes talibanes con escoltas armadas, entre ellos Muslim Khan e incluso Faqir Mohammad, el líder de los militantes de Bajaur, donde se estaban produciendo sangrientos combates con el ejército. Se suponía que había una recompensa de 200.000 dólares por Faqir, y allí estaba él, cenando en la residencia de un funcionario gubernamental. También oímos que un general de brigada del ejército asistía a los oficios religiosos de Fazlullah.

«En una vaina no puede haber dos espadas —dijo uno de los amigos de mi padre—. En un país no puede haber dos reyes. ¿Quién manda aquí: el gobierno o Fazlullah?».

Pero seguíamos creyendo en la paz. Todo el mundo esperaba el gran mitin que tendría lugar el 20 de abril en el que Sufi Mohammad hablaría a la población de Swat.

Aquella mañana estábamos todos en casa. Mi padre y mis hermanos estaban fuera, cuando pasó un grupo de adolescentes talibanes con canciones de victoria sonando en los móviles. «Mírales, *Aba* —dijo Khushal—. Si tuviera un kalashnikov, los mataría».

Era un día de primavera perfecto. Todo el mundo estaba muy animado porque esperaba que Sufi Mohammad proclamaría la paz y la victoria y pediría a los talibanes que depusieran las armas. Mi padre no asistió a la concentración. La vio desde la azotea de la Academia Sarosh, el colegio que dirigía su amigo Ahmad Shah, donde él y otros activistas se reunían muchas tardes. La azotea daba al escenario, por lo que algunos medios de comunicación habían situado allí sus cámaras.

Había mucha gente —entre treinta mil y cuarenta mil personas— con turbantes y cantando canciones yihadistas y talibanes. «Era el zumbido de una talibanización total», dijo mi padre. A los progresistas liberales como él no les gustaban los cánticos y las consignas. Los consideraban tóxicos, especialmente en momentos como aquél.

Sufi Mohammad se hallaba en el escenario y había una larga cola de gente para rendirle homenaje. El mitin comenzó con recitaciones del capítulo de la Victoria, una sura del Corán, seguida de discursos de líderes de los cinco distritos del valle: Kohistán, Malakand, Shangla, Alto Dir y Bajo Dir. Todos estaban entusiasmados, pues esperaban ser nombrados *amir* de su distrito y así les correspondería a ellos imponer la sharía. Más tarde, aquellos líderes acabarían muertos o en prisión, pero en aquellos momentos soñaban con el poder. Así que todos ellos hablaron con gran autoridad y júbilo, como cuando el Profeta conquistó La Meca, pero su discurso había sido de perdón, no de triunfo cruel.

Entonces habló Sufi Mohammad. No era un buen orador. Era anciano, parecía que tenía mala salud, y divagó durante cuarenta y cinco minutos. Dijo cosas totalmente inesperadas, como si otro estuviera hablando por su boca. Calificó los tribunales de Pakistán de antiislámicos y afirmó: «Considero que la democracia occidental es un sistema que nos imponen los infieles. El islam no permite la democracia ni las elecciones».

No dijo nada sobre la educación. No dijo a los talibanes que depusieran las armas y abandonaran las *hujras*. Por el contrario, pareció amenazar a todo el país. «Esperad ahora, que vamos a Islamabad», gritó.

Estábamos atónitos. Fue como echar agua al fuego, las llamas se apagaron súbitamente. La gente estaba muy decepcionada y empezó a insultarle. «Qué ha dicho ese demonio? —preguntaban—. No está por la paz, quiere más asesinatos». Mi madre lo expresó perfectamente: «Tuvo la oportunidad de ser el héroe de la historia pero no la aprovechó». Al volver a casa nuestro estado de ánimo era exactamente el contrario del que habíamos tenido de camino al mitin.

Aquella noche mi padre habló en el programa de Kamran Khan en Geo TV y le dijo que la gente habían estado muy esperanzada, pero se había desilusionado. Sufi Mohammad no había hecho lo que tendría que haber hecho. Se suponía que tenía que sellar el acuerdo de paz con un discurso que llamara a la reconciliación y al fin de la violencia.

La gente tenía distintas teorías conspirativas sobre lo ocurrido. Algunos decían que Sufi Mohammad se había vuelto loco. Otros, que se le había ordenado pronunciar aquel discurso con la amenaza de que, en caso contrario, «habrá cuatro o cinco suicidas que os harán volar a ti y a todos». Decían que había parecido inquieto en el escenario antes de hablar. Cuchicheaban sobre manos ocultas y fuerzas invisibles. *¿Qué importa?*, me preguntaba yo. *La cuestión es que somos un estado talibán.*

Mi padre volvió a hablar en seminarios sobre nuestros problemas con los talibanes. En uno de ellos el ministro de Información para nuestra provincia dijo que la talibanización era consecuencia de la política que había seguido el país de entrenar militantes y enviarlos a Afganistán, primero a luchar contra los soviéticos, después contra los estadounidenses. «Si no hubiéramos puesto armas en las manos de estudiantes de madrasas a petición de potencias extranjeras, no estaríamos ahora ante este baño de sangre en las zonas tribales y en Swat», dijo.

Pronto se puso de manifiesto que los estadounidenses habían valorado acertadamente el acuerdo. Los talibanes creían que podrían hacer lo que quisieran y que el gobierno pakistaní se había rendido. Entraron en Buner, el distrito siguiente al sureste de Swat, que sólo está a algo más de cien kilómetros de Islamabad. Allí la población tradicionalmente se había enfrentado a ellos, pero las autoridades locales ordenaron que no hubiera resistencia. Cuando llegaron los militantes con sus lanzacohetes y sus fusiles, la policía abandonó sus puestos diciendo que los talibanes tenían «armas superiores» y la gente huyó. Los talibanes establecieron tribunales para aplicar la sharía en todos los distritos y retransmitieron sermones desde las mezquitas llamando a la juventud local a unirse a ellos.

Lo mismo que en Swat, hicieron hogueras de televisores, fotografías, dvds y cintas. Incluso tomaron el control del famoso mausoleo de Pir Baba, un santo sufí, que era un lugar de peregrinación. La población iba allí para rezar buscando guía espiritual, así como curas para sus males e incluso matrimonios felices para sus hijos. Ahora estaba cerrado a cal y canto.

En las regiones bajas de Pakistán la población empezó a preocuparse cuando los talibanes avanzaron hacia la capital. Parecía que todo el mundo había visto el vídeo de la joven azotada y se preguntaban: «¿Es esto lo que queremos en Pakistán?». Los militantes habían matado a Benazir, volado el mejor hotel del país, asesinado a miles de personas en atentados suicidas y decapitaciones, destruido centenares de escuelas. ¿Qué más necesitaban el ejército y el gobierno para hacerles frente?

En Washington el gobierno del presidente Obama acababa de anunciar que iba a enviar veintiún mil efectivos más a Afganistán para intentar dar un giro definitivo a la guerra contra los talibanes. Pero ahora parecían más alarmados por Pakistán que por Afganistán. No por las niñas como las de mi escuela, sino porque nuestro país tiene más de doscientas cabezas nucleares y les preocupaba en manos de quién podrían caer. Hablaron de interrumpir su ayuda de miles de millones de dólares y enviar tropas.

A comienzos de marzo nuestro ejército comenzó la Operación Camino Verdadero. Oímos que estaban lanzando a centenares de efectivos de las fuerzas especiales desde helicópteros a las montañas del norte. En Mingora también aparecieron más tropas. Esta vez iban a limpiar la ciudad. Anunciaron por megáfonos que todos los residentes debían marcharse.

Mi padre dijo que nosotros nos quedábamos. Pero los disparos del ejército no nos dejaban dormir la mayoría de las noches. Todo el mundo estaba inquieto. Una noche nos despertaron chillidos. Hacía poco que teníamos mascotas: tres pollos blancos y un conejo blanco que había dado a Khushal un amigo suyo, y los dejábamos que estuvieran dentro de casa. Atal sólo tenía cinco años y quería mucho al conejo, por lo que solía dormir bajo la cama de mis padres. Pero orinaba por todas partes, así que aquella noche lo sacaron fuera. A media noche llegó un gato y se lo comió. Todos oímos los terribles gritos. Atal no paraba de llorar. «Cuando mañana salga el sol, voy a dar una lección a ese gato —dijo—. Voy a matarle». Me pareció un mal presagio.

15

Abandonamos el valle

Abandonar el valle fue lo más duro que había hecho en mi vida hasta entonces. Recordaba el *tapa* que mi abuela solía recitar: «Ningún pashtún abandona su tierra gustosamente. Se marcha por la pobreza o se marcha por amor». Ahora veíamos que nos estaba expulsando una tercera razón que el autor de aquel *tapa* no había imaginado: los talibanes.

Dejar nuestra casa fue como si me arrancaran el corazón. Me encontraba en la azotea, mirando las montañas, el monte Elum, con la cima cubierta de nieve, donde Alejandro Magno había tocado Júpiter. Miré los árboles, que estaban reverdeciendo. El fruto del melocotonero lo comería otra persona ese año. Todo estaba en silencio, un silencio sepulcral; no se oía el río ni el viento, ni siquiera el canto de los pájaros.

Quería llorar porque en mi corazón sentía que quizá no regresaría a mi hogar. Los autores del documental me habían preguntado cómo me sentiría si un día tuviera que abandonar Swat para no volver. En aquellos momentos me había parecido una pregunta absurda, pero ahora veía que todo lo que me parecía inimaginable había ocurrido. Pensaba que la escuela no cerraría y había tenido que cerrar. Pensaba que nunca abandonaríamos Swat y estábamos a punto de marcharnos. Pensaba que, un día, Swat estaría libre de talibanes y lo celebraríamos, pero ahora me daba cuenta de que quizá no llegara a ocurrir. Empecé a llorar. Era como si todos hubiéramos estado esperando a que empezara otro. La esposa de mi primo, Honey, se puso a llorar y seguimos los demás. Pero mi madre estaba muy tranquila y entera.

Metí todos mis libros y cuadernos en la mochila del colegio y después llené otra bolsa de ropa. No podía pensar con claridad. Cogía los pantalones de un traje y la blusa de otro, de forma que acabé con una bolsa en la que nada pegaba. No me llevé ninguno de los premios o fotografías de la escuela, ni objetos personales, porque viajábamos en el coche de otra familia y quedaba poco sitio. No poseíamos nada caro como un portátil o joyas; nuestros únicos objetos valiosos eran el televisor, una nevera y una lavadora. No llevábamos una vida de lujo —los pashtunes preferimos sentarnos en el suelo a las sillas—, nuestra casa tenía agujeros en las paredes y todos los platos y tazas estaban desportillados.

Mi padre se opuso hasta el final a que nos marcháramos. Pero varios amigos de mis padres habían perdido algún pariente en los tiroteos, así que fueron a sus casas a ofrecerles oraciones y condolencias, aunque nadie se aventuraba a salir en aquellos días. Al ver aquel sufrimiento, mi madre decidió que nos marcháramos. Dijo a mi padre: «No hace falta que vengas, pero yo me llevo a los niños a Shangla». Ella sabía que él no le permitiría ir sola. Mi madre ya estaba harta de tiroteos y tensión, así que llamó al doctor Afzal y le pidió que convenciera a mi padre de que nos marcháramos. Él y su familia también se iban y nos ofrecieron llevarnos en el coche con ellos. Nosotros no teníamos coche, pero, por suerte, nuestros vecinos, Safina y su familia, también se disponían a marcharse y podían llevarnos a algunos, mientras que el resto iría con el doctor Afzal.

El 5 de mayo de 2009 nos convertimos en PDI. Personas desplazadas internamente. Sonaba como una enfermedad.

Éramos muchos, no sólo nosotros cinco sino también mi abuela, mi primo, su esposa, Honey, y su bebé. Mis hermanos también querían llevarse sus pollos mascotas. El mío había muerto porque lo lavé con agua fría en un día de invierno. Fue imposible revivirlo ni después de que lo metí en casa dentro de una caja de zapatos para darle calor y pedí a todo el vecindario que rezara por él. Mi madre se negó a que los pollos vinieran con nosotros. ¿Y si ensucian el coche?, preguntó ¡y Atal propuso que les compráramos pañales! Al final, los dejamos con mucha agua y grano. Mi madre también dijo que yo debía dejar mi mochila de la escuela porque apenas había sitio. Yo estaba horrorizada. Susurré varios versículos del Corán sobre los libros para protegerlos.

Por fin, todos estábamos listos. Mi madre, mi padre, la abuela, la esposa de mi primo con su bebé y mis hermanos se apretujaron en la parte trasera de la camioneta del doctor Afzal con su esposa y sus hijos. Los adultos llevaban a los niños en el regazo, que a su vez llevaban a los bebés. Yo tuve más suerte, el coche de Safina no iba tan lleno, pero estaba devastada por no poderme llevar la mochila del colegio. Como había guardado los libros por separado, los había tenido que dejar todos en casa.

Dijimos suras del Corán y una oración para proteger nuestras casas y la escuela. Entonces, el padre de Safina aceleró y nos alejamos del pequeño mundo de nuestra calle, nuestro hogar y nuestra escuela hacia lo desconocido. No sabíamos si algún día volveríamos a nuestra ciudad. Habíamos visto fotografías de cómo el ejército había destruido todo en una operación contra los militantes en Bajaur y creíamos que ocurriría lo mismo con todo lo que conocíamos.

Las calles estaban atestadas. Nunca había visto tanto tráfico. Había coches por todas partes, así como rickshaws, carretas de mulas y camiones cargados con gente y sus pertenencias. Incluso había motos con familias enteras haciendo equilibrios para mantenerse sobre ellas. Miles de personas se estaban marchando con la ropa que llevaban a sus espaldas. Parecía que todo el valle estaba en movimiento. Hay quien cree que los pashtunes descendemos de una de las tribus perdidas de Israel y mi padre decía: «Es como si fuéramos los israelitas saliendo de Egipto, pero sin ningún Moisés para guiarnos». Poca gente sabía adónde iba; sólo sabía que tenía que marcharse. Fue el mayor éxodo de la historia pashtún.

Normalmente hay muchas carreteras para salir de Mingora pero los talibanes habían cortado varios grandes manzanos y bloqueaban algunas rutas, por lo que todos nos hacinábamos en la misma carretera. Éramos un océano humano. Los talibanes patrullaban las carreteras con armas y nos vigilaban desde lo alto de los edificios. Mantenían los coches en líneas rectas, pero con armas, no con silbatos. «Talibanes de tráfico», bromeábamos para tratar de mantener el ánimo. A intervalos regulares, pasábamos por puestos de control del ejército y de los talibanes. Unos al lado de otros. De nuevo, el ejército no parecía consciente de la presencia talibán.

«Quizá tienen mala vista y no los ven», nos burlábamos.

La carretera rebosaba tráfico. Era un viaje largo y lento y todos nos apretujábamos sudorosos. Como casi nunca íbamos a ningún sitio, los viajes en coche normalmente eran una aventura para los niños. Pero éste era diferente. Todos estábamos deprimidos.

En el otro coche mi padre hablaba con los medios de comunicación: les estaba haciendo una crónica del éxodo por el valle. Mi madre no dejaba de decirle que hablara en voz baja por temor a que le oyeran los talibanes. La voz de mi padre es muy fuerte y mi madre muchas veces bromea que no necesita teléfono, le basta con gritar.

Por fin, dejamos atrás el paso de montaña de Malakaland y salimos de Swat. Era por la tarde cuando llegamos a Mardan, una ciudad calurosa y ajetreada.

Mi padre no dejaba de repetir a todos que «en unos días regresaremos. Todo irá bien». Pero sabíamos que no era cierto.

En Mardan ya había grandes campos de tiendas blancas del ACNUR, como las de los refugiados afganos en Peshawar. No íbamos a quedarnos en uno de aquellos campos porque eso era lo peor que podíamos hacer. Habíamos huido de Swat casi dos millones de personas y era imposible dar cobijo en ellos a tanta gente. Incluso si hubiéramos conseguido una tienda, habría hecho demasiado calor en su interior, y se rumoreaba que se estaban extendiendo enfermedades como el cólera. Mi padre decía que había oído que incluso había talibanes ocultos y acosaban a las mujeres.

Los que podían, se quedaban en casas de la población local o con amigos y allegados. Asombrosamente, la población de Mardan y de la vecina Swabi acogieron a tres cuartas partes de todas las PDI. Abrieron las puertas de sus hogares, escuelas y mezquitas a los refugiados. En nuestra cultura se supone que las mujeres no se deben mezclar con hombres que no sean parientes. A fin de observar el *purdah* de las mujeres, los hombres de las familias que acogían a refugiados incluso durmieron fuera de sus propios hogares. Se convirtieron en PDI voluntariamente. Fue un extraordinario ejemplo de hospitalidad pashtún. Estábamos convencidos de que si el éxodo hubiera sido gestionado por el gobierno, habrían muerto muchas más personas de hambre y enfermedades.

Como no teníamos allegados en Mardan, pensábamos continuar el viaje hasta Shangla, la aldea de nuestra familia. Hasta el momento habíamos ido en la dirección opuesta pero había sido la única forma de salir de Swat.

Pasamos la noche en casa del doctor Afzal. Mi padre nos dejó allí para ir a Peshawar y alertar a la gente de lo que estaba ocurriendo. Prometió que nos reuniríamos más tarde en Shangla. Mi madre trató por todos los medios de convencerle de que viniera con nosotros, pero se negó. Quería que en Peshawar e Islamabad se supieran las terribles condiciones en que las PDI estaban viviendo y que la operación militar no surtía ningún efecto. Nos despedimos temiendo no volver a verle.

Al día siguiente nos llevaron a Abbottabad, donde vivía la familia de mi abuela. Allí encontramos a nuestro primo Khanjee, que también iba al norte, como nosotros. Regentaba un albergue de chicos en Swat y llevaba a siete u ocho muchachos a Kohistán en su autocar. Se dirigía a Besham, en el norte, donde tendríamos que buscar alguna forma de llegar a Shangla.

Casi era de noche cuando llegamos a Besham, pues muchas carreteras estaban cortadas. Pasamos la noche en un sucio hotel barato mientras mi primo trataba de organizar que una camioneta nos llevara a Shangla. Un hombre se acercó a mi madre y ella cogió un zapato y le golpeó con él dos veces. El hombre salió corriendo. Mi madre le golpeó tan fuerte que cuando miró el zapato estaba roto. Yo siempre había sabido que era una mujer fuerte, pero ahora la miré con un nuevo respeto.

No era fácil ir desde Besham hasta nuestra aldea y tuvimos que caminar veinticinco kilómetros cargando con todas nuestras cosas. En un momento determinado nos detuvo el ejército; nos dijeron que no podíamos continuar y que debíamos volver. «Nuestra casa está en Shangla, ¿adónde vamos a ir?», suplicamos. Mi abuela empezó a llorar y a decir que su vida nunca había sido tan terrible. Por fin, nos dejaron pasar. Había soldados con ametralladoras por doquier. Debido al toque de queda y a los puestos de control no se veía en la carretera ningún vehículo que no fuera militar. Temíamos que el ejército nos confundiera y nos disparara.

Cuando llegamos a la aldea nuestra familia se asombró de vernos. Todos creían que los talibanes regresarían a Shangla, así que no entendían por qué no nos habíamos quedado en Mardan.

Nos quedamos en la aldea de mi madre, Karshat, con mi tío Faiz Mohammad y su familia. Nuestros parientes nos tuvieron que prestar ropa porque habíamos llevado poca. Me alegraba de estar con mi prima Sumbul, que es un año mayor que yo. En cuanto nos instalamos, empecé a ir a la escuela con ella. Yo estaba en el sexto curso pero fui a la clase de séptimo para estar con Sumbul. Como en la aldea la mayoría de las niñas de esa edad no van al colegio sólo había tres niñas en aquel curso, así que estábamos en la misma clase que los niños porque no había suficientes aulas ni maestros para enseñar a tres niñas por separado. Yo era distinta de las otras en que no me tapaba la cara y hablaba a los profesores y hacía preguntas. Pero intentaba ser obediente y educada, y responder siempre con «sí, señor».

Tardábamos más de media hora en ir caminando a la escuela y como no me gusta madrugar, el segundo día llegamos tarde. Me asusté cuando el maestro me golpeó la mano con una vara para castigarme, pero decidí que, al menos, eso significaba que me aceptaban y me trataban como a los demás. Mi tío incluso me dio un poco de dinero para comprar algún tentempié en la escuela: vendían pepinos y rodajas de sandía, pero no dulces y patatas fritas, como en Mingora.

En la escuela se celebró una ceremonia de entrega de premios, a la que los padres estaban invitados, en la que todos los niños podían pronunciar un discurso. Algunas niñas también tomaron parte, pero no en público. Ellas hablaban con un micrófono en sus clases y sus voces se proyectaban en la sala principal. Pero yo estaba acostumbrada a hablar en público, así que salí y, ante todos los muchachos, recité un *naat*, un poema en el que alababa al Profeta. Entonces pregunté si podía leer algún poema más. Leí una poesía sobre el trabajo duro para hacer realidad tus deseos más queridos. «Hay que cortar muchas veces un diamante para tallar una pequeña joya», dije. Después hablé de mi tocaya, Malalai de Maiwand, que tuvo la fuerza y el poder de cientos y miles de hombre valientes porque unos pocos versos suyos cambiaron todo y los británicos fueron derrotados.

En el público había personas sorprendidas y yo me preguntaba si creían que estaba presumiendo o si se preguntaban por qué no llevaba velo.

Me gustaba estar con mis primas pero echaba de menos mis libros. No dejaba de pensar en la mochila que había dejado en casa con *Oliver Twist* y *Romeo y Julieta* y los dvds de *Ugly Betty* en el estante. Pero ahora estábamos viviendo nuestro propio drama. Habíamos sido muy felices; después algo muy malo había entrado en nuestras vidas y ahora esperábamos nuestro final feliz. Cuando yo me quejaba por mis libros, mis hermanos gimoteaban por sus pollos.

Oímos por la radio que el ejército había comenzando la batalla por Mingora. Habían lanzado a hombres en paracaídas y en las calles se combatía cuerpo a cuerpo. Los talibanes se habían atrincherado en hoteles y edificios gubernamentales. Después de cuatro días el ejército tomó tres plazas, incluida Green Chowk, donde los talibanes solían exhibir los cadáveres de sus víctimas. Después tomaron el aeropuerto y, en una semana, habían recuperado toda la ciudad.

Nos preocupaba nuestro padre. En Shangla era difícil encontrar cobertura para teléfono móvil. Teníamos que subirnos a un enorme peñasco en medio del campo y e incluso allí sólo teníamos una barra de señal, por lo que pocas veces pudimos hablar con mi padre. Cuando llevábamos en Shangla unas seis semanas, mi padre dijo que podíamos ir a Peshawar, donde se alojaba en una habitación con tres amigos.

Fue muy emotivo volver a verle. Entonces, con la familia reunida, fuimos a Islamabad, donde nos alojamos con la familia de Shiza, la estudiante que nos había llamado desde Stanford. Mientras estábamos allí oímos que el embajador Richard Holbrooke, el enviado estadounidense para Pakistán y Afganistán, iba a celebrar una reunión en el hotel Serena sobre el conflicto y mi padre y yo conseguimos asistir.

Casi llegamos tarde porque yo no había puesto bien la alarma, y mi padre apenas me dirigía la palabra. Holbrooke era un hombre fornido y brusco, de rostro enrojecido, pero la gente decía que había contribuido a llevar la paz a Bosnia. Me senté a su lado y me preguntó mi edad. «Tengo doce años», le respondí, tratando de parecer lo más alta posible. «Respetado embajador, le pido que nos apoye a las niñas para que podamos educarnos», le dije.

Él se rio: «Tenéis muchos problemas y estamos haciendo mucho por vosotros —repuso—. Hemos destinado miles de millones de dólares a la ayuda económica, estamos trabajando con vuestro gobierno para proporcionaros electricidad, gas... pero vuestro país se enfrenta a muchos problemas».

Me hicieron una entrevista en una emisora llamada Power 99. Les gustó mucho y nos dijeron que tenían una casa de huéspedes en Abbottabad donde podíamos alojarnos. Nos quedamos allí una semana y me llevé una alegría cuando me enteré de que Moniba tam-

bién estaba en Abbottabad, lo mismo que una de nuestras maestras
y otra amiga. Moniba y yo no habíamos hablado desde nuestra pelea
el último día antes de convertirnos en PDI. Quedamos en un parque
y le llevé una pepsi y galletas. «Fue culpa tuya», me dijo. Yo le dije
que sí. No me importaba. Sólo quería que fuéramos amigas.

La semana en la casa de huéspedes pasó enseguida y nos fuimos
a Haripur, donde vivía una de mis tías. Era la cuarta ciudad a la que
íbamos en dos meses. Yo sabía que estábamos mejor que los que vivían en los campos de refugiados, haciendo cola al sol durante horas
para que les dieran agua y comida, pero echaba de menos mi valle.
Allí cumplí doce años. Nadie se acordó; incluso mi padre se olvidó,
de lo ocupado que estaba yendo de un sitio a otro. Me entristecí re-
cordando lo distinto que había sido mi cumpleaños anterior. Había
tenido una tarta de cumpleaños que compartí con mis amigas. Hubo
globos y yo pedí el mismo deseo que este año, pero esta vez no había
velas para soplar. De nuevo deseé la paz para nuestro valle.

Parte tercera
Tres niñas, tres balas

سر د په لوره تیګه کېږده   پردي وطن دي په کښي نشته بالختونه

Sir de pa lowara tega kegda
Praday watan de paki nishta balakhtona

¡Oh, viajero! Descansa la cabeza en el suelo empedrado.
Es un país extraño ¡no la ciudad de tus reyes!

16

El valle de las desgracias

Todo parecía un mal sueño. Habíamos estado fuera de nuestro valle durante casi tres meses y cuando al volver pasamos por el Churchill's Picket, las antiguas ruinas de la colina y la gigantesca estupa budista, y vimos el ancho río Swat, mi padre empezó a llorar. Swat parecía estar bajo control militar. El vehículo en el que íbamos incluso fue inspeccionado por si llevábamos explosivos antes de continuar hasta el paso de Malakand. En cuanto llegamos al otro lado y penetramos en el valle, había soldados y controles del ejército por todas partes, y habían instalado nidos de ametralladoras en muchas azoteas.

Al pasar por las aldeas, veíamos edificios en ruinas y coches quemados. Me recordaban a las antiguas películas de guerra o a los videojuegos que tanto le gustan a mi hermano Khushal. En Mingora nos quedamos atónitos. El ejército y los talibanes habían luchado calle por calle y en casi todas las paredes se veían agujeros de balas. Había escombros de edificios destruidos que los talibanes habían utilizado como escondrijos y montones de cascotes, metales retorcidos y señales aplastadas. La mayoría de las tiendas tenían sólidas persianas metálicas; eso las que no habían sido saqueadas. La ciudad estaba silenciosa y vacía de gente y tráfico, como si la hubiera asolado una plaga. Lo más extraño de todo era la estación de autobuses a la entrada de Mingora. Normalmente había una gran confusión de autocares y rickshaws, pero ahora estaba completamente desierta. Incluso vimos que crecían plantas entre las grietas del pavimento. Nunca habíamos visto así nuestra ciudad.

Al menos, no había signos de los talibanes.

Era el 24 de julio de 2009, una semana después de que el primer ministro declarara que los talibanes habían sido expulsados de la región. Anunció el restablecimiento del suministro de gas y la reapertura de los bancos, y llamó a la población de Swat a regresar. Al final, la mitad del 1.800.000 habitantes de Swat había abandonado el valle. Por lo que veíamos, muchos de ellos todavía no estaban convencidos de que fuera seguro volver.

A medida que nos aproximábamos a casa nos fuimos quedando en silencio, incluso mi hermano pequeño, Atal, que siempre está parloteando. Nuestra casa estaba cerca del cuartel del ejército, por lo que temíamos que hubiera quedado destruida en los bombardeos. También oímos que muchas casas habían sido saqueadas. Contuvimos la respiración cuando mi padre abrió la puerta del jardín. Lo primero que vimos fue que, en los tres meses que habíamos estado fuera, se había convertido en una selva.

Mis hermanos fueron inmediatamente a buscar a sus pollos. Volvieron llorando. Todo lo que quedaba de ellos era un montón de plumas y huesos de sus cuerpecitos unidos, como si hubieran muerto abrazados. Habían muerto de hambre.

Lo sentí mucho por mis hermanos, pero yo también tenía que ir a buscar algo mío. Me llevé una gran alegría cuando encontré mi mochila llena de libros y di gracias porque mis oraciones hubieran sido escuchadas y estuvieran intactos. Saqué los libros, uno a uno, y me quedé mirándolos. Matemáticas, física, urdu, inglés, pashtún, química, biología, *islamiyat*, historia y cultura de Pakistán. Por fin podría volver a la escuela sin temor.

Entonces me senté en la cama. Estaba emocionada.

Tuvimos suerte de que no hubieran entrado en nuestra casa. Cuatro o cinco casas de la calle habían sido desvalijadas y se habían llevado los televisores y las joyas de oro. La madre de Safina, nuestra vecina, había depositado su oro en la bóveda de un banco, pero incluso incluso allí habían saqueado.

Mi padre estaba preocupado por el colegio. Fui con él a ver cómo estaba. El edificio que había enfrente de la escuela de niñas había recibido el impacto de un misil, pero parecía que el de la escuela se había librado. Por alguna razón las llaves de mi padre no funcionaban, así que buscamos a un niño que saltara la valla y nos abriera desde dentro. Subimos corriendo los escalones esperando lo peor.

«Alguien ha estado aquí», dijo mi padre en cuanto entramos en el patio. Por todas partes había colillas de cigarros y envoltorios de comida. Habían volcado sillas y todo estaba muy sucio. Mi padre había quitado el cartel de Colegio Khushal y lo había dejado en el patio. Estaba apoyado contra la pared y grité cuando lo levantamos. Debajo había cabezas de cabras en descomposición, probablemente los restos de la comida de alguien.

Entonces entramos en las aulas. En todas las paredes había dibujados eslóganes contra los talibanes. Alguien había escrito EJÉRCITO ZINDABAD (Viva el ejército) en la pizarra con un rotulador permanente. Ahora sabíamos quién había vivido allí. Un soldado incluso había escrito poemas de amor cursis en uno de los diarios de mis compañeras. El suelo estaba lleno de casquillos de bala. Los soldados habían hecho un agujero en la pared por el que podían ver la ciudad. Quizá incluso habían disparado a gente desde allí. Me apenó que nuestra preciosa escuela se hubiera convertido en un campo de batalla.

Mientras inspeccionábamos todo, oímos que alguien golpeaba la puerta. «No abras, Malala», ordenó mi padre.

En su oficina mi padre encontró una carta que había dejado el ejército. Culpaba a los ciudadanos como nosotros de haber permitido a los talibanes hacerse con el control de Swat. «Hemos perdido tantas valiosas vidas de nuestros soldados y todo se debe a vuestra indiferencia. Viva el ejército pakistaní», leyó.

«Es típico —dijo—. La población de Swat primero fue seducida y después asesinada por los talibanes, y al final nos echan la culpa de todo. Seducidos, asesinados y culpados».

En algunos sentidos, el ejército no parecía muy distinto de los militantes. Uno de nuestros vecinos nos dijo que incluso les había visto dejar cadáveres de talibanes en las calles para que los viera todo el mundo. Los helicópteros sobrevolaban por parejas como grandes y ruidosos insectos negros, y cuando volvimos a casa procuramos mantenernos cerca de las paredes para que no nos vieran.

Oímos que miles de personas habían sido detenidas, incluidos niños de hasta ocho años, a los que habían lavado el cerebro para convertirse en terroristas suicidas. El ejército los iba a enviar a un campo especial para antiguos yihadistas a fin de desradicalizarlos. Uno de los detenidos era nuestro antiguo maestro de urdu, que se había negado a dar clase a niñas y había ayudado a los hombres de Fazlullah a reunir y destruir cds y dvds.

Fazlullah seguía desaparecido. El ejército había destruido su sede en Imam Deri y después había afirmado que lo tenía rodeado en las montañas de Peochar. Más tarde dijeron que estaba gravemente herido y que habían hecho prisionero a su portavoz, Muslim Khan. Después, la historia cambió e informaron que Fazlullah había huido a Afganistán y que se encontraba en la provincia de Kunar. ¿Cómo era posible si le habían hecho prisionero? También se decía que le habían capturado, pero que el ejército y el ISI no se ponían de acuerdo en qué hacer con él. El ejército quería encarcelarle, pero los servicios de inteligencia se habían impuesto y le habían llevado a Bajaur para que pudiera huir por la frontera a Afganistán.

Parecía que Muslim Khan y cierto comandante Mehmud eran los únicos miembros de la dirección talibán que estaban prisioneros. Todos los demás seguían libres. Yo temía que mientras Fazlullah estuviera en libertad los talibanes se reagruparían y volverían al poder. De noche a veces tenía pesadillas, pero al menos su radio ya no emitía.

El amigo de mi padre Ahmad Shah lo describió como «paz controlada pero no duradera». De todas formas la gente fue regresando al valle porque Swat es maravilloso y no podemos soportar estar lejos de él durante mucho tiempo.

El timbre del colegio volvió a sonar por primera vez el 1 de agosto. Fue maravilloso oírlo y entrar corriendo y subir las escaleras como solíamos. Yo estaba muy feliz de ver a mis antiguas amigas. Teníamos muchas historias que contarnos de cuando fuimos PDI. La mayoría habíamos estado con parientes o amigos, pero algunas habían vivido en los campos. Sabíamos que teníamos suerte. Muchos niños tenían que dar clase en tiendas porque los talibanes habían destruido sus escuelas. Y una de mis amigas, Sundus, había perdido a su padre, que había muerto en una explosión.

Al parecer, todo el mundo sabía que yo había escrito el diario de la BBC. Había quienes creían que en realidad lo escribía mi padre, pero la señorita Maryam, nuestra directora, les dijo: «No, Malala no sólo es una buena oradora, sino que también escribe muy bien».

Aquel verano sólo había un tema de conversación en mi clase. Shiza Shahid, nuestra amiga de Islamabad, acababa de terminar sus estudios en Stanford e invitó a veintisiete niñas del Colegio Khushal a pasar unos días en la capital para hacer turismo y tomar parte en talleres que nos ayudasen a superar el trauma de vivir bajo los talibanes. De mi clase íbamos Moniba, Malka-e-Noor, Rida, Karishma, Sundus y yo, y nos acompañaban mi madre y la señorita Maryam.

Rebosantes de excitación, partimos en autobús el 14 de agosto, el día de la Independencia. La mayoría de las niñas sólo habían salido del valle cuando se convirtieron en PDI. Esto era diferente y se parecía mucho a las vacaciones sobre las que habíamos leído en las novelas. Nos alojamos en una casa de huéspedes y participamos en numerosos talleres sobre cómo contar nuestras historias de forma que la gente del mundo exterior supiera lo que estaba ocurriendo en el valle y nos ayudara. Creo que desde la primera sesión Shiza se quedó asombrada de nuestra fuerza de voluntad y expresividad. «¡El aula está llena de Malalas!», dijo a mi padre.

También nos divertimos haciendo cosas como ir al parque y escuchar música, que pueden parecer normales a la mayoría de la gente, pero que en Swat se habían convertido en actos de protesta política. Y visitamos los lugares de interés. Fuimos a la mezquita Faisal, al pie de las colinas Margala, construida por los saudíes, que la habían financiado con millones de rupias. Es enorme y parece una resplandeciente tienda de campaña blanca suspendida entre minaretes. Por primera vez en nuestra vida fuimos al teatro para ver una obra inglesa titulada *Tom, Dick and Harry*, y tuvimos clases de arte. Comimos en restaurantes y fuimos por primera vez a un McDonald's. Hubo muchas primeras veces, aunque yo me tuve que perder una comida en un restaurante chino porque estaba hablando en un programa de televisión llamado *Capital Talk*. ¡Todavía no he comido rollitos de pato!

Islamabad era completamente distinta de Swat. Para nosotras era tan distinta como lo es Islamabad de Nueva York. Shiza nos presentó a mujeres que eran abogados y médicos, así como activistas, lo que nos demostró que las mujeres pueden desempeñar trabajos importantes y conservar su cultura y tradiciones. Vimos mujeres por la calle sin *purdah*, con la cabeza completamente descubierta. Yo dejé de llevar el velo en algunas reuniones pensando que me había convertido en una chica moderna. ¡Más tarde me di cuenta de que el mero hecho de no cubrirse la cabeza no te hace moderna!

Estuvimos allí una semana y, como era de esperar, Moniba y yo nos peleamos. Me vio cuchicheando con otra niña del curso superior y me dijo: «Ahora estás con Resham y yo me voy con Rida».

Shiza quería presentarnos a personas influyentes. Por supuesto, en nuestro país eso significa el ejército. Una de las reuniones fue con el general Athar Abbas, portavoz y jefe de relaciones públicas del ejército. Fuimos a la cercana Rawalpindi para verle en su despacho en el cuartel general. No dábamos crédito cuando vimos que el cuartel del ejército estaba mucho más cuidado que el resto de la ciudad, con su perfecto césped y macizos de flores. Incluso los árboles tenían todos el mismo tamaño y, sin que supiéramos por qué, los troncos estaban pintados exactamente hasta la mitad. Dentro del recinto vimos salas con hileras de monitores, en las que había hombres controlando cada canal, y un oficial mostró a mi padre un grueso dossier de recortes de prensa con todas las menciones que se hacían al ejército en los periódicos de aquel día. Estaba asombrado. El ejército parecía mucho más eficaz en sus relaciones públicas que nuestros políticos.

Nos condujeron a una sala en la que esperamos al general. En las paredes había fotografías de todos los jefes del ejército, los hombres más poderosos del país, incluidos los dictadores como Musharraf y el siniestro Zia. Un camarero con guantes blancos nos trajo té y galletas y pequeñas samosas de carne que se deshacían en la boca. Cuando llegó el general Abbas todos nos levantamos.

Empezó a hablarnos sobre la operación militar en Swat, que presentó como una victoria. Dijo que en ella habían muerto ciento veintiocho soldados y mil seiscientos terroristas.

Cuando terminó, podíamos hacer preguntas. Se nos había dicho que las llevásemos preparadas y yo había hecho una lista de siete u ocho. Shiza se rio y dijo que no podría responder a tantas. Yo estaba sentada en la primera fila y fui la primera a la que invitaron a hablar. Pregunté: «Hace dos o tres meses nos dijeron que Fazlullah y su lugarteniente estaban heridos; después, dijeron que estaban en Swat, y ahora dicen que está en Afganistán. ¿Cómo llegan a esa conclusión? Si tienen tanta información ¿por qué no pueden cogerlos?».

Su respuesta duró entre diez y quince minutos ¡y no entendí qué quería decir! Entonces pregunté sobre la reconstrucción. «El ejército debe hacer algo por el futuro del valle, no limitarse a la operación militar», dije.

Moniba preguntó algo parecido: «¿Quién va a reconstruir los edificios y escuelas?».

El general repuso en un estilo muy militar: «Concluida la operación, primero tendremos la recuperación, después la rehabilitación y a continuación se llevará a cabo la transferencia a las autoridades civiles».

Todas nosotras dejamos claro que queríamos ver a los talibanes ante la justicia, pero que no estábamos muy convencidas de que esto llegase a ocurrir.

Al final, el general Abbas nos dio a algunas su tarjeta de visita y nos dijo que acudiésemos a él si alguna vez necesitábamos algo.

El último día todas teníamos que hablar en el Club de Prensa de Islamabad sobre nuestras experiencias en el valle bajo el dominio talibán. Cuando Moniba habló no pudo contener las lágrimas. Al poco tiempo todo el mundo estaba llorando. En Islamabad habíamos vislumbrado una vida distinta. En mi discurso dije que no había sabido que hubiera tantas personas de talento en Pakistán hasta que vi la obra de teatro inglesa. «Ahora nos damos cuenta de que no nos hace falta ver películas indias», bromeé. Habían sido unos días maravillosos y cuando regresamos a Swat me sentía tan esperanzada sobre el futuro que planté una semilla de mango en el jardín durante el Ramadán, pues es la fruta que más me gusta después del ayuno.

Pero mi padre tenía un gran problema. Mientras habíamos sido PDI y durante todos los meses que el colegio había estado cerrado no había cobrado ninguna mensualidad, pero los profesores esperaban que se les pagara. En total serían más de un millón de rupias. Todas las escuelas privadas estaban en la misma situación. Una de ellas pagó a los maestros el sueldo de un mes, pero la mayoría no sabía qué hacer porque no podía permitírselo. Los profesores del Colegio Khushal pidieron que se les pagara algo. Ellos también tenían sus gastos, como la señorita Hera, que estaba a punto de casarse y había contado con su sueldo para hacer frente a los gastos de la ceremonia.

Mi padre no sabía qué hacer. Entonces nos acordamos del general Abbas y su tarjeta de visita. La razón por la que todos nos habíamos tenido que marchar y nos encontrábamos en esa situación había sido la operación militar para expulsar a los talibanes. Así que la señorita Maryam y yo escribimos un email al general Abbas explicándole la situación. Fue muy amable y nos envió 1.100.000 rupias para que mi padre pudiera pagar a todos los tres meses de atraso. Los maestros estaban muy contentos. La mayoría nunca había recibido tanto dinero de una vez. La señorita Hera llamó a mi padre llorando para agradecerle que su boda pudiera celebrarse como había planeado.

Esto no significó que dejáramos de ser críticos con el ejército. Estábamos muy descontentos por el hecho de que no hubiera capturado a los líderes talibanes y mi padre y yo seguimos dando numerosas entrevistas. Con frecuencia venía con nosotros el amigo de mi padre Zahid Khan, también miembro de la Qaumi Jirga de Swat. Además, era presidente de la Asociación de Hoteles de Swat, por lo que estaba especialmente interesado en que la vida volviera a la normalidad a fin de que se recuperase el turismo. Como mi padre, hablaba sin ambages y había sido amenazado. Una noche en noviembre de 2009 había escapado por muy poco. Zahid Khan regresaba a casa de una reunión con oficiales del ejército en la sede del tribunal del distrito cuando cayó en una emboscada. Muchos miembros de su familia viven en la zona e intercambiaron disparos con los atacantes, obligándoles a huir.

Después, el 1 de diciembre de 2009, hubo un atentado suicida contra un conocido político local del PNA y miembro de la asamblea de Jaiber Pashtunjua, el doctor Shamsher Ali Khan. Había estado saludando a amigos y electores en su *hujra*, sólo a un kilómetro y medio de Imam Deri, donde se encontraba el cuartel general de Fazlullah, cuando estalló la bomba. El doctor Shamsher había criticado abiertamente a los talibanes. Murió en el acto y nueve personas resultaron heridas. La gente decía que el terrorista suicida tenía unos dieciocho años. La policía encontró sus piernas y otras partes del cuerpo.

Unas semanas después de aquello me pidieron que tomara parte en la Asamblea de Niños del Distrito de Swat, que habían creado Unicef y la Fundación Khpal Kor (Mi Hogar) para huérfanos. Fueron elegidos miembros sesenta estudiantes de todo Swat. La mayoría eran chicos, pero también fueron once niñas de mi escuela. La primera reunión se celebró en una sala con numerosos políticos y activistas. Elegimos a un portavoz ¡y yo fui la más votada! Era extraño estar allí de pie en el estrado y que la gente me llamara «la señora portavoz», pero causaba satisfacción que se nos escuchara. La asamblea fue elegida para un año y nos reuníamos casi cada mes. Aprobamos nueve resoluciones en las que nos oponíamos al trabajo infantil y pedíamos ayuda para mandar a los niños vagabundos y discapacitados a la escuela, así como la reconstrucción de todas las escuelas destruidas por los talibanes. Una vez se acordaban las resoluciones, eran enviadas a las autoridades correspondientes, que en algunos casos incluso dieron pasos concretos para aplicarlas.

Moniba, Ayesha y yo también adquirimos conocimientos de periodismo con el Institute for War and Peace Reporting, que llevaba el proyecto Open Minds Pakistan. Era divertido aprender a informar correctamente sobre los problemas. Yo me había interesado en el periodismo después de ver la repercusión que tenían mis palabras y también los dvds de *Ugly Betty* sobre la vida en una revista estadounidense. Esto era algo distinto; escribíamos sobre cuestiones que nos tocaban muy de cerca, temas como el extremismo, en vez de la moda o los peinados.

Enseguida llegó la época de exámenes. De nuevo conseguí superar a Malka-e-Noor y conseguí ser la primera, pero por poco. Nuestra directora había intentado convencerla de que fuera delegada del colegio, pero ella dijo que no podía hacer nada que la distrajera de sus estudios. «Deberías parecerte más a Malala y hacer otras cosas —dijo la señorita Maryam—. Eso es tan importante como la formación. El trabajo no lo es todo». Pero yo no podía culparla. Quería satisfacer a sus padres, sobre todo a su madre.

Ya no era el mismo Swat que antes —quizá nunca lo sería—, pero la normalidad estaba volviendo. Incluso habían regresado algunas de las bailarinas del mercado Banr, aunque la mayoría hacían dvds para venderlos en vez de actuar en vivo. Se celebraron varios festivales de la paz con música y danza, algo que hubiera sido imposible con los talibanes. Mi padre organizó una de las fiestas en Marghazar y, como muestra de agradecimiento, invitó a los que habían acogido a PDI en los distritos bajos. Hubo música toda la noche.

Parece que las cosas tienden a ocurrir en torno a mi cumpleaños y por la época en que cumplí 13 años en 2010 llegaron las lluvias. En Swat normalmente no tenemos monzones y al principio estábamos contentos pensando que la lluvia significaría una buena cosecha. Pero era constante y tan fuerte que ni siquiera podías ver a quien tenías delante. Los ecologistas ya habían advertido que las montañas se estaban quedando sin árboles porque los cortaban los talibanes y los contrabandistas de madera. Pronto se produjeron riadas de barro que se llevaron todo a su paso por los valles.

Cuando comenzaron las inundaciones estábamos en la escuela y nos mandaron a casa. Pero había tanta agua que el puente que cruza el río sucio estaba sumergido, así que tuvimos que buscar otro camino. El siguiente puente también estaba sumergido, pero el agua no era tan profunda, así que lo cruzamos vadeando el agua. Olía mal. Llegamos a casa empapadas y sucias.

Al día siguiente oímos que la escuela se había inundado. Fueron necesarios varios días para drenar el agua y, cuando volvimos, vimos las marcas del agua en las paredes a la altura del pecho. Había barro y más barro por todas partes. Los pupitres y las sillas estaban cubiertos de cieno. En las aulas reinaba un olor repugnante. Se produjeron tantos daños que las reparaciones le costaron a mi padre 90.000 rupias, el equivalente de una mensualidad de noventa alumnos.

En todo Pakistán era lo mismo. El caudaloso río Indo, que discurre por KPK y el Punjab hasta Karachi y el mar Arábigo, y del que estamos tan orgullosos, se había convertido en un furioso torrente y se había desbordado. Se había llevado por delante carreteras, cosechas y aldeas enteras. Unas dos mil personas se habían ahogado y había catorce millones de afectados. Muchos habían perdido sus hogares y siete mil escuelas habían quedado destruidas. Era la peor inundación de la que se tenía recuerdo. El secretario de las Naciones Unidas, Ban Ki-moon, lo describió como «un tsunami a cámara lenta». Leímos que habían quedado afectadas más vidas y que los daños habían sido más graves que en el tsunami asiático, nuestro terremoto de 2005, el huracán Katrina y el terremoto de Haití juntos.

Swat era uno de los lugares más afectados. El agua se había llevado treinta y cuatro de nuestros cuarenta y dos puentes, dejando aislada a gran parte del valle. Los postes de la electricidad estaban destrozados, por lo que nos habíamos quedado sin suministro eléctrico. Nuestra calle estaba situada en una colina, por lo que estábamos un poco más protegidos del desbordamiento, pero nos daba escalofríos oírlo, un dragón de respiración pesada que gruñía y devoraba todo a su paso. Los hoteles y restaurantes que estaban a la orilla del río, en los que los turistas solían comer trucha y disfrutar de las vistas, quedaron destruidos. Las zonas turísticas fueron las más afectadas de Swat. Las estaciones de las montañas como las de Malam Jabba, Madyan y Bahrain quedaron devastadas, y sus hoteles y mercados, en ruinas.

Pronto nos llegaron noticias de nuestros parientes, que nos hablaron de inimaginables daños en Shangla. La principal carretera para llegar a nuestra aldea desde Alpuri, la capital de Shangla, había sido destruida y aldeas enteras habían quedado sumergidas bajo las aguas. Los aludes de barro se habían llevado por delante muchas casas en los bancales de Karshat, Shahpur y Barkana. La casa familiar de mi madre, en la que vivía el tío Faiz Mohammad, seguía en pie, pero el camino en el que estaba había desaparecido.

La gente había intentado desesperadamente proteger sus escasas pertenencias, llevando a los animales a zonas más elevadas, pero las inundaciones habían empapado la cosecha de cereal, destruido los huertos y ahogado a muchos búfalos. La población estaba inerme. No tenían energía, pues todas sus instalaciones hidroeléctricas locales habían sido destruidas. Tampoco tenían agua fresca, pues el río estaba marrón de restos y escombros. Tan grande era la fuerza del agua que incluso edificios de cemento habían quedado reducidos a cascotes. De la escuela, el hospital y la central eléctrica que estaban junto a la carretera principal no quedaba nada.

Nadie entendía cómo había ocurrido algo así. La gente llevaba viviendo en Swat junto al río tres mil años y siempre había visto en él una fuente de vida, no una amenaza, y en el valle, un refugio del mundo exterior. Ahora nos habíamos convertido en «el valle de las desgracias», decía mi primo Sultan Rome. Primero el terremoto, luego los talibanes, después la operación militar y ahora, cuando estábamos empezando la reconstrucción, unas inundaciones devastadoras habían arrasado todos nuestros esfuerzos. La gente estaba angustiada y temía que los talibanes aprovecharan el caos y regresaran al valle.

Mi padre envió a Shangla alimentos y ayuda con el dinero recogido por sus amigos y por la Asociación de Colegios Privados de Swat. Nuestra amiga Shiza y algunos de los activistas que habíamos conocido en Islamabad vinieron a Mingora y distribuyeron mucho dinero. Pero, lo mismo que cuando el terremoto, fueron principalmente voluntarios de los grupos islámicos los que primero llegaron con ayuda a las zonas más remotas. Muchos dijeron que las inundaciones eran otra reprobación divina por la música y la danza de los recientes festivales. ¡El consuelo era que esta vez no había radio con la que pudieran difundir su mensaje!

Mientras se desarrollaba todo este sufrimiento, mientras tanta gente perdía a sus seres queridos, sus hogares y sus medios de subsistencia, nuestro presidente, Asif Zardari, se encontraba de vacaciones en un *château* en Francia. «No lo entiendo, *Aba* —dije a mi padre—. ¿Qué es lo que impide a todos los políticos hacer cosas buenas? ¿Por qué no quieren que vivamos seguros, que tengamos comida y electricidad?».

Después de los grupos islámicos, la principal ayuda vino del ejército. No sólo de nuestro ejército. Los estadounidenses también enviaron helicópteros, lo que hizo que alguna gente sospechara. Circulaba una teoría de que la devastación la habían provocado los estadounidenses con algo llamado HAARP (Programa de Investigación de Aurora Activa de Alta Frecuencia), que origina grandes olas bajo el océano y que habrían inundado nuestra tierra. Entonces, con el pretexto de traer ayuda, podrían entrar legítimamente en Pakistán y espiar todos nuestros secretos.

Incluso cuando las lluvias por fin cesaron la vida era muy difícil. No teníamos agua potable ni electricidad. En agosto se declaró el primer caso de cólera en Mingora y pronto se instaló una tienda para pacientes fuera del hospital. Como estábamos aislados de las rutas de abastecimiento, la poca comida que había era extremadamente cara. Era la estación de los melocotones y las cebollas y los agricultores trataban desesperadamente de salvar sus cosechas. Muchos de ellos hicieron arriesgados viajes por las aguas crecidas con botes hechos de llantas de caucho para llevar sus productos al mercado. A nosotros nos hacía muy felices poder comprar melocotones.

Hubo menos ayuda exterior de la que habría habido en otro momento. Los países ricos de Occidente estaban sufriendo una crisis económica y los viajes del presidente Zardari por Europa habían rebajado su popularidad. Los gobiernos extranjeros señalaron que la mayoría de nuestros políticos no pagaban impuestos, por lo que era demasiado pedir que arrimaran el hombro a los agobiados contribuyentes de sus países. A los organismos de ayuda exterior también les preocupaba la seguridad de su personal después de que un portavoz talibán exigiera que el gobierno pakistaní rechazara la ayuda de cristianos y judíos. Nadie dudaba de que hablaba en serio. El mes de octubre anterior, la sede del Programa Mundial de Alimentos en Islamabad había sufrido un atentado y cinco de sus trabajadores habían muerto.

En Swat empezamos a ver más señales de que los talibanes en realidad nunca se habían marchado. Otras dos escuelas fueron voladas y tres trabajadores de ayuda internacional de un grupo cristiano fueron secuestrados cuando regresaban a su base en Mingora y más tarde asesinados. Recibimos más noticias alarmantes. Un amigo de mi padre, el doctor Mohammad Farooq, vicerrector de la Universidad de Swat, había sido asesinado por dos pistoleros que irrumpieron en su despacho. El doctor Farooq, estudioso islámico y antiguo miembro del partido Jamaat-e-Islami, era una de las principales voces contra la talibanización e incluso había emitido una fetua contra los atentados suicidas.

De nuevo nos sentimos frustrados y asustados. Cuando éramos PDI había pensado en dedicarme a la política, pero ahora sabía que era la decisión correcta. Nuestro país ha pasado por tantas crisis y no tiene verdaderos líderes para afrontarlas.

Cuando era un bebé.

Con mi hermano Khushal en Mingora.

El amigo de mi padre Hidayatullah me coge en brazos ante nuestra primera escuela.

Mi abuelo materno, Malik Janser Khan, en Shangla.

La casa en que mi padre pasó su infancia.

Nuestro abuelo paterno, *Baba*, con Khushal y conmigo en nuestra casa en Mingora.

Leyendo con mi hermano Khushal.

Con Khushal ante una cascada
en Shangla.

Una excursión de la escuela.

Oración en común en el Colegio Khushal.
(*Copyright & Justin Sutcliffe, 2013*).

Al principio, la gente dio mucho dinero a Fazlullah.

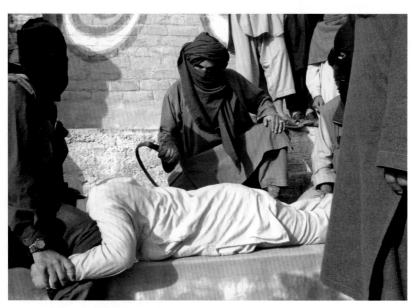

Los talibanes llevaban a cabo flagelaciones públicas.

Pronunciando un discurso en honor a las víctimas del atentado suicida contra el Instituto Haji Baba.

Representando una obra de teatro en el colegio.

Pintando en el colegio.

Un dibujo que hice a los doce años, al regresar a Swat después de haber sido PDI. Muestra el sueño de la armonía entre las religiones.

En nuestro jardín en Mingora, haciendo un muñeco de nieve con Atal. Era la primera vez que veíamos la nieve en la ciudad.

De visita en Sappal Bandi, donde mi padre vivió cuando era estudiante.

Leyendo una redacción en el colegio: «No es oro todo lo que reluce».

Ante el mausoleo de Jinnah, el fundador de Pakistán.

Mi padre y los ancianos de Swat.

Atentado contra una escuela. (*Copyright & Kh Awais*).

El autobús en el que me dispararon. (*Copyright & Asad Hashim / Al Jazeera. Por cortesía de Al Jazeera English; AlJazeera.com*).

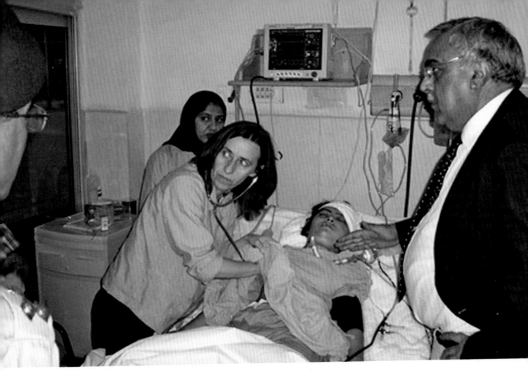

La doctora Fiona y el doctor Javid junto a mi cama.
(*Copyright & University Hospitals Birmingham NHS Foundation Trust;
reproducida con permiso del Queen Elizabeth Hospital de Birmingham*).

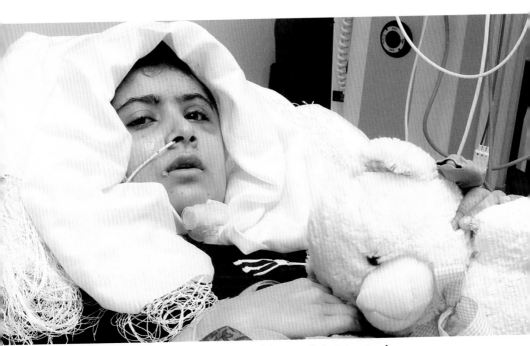

Los primeros días en el hospital de Birmingham.
(*Copyright & University Hospitals Birmingham NHS Foundation Trust;
reproducida con permiso del Queen Elizabeth Hospital de Birmingham*).

Leyendo *El mago de Oz* en el hospital.
(*Copyright & University Hospitals Birmingham NHS Foundation Trust;
reproducida con permiso del Queen Elizabeth Hospital de Birmingham*).

Nuestra directora, la señorita Maryam (*a la izquierda*), con Shazia,
una de las compañeras que fueron heridas conmigo.

Mis amigas me reservan una silla (*a la derecha*).

El señor Amjad, director del colegio de niños, saluda mi cartel cada mañana
(*Copyright & Justin Sutcliffe, 2013*).

Aquí estoy en la ONU con Ban Ki-moon, Gordon Brown, miembros de mi familia y amigos. (*Copyright & UN Photo / Eskinder Debebe; reproducida con permiso de United Nations Photo Library*).

Hablando ante la ONU el día en que cumplí dieciséis años. (*Copyright & UN Photo / Rick Bajornas; reproducida con permiso de United Nations Photo Library*).

Con mi madre, en Medina.

Aquí estamos en el jardín de nuestro nuevo hogar en Birmingham.
(*Copyright & Antonio Olmos*).

17

Rezando para ser alta

A los trece años, dejé de crecer. Siempre había parecido mayor de lo que era, pero de repente todas mis amigas eran más altas que yo. Yo era una de las tres niñas más bajas en una clase de treinta. Me avergonzaba cuando estaba con mis amigas. Cada noche rezaba a Alá para que me hiciera más alta. Me medía en la pared de mi cuarto con una regla y un lápiz. Cada mañana comprobaba si había crecido. Pero la marca del lápiz se mantenía obstinadamente en 1,53. Incluso prometí a Alá que si crecía aunque sólo fuera un poquito le ofrecería cien *raakat nafl*, oraciones voluntarias, además de las cinco diarias.

Hablaba en numerosos actos, pero como era tan bajita no resultaba fácil dar impresión de autoridad. A veces apenas podía ver por encima del atril. No me gustaban los zapatos de tacón, pero empecé a llevarlos.

Una de las niñas de mi clase no volvió a la escuela aquel año. La habían casado en cuanto llegó a la pubertad. Parecía mayor para su edad, pero sólo tenía trece años. Poco después oímos que tenía dos hijos. En clase, mientras nos aprendíamos la formulación de los hidrocarburos en la clase de química, me imaginaba cómo sería dejar de ir a la escuela y ocuparse de un marido.

Habíamos empezado a pensar en otras cosas aparte de los talibanes, pero era imposible olvidarlos por completo. El ejército, que ya tenía extraños negocios colaterales, como fábricas de palomitas y fertilizantes, había empezado a producir culebrones. En todo Pakistán la gente se quedaba pegada al televisor en las horas de máxima audiencia para ver una serie titulada *Más allá de la llamada del deber*, que supuestamente se basaba en historias reales de soldados que luchaban contra los militantes en Swat.

En la operación militar habían muerto más de cien soldados y novecientos habían resultado heridos, por lo que ahora se querían presentar como héroes. Pero aunque su sacrificio presuntamente había restablecido el control gubernamental, el gobierno de la ley se hacía esperar. Cundo regresaba a casa por la tarde, muchas veces me encontraba allí mujeres llorando. Cientos de hombres habían desaparecido durante la campaña militar, probablemente detenidos por el ejército o el ISI, pero nadie estaba seguro. Las mujeres no podían obtener ninguna información, no sabían si sus esposos e hijos estaban vivos o muertos. Algunas se encontraban en situaciones desesperadas, pues no tenían medios de subsistencia. Una mujer sólo se puede volver a casar si su esposo es declarado muerto, no desaparecido.

Mi madre les ofrecía té y comida, pero no era eso por lo que habían venido. Querían que mi padre les ayudara. Como era portavoz de la Qaumi Jirga de Swat, actuaba como una especie de enlace entre la población y el ejército.

«Sólo quiero saber si mi marido está muerto o no —suplicaba una mujer—. Si lo han matado, puedo llevar a los niños a un orfanato. Pero ahora no sé si soy viuda o no». Otra mujer me dijo que su hijo había desaparecido. Afirmaban que los hombres desaparecidos no habían colaborado con los talibanes; quizá les habían dado un vaso de agua o pan cuando se lo ordenaron. Sin embargo, aquellos hombres inocentes estaban detenidos, mientras que los líderes talibanes estaban libres.

En nuestra escuela había una maestra que vivía sólo a diez minutos andando de nuestra casa. El ejército se había llevado a su hermano, le habían puesto grilletes y torturado; al final, le habían metido en una nevera hasta que murió. No tenía ninguna relación con los talibanes, sólo era un simple tendero. Más tarde el ejército se disculpó y le dijeron que se habían confundido por el nombre y detenido a la persona equivocada.

No sólo venían mujeres pobres a casa. Un día se presentó un hombre rico de Muscat, en el Golfo. Dijo a mi padre que su hermano y cinco o seis sobrinos habían desaparecido, y quería averiguar si les habían matado o estaban detenidos, para saber si tenía que buscar nuevos maridos a sus esposas. Uno de ellos era un maulana y mi padre consiguió que lo pusieran en libertad.

Esto no sólo ocurría en Swat. Oímos que había miles de personas desaparecidas en todo Pakistán. Mucha gente protestaba a la entrada de los tribunales o pegaba carteles de sus seres queridos, pero no conseguían nada.

Entretanto, nuestros tribunales estaban ocupados con otro asunto. En Pakistán tenemos algo llamado Ley de la Blasfemia, que protege al Corán de la profanación. Con la campaña de islamización del general Zia, la ley se hizo mucho más estricta de manera que todo el que «profane el nombre sagrado del Santo Profeta» puede ser castigado con pena de muerte o cadena perpetua.

Un día de noviembre de 2010 nos enteramos por las noticias de que una mujer cristiana llamada Asia Bibi había sido condenada a morir ahorcada. Era una mujer pobre, madre de cinco hijos, que se

ganaba la vida recogiendo fruta en una aldea del Punjab. Un caluroso día había ido a buscar agua para las demás trabajadoras, pero algunas se negaron a beberla porque era «impura» al haberla cogido
una cristiana. Creían que, como musulmanas, quedarían profana-
das por beber con ella. Una de ellas era una vecina suya que estaba
enfadada porque, según decía, una cabra de Asia Bibi había estro-
peado su acequia. Acabaron discutiendo y, por supuesto, lo mismo
que en las discusiones de la escuela, hubo diferentes versiones sobre
quién había dicho qué. Una versión era que intentaron convencer a
Asia Bibi de que se convirtiera al islam. Ella repuso que Cristo había
muerto en la cruz por los pecados de los cristianos y preguntó qué
había hecho el Profeta Mahoma por los musulmanes. Entonces alguien la denunció al imán local, que a su vez informó a la policía.
Pasó más de un año en la cárcel antes de que su caso llegara a juicio
y fuera condenada a muerte.

Como Musharraf había permitido la televisión por satélite,
ahora teníamos muchos canales. De repente podíamos asistir a
aquellos acontecimientos por televisión. En el mundo cundió la indignación y el tema se trató en todos los programas de entrevistas.
Una de las personas que hablaron a favor de Asia Bibi en Pakistán
fue el gobernador del Punjab, Salman Taseer. Él había sido preso
político y un estrecho aliado de Benazir. Más tarde se convirtió en
un magnate de los medios de comunicación. Fue a visitar a Asia
Bibi a la cárcel y declaró que el presidente Zardari debía indultarla.
Dijo que la Ley de la Blasfemia era una «ley funesta», algo que repi-
tieron algunos de nuestros presentadores de televisión para caldear
las cosas. Entonces, en las oraciones del viernes varios imanes de la
mezquita más grande de Rawalpindi condenaron al gobernador.

Un par de días después, el 4 de enero de 2011, Salman Taseer
fue tiroteado por uno de sus propios guardaespaldas después de co-

mer en una zona de cafeterías de moda de Islamabad. Le disparó veintiséis veces. Más tarde dijo que lo había hecho por Dios después de oír las oraciones del viernes en Rawalpindi. Nos quedamos atónitos al ver cuánta gente elogiaba al asesino. Cuando se presentó en el tribunal incluso los abogados le arrojaron pétalos de rosa. Entretanto, el imán de la mezquita del gobernador asesinado se negó a decir sus oraciones fúnebres y el presidente no asistió al funeral.

Nuestro país se estaba volviendo loco. ¿Cómo era posible que estuviéramos premiando a asesinos?

Poco después de aquello mi padre recibió otra amenaza de muerte. Había hablado en un acto para conmemorar el tercer aniversario del atentado contra el Instituto Haji Baba, y lo había hecho con pasión. «¡Fazlullah es el mayor de todos los demonios! —gritó—. ¿Por qué no le han cogido todavía?». La gente le dijo después que tuviera cuidado. Entonces llegó a casa una carta anónima dirigida a mi padre. Comenzaba con «*Asalaamu alaikum*», la paz sea contigo, pero no era pacífica en absoluto. Seguía: «Eres hijo de un clérigo religioso, pero no eres un buen musulmán. Los muyaidines te encontrarán adonde quiera que vayas». Cuando recibió la carta, mi padre pareció preocupado un par de semanas, pero se negó a abandonar sus actividades y pronto absorbieron su atención otras cosas.

En aquellos días parecía que todo el mundo hablaba de Estados Unidos. Si hubo una época en la que echábamos la culpa de todo a la India, nuestro viejo enemigo, ahora Estados Unidos habían ocupado su lugar. Todo el mundo se quejaba de los ataques de drones que se estaban produciendo en las FATA casi cada semana. Se decía que estaban muriendo muchos civiles. Entonces un agente de la

CIA llamado Raymond Davis tiroteó en Lahore a dos hombres que se acercaron a su coche en moto. Dijo que habían intentado robarle. Los estadounidenses afirmaron que no era agente de la CIA sino un diplomático regular, lo que despertó suspicacias en todo el mundo. Incluso los niños sabemos que los diplomáticos regulares no van conduciendo vehículos sin identificar y portando pistolas Glock.

Nuestros medios de comunicación afirmaban que Davis pertenecía a un nutrido ejército secreto que la CIA había enviado a Pakistán porque no confiaban en nuestros servicios de inteligencia. Se suponía que estaba vigilando a un grupo militante llamado Lashkar-e-Taiba, que tenía implantación en Lahore y sobre el que se sospechaba que estaba detrás de la terrible matanza de Bombay de 2008. El principal objetivo del grupo era liberar a los musulmanes de Cachemira del gobierno indio, pero recientemente también habían actuado en Afganistán. Otros decían que Davis en realidad estaba espiando nuestras instalaciones nucleares.

Raymond Davis en seguida se convirtió en el estadounidense más famoso en Pakistán. Hubo manifestaciones de protesta en todo el país. La gente imaginaba que nuestros mercados estaban llenos de individuos que, como él, recogían información secreta y la enviaban a Estados Unidos. Entonces la viuda de uno de los hombres a los que Davis había matado se suicidó con veneno para ratas, desesperando de recibir justicia.

Tras varias semanas de idas y venidas entre Washington e Islamabad, o más bien el cuartel general del ejército en Rawalpindi, el caso se resolvió finalmente. Acordaron algo similar a nuestras tradicionales *jirgas*: los estadounidenses pagaron «dinero de sangre» por valor de 2,3 millones de dólares y a Davis se le sacó del país con todo sigilo. Pakistán exigió entonces que la CIA se llevara a casa a muchos de sus contratistas y dejó de conceder visados. Todo el asunto dejó un ambiente muy viciado, en especial porque el 17 de marzo, un día después de la liberación de Davis, un ataque de drones a un consejo tribal de Waziristán del Norte mató a unas cuarenta personas. El ataque parecía transmitir el mensaje de que la CIA podía hacer en nuestro país lo que quisiera.

Un lunes, me disponía a medirme en la pared para ver si milagrosamente había crecido por la noche cuando oí hablar muy alto en la habitación de al lado. Habían llegado amigos de mi padre con una noticia que era difícil de creer. Durante la noche, los Navy SEAL, fuerzas especiales estadounidenses, habían matado a Osama bin Laden. Éste había vivido en un gran recinto tras un gran muro a algo más de un kilómetro de distancia de nuestra academia militar. No podíamos creer que el ejército hubiera ignorado el paradero de Bin Laden. Los periódicos decían que el campo de entrenamiento de los cadetes incluso lindaba con su casa. El recinto tenía muros de tres metros y medio rematados con alambre de espino. Bin Laden vivía en el piso superior con su esposa más joven, una yemení llamada Amal. Debajo de ellos vivían otras dos esposas con sus once hijos. Un senador estadounidense dijo que lo único que le faltaba al escondrijo de Bin Laden era un «signo de neón».

Lo cierto es que, en las zonas pashtunes, muchas personas viven en recintos cerrados para observar el *purdah* y la intimidad, por lo que la casa en realidad no era tan insólita. Lo extraño era que los residentes nunca salieran y que la casa no tuviera línea de teléfono ni conexión de internet. Les llevaban la comida dos hermanos que también vivían en el recinto con sus esposas. Actuaban de correos para Bin Laden. ¡Una de las esposas era de Swat!

Los SEAL habían disparado a Bin Laden en la cabeza y se habían llevado el cadáver en un helicóptero. No parecía que hubiera ofrecido resistencia. Los dos hermanos y uno de los hijos mayores de Bin Laden también habían muerto, pero a las esposas y a los demás hijos los habían atado y dejado allí, y el ejército pakistaní se hizo cargo de ellos. Los estadounidenses arrojaron el cuerpo de Bin Laden al mar. El presidente Obama estaba muy satisfecho y en televisión vimos grandes celebraciones en el exterior de la Casa Blanca.

Al principio supusimos que nuestro gobierno había estado informado y había participado en la operación, pero pronto descubrimos que los estadounidenses habían actuado por su cuenta. Esto no le sentó bien a nuestra gente. Se suponía que éramos aliados y nosotros habíamos perdido más soldados en su Guerra contra el Terror que ellos. Habían entrado en nuestro país de noche, volando bajo en helicópteros especialmente silenciosos y habían bloqueado nuestro radar con interferencias electrónicas. Sólo comunicaron su misión al jefe del Estado Mayor, el general Ashfaq Kayani, y al presidente Zardari a posteriori. La mayoría de los jefes militares se enteraron por televisión.

Los estadounidenses dijeron que no habían tenido otra opción porque nadie sabía de qué lado estaba realmente el ISI y alguien podría haber avisado a Bin Laden. El director de la CIA dijo que Pakistán era «cómplice o incompetente. Las dos posibilidades son igualmente poco deseables».

Mi padre dijo que era un día vergonzoso. «¿Cómo es posible que un notorio terrorista se escondiera en Pakistán durante tantos años sin despertar sospechas?», preguntó. Otros se estaban haciendo la misma pregunta.

Era evidente por qué alguien podía pensar que nuestro servicio de inteligencia debió de conocer el paradero de Bin Laden. El ISI es una organización enorme con agentes por todas partes. ¿Cómo pudo haber vivido tan cerca de la capital, a menos de cien kilómetros de distancia? ¡Y durante tanto tiempo! Quizá el mejor sitio para esconderse sea a la vista de todos, pero él llevaba viviendo en aquella casa desde el terremoto de 2005. Incluso dos de sus hijos habían nacido en el hospital de Abbottabad. Y llevaba en Pakistán más de nueve años. Antes de Abbottabad había estado en Haripur y antes se había escondido en nuestro valle de Swat, donde conoció a Khalid Sheikh Mohammad, el cerebro que planeó el 11-S.

La forma en que encontraron a Bin Laden tiene algo de película de espías. Para evitar ser descubierto utilizaba correos humanos en vez de llamadas telefónicas o emails. Pero los estadounidenses descubrieron a uno de sus correos, investigaron el número de matrícula de su coche y le siguieron de Peshawar a Abbottabad. Después vigilaron la casa con una especie de drone gigante que tenía visión de rayos X, que descubrió a un hombre alto con barba paseando por el recinto. Lo llamaron el Caminante.

A la gente le intrigaban los nuevos detalles que se revelaban cada día, pero parecía más indignada por la incursión estadounidense que por el hecho de que el mayor terrorista del mundo hubiera estado viviendo en nuestro suelo. Algunos periódicos publicaron artículos en los que decían que, en realidad, los estadounidenses habían matado a Bin Laden años antes y habían conservado el cadáver en un congelador. Después habían puesto su cuerpo en Abbottabad y fingido el asalto para avergonzar a Pakistán.

Empezamos a recibir mensajes de texto pidiéndonos que saliéramos a la calle a mostrar nuestro apoyo al ejército. «Nosotros te defendimos en 1948, 1965 y 1971 —decía un mensaje, refiriéndose a nuestras tres guerras con la India—. Apóyanos ahora que se nos ha apuñado por la espalda». Pero también había mensajes que ridiculizaban al ejército. La gente preguntaba cómo era posible que gastáramos 6.000 millones de dólares anuales en el ejército (siete veces más que en educación) si cuatro helicópteros estadounidenses podían colarse bajo nuestro radar. Y si podían, ¿qué se lo impediría a los indios? «Por favor, no toque el claxon, el ejército está durmiendo», decía un mensaje y otro era «Se vende radar pakistaní usado... no puede detectar helicópteros estadounidenses pero vale para captar canales de televisión por cable».

El general Kayani y el general Ahmad Shuja Pasha, director del ISI, fueron convocados para testificar ante el parlamento, algo que nunca había ocurrido. Nuestro país había sido humillado y queríamos saber por qué.

También nos enteramos de que los políticos estadounidenses estaban furiosos porque Bin Laden hubiera estado viviendo ante nuestros ojos todo el tiempo que ellos habían supuesto que se escondía en una cueva. Se quejaron de que nos habían dado más de 20.000 millones de dólares en un periodo de ocho años para cooperar y que no estaba claro de qué lado estábamos. A veces parecía que todo era cuestión de dinero. La mayor parte había sido para el ejército; la gente corriente no había recibido nada.

En octubre de 2011 mi padre me dijo que había recibido un email que le informaba de que yo era uno de los cinco candidatos al premio de la paz internacional de KidsRights, un grupo de defensa de la infancia con sede en Ámsterdam. Mi nombre lo había propuesto el arzobispo Desmond Tutu de Sudáfrica, un gran héroe de mi padre por su lucha contra el *apartheid*. Fue una desilusión para mi padre cuando no gané, pero le dije que todo lo que había hecho era hablar; nosotros no teníamos una organización que hiciera cosas prácticas como los ganadores.

Poco después me invitó el ministro del Punjab, Shabaz Sharif, para hablar en Lahore en una gala sobre la educación. Estaba creando una red de nuevas escuelas que denomina Colegios Daanish y entregando portátiles gratuitamente a los alumnos, aunque cuando los encendías lo primero que aparecía era su foto en la pantalla. Para motivar a los estudiantes de todas las provincias daba premios en dinero a los niños y niñas que hubieran obtenido mejores notas en los exámenes. A mí me entregó un cheque por medio millón de rupias, unos 4.500 dólares, por mi campaña en pro de los derechos de las niñas.

Fui vestida de rosa a la gala y por primera vez hablé públicamente sobre cómo habíamos desafiado el edicto talibán e ido a la escuela en secreto. «Conozco la importancia de la educación porque me arrebataron por la fuerza mis lápices y mis libros —dije—. Pero las niñas de Swat no tememos a nadie. Hemos seguido estudiando».

Más tarde, estaba en clase un día cuando una de mis compañeras dijo: «¡Has ganado un gran premio y medio millón de rupias!». Mi padre me dijo que el gobierno me había concedido el primer Premio Nacional de la Paz, recién instituido. No podía creerlo. Aquel día fueron tantos periodistas a la escuela que se convirtió en un estudio de noticias.

La ceremonia se celebró el 20 de diciembre de 2011, en la residencia oficial del primer ministro, una de las mansiones blancas en la colina en la que termina la avenida de la Constitución, que había visto en mi viaje a Islamabad. Para entonces ya estaba acostumbrada a tratar con políticos. No estaba nerviosa aunque mi padre trató de intimidarme diciéndome que el primer ministro Gilani procedía de una familia de santos. Después de que el primer ministro me entregara el premio y el talón, yo le entregué a él una larga lista de reivindicaciones. Le dije que queríamos que nuestras escuelas fueran reconstruidas y que hubiera una universidad femenina en Swat. Yo sabía que él no se tomaría mis peticiones muy en serio, por lo que no presioné demasiado. Pensé *Un día me dedicaré a la política y haré estas cosas yo misma.*

Se había decidido que el premio se concediera cada año a jóvenes menores de dieciocho años y que llevara el nombre de Premio Malala en mi honor. Vi que mi padre no estaba muy contento con esta idea. Como todos los pashtunes, es un poco supersticioso. En Pakistán no tenemos una cultura de honrar a las personas mientras están vivas, sino sólo a los muertos, por lo que le pareció un mal presagio.

Sé que a mi madre no le gustaban los premios porque temía que, al ser más conocida, me convirtiera en blanco de amenazas. Ella nunca aparecía en público. Se negaba incluso a que la fotografiaran. Es una mujer muy tradicional y ésta es nuestra cultura secular. Si rompiera la tradición, hombres y mujeres hablarían mal de ella, en especial los de nuestra propia familia. Nunca dijo que lamentara el trabajo que mi padre y yo habíamos emprendido, pero cuando me concedían algún premio, decía: «No quiero premios, quiero a mi hija. No cambiaría una sola pestaña de mi hija por todo el mundo».

Mi padre sostenía que todo lo que había querido en su vida era fundar una escuela en la que los niños pudieran aprender. No se nos habían dejado más opciones que participar en la política y defender públicamente la educación. «Mi única ambición —dijo— es educar a mis hijos y a mi país en la medida de mis posibilidades. Pero cuando la mitad de tus líderes mienten y la otra mitad están negociando con los talibanes, no puedes acudir a ningún sitio. Tienes que denunciarlo».

Cuando volví a casa me encontré con la noticia de que unos periodistas querían entrevistarme en la escuela y que debía ir muy arreglada. Al principio pensé ponerme un traje muy bonito, pero después decidí llevar algo más modesto para la entrevista, porque quería que la gente prestara atención a mi mensaje y no a mi ropa. Al llegar a la escuela, vi que todas mis amigas se habían puesto especialmente guapas. «¡Sorpresa!», gritaron, cuando entré. Habían recogido dinero y organizado una fiesta para mí con un gran pastel blanco en el que estaba escrito «Éxito siempre» con glaseado de chocolate. Era maravilloso que mis amigas quisieran compartir mi éxito. Yo sabía que cualquiera de las niñas de mi clase podría haber conseguido lo mismo que yo si hubiera tenido el apoyo de sus padres.

«Ahora volvamos al trabajo —dijo la señorita Maryam, cuando acabamos el bizcocho—. ¡Exámenes en marzo!».

Pero el año acabó con un suceso triste. Cinco días después de recibir el premio, la tía Babo, la hermana mayor de mi madre, murió repentinamente. Ni siquiera había cumplido los cincuenta años. Era diabética y, como había visto anunciado en televisión que un médico de Lahore tenía un tratamiento milagroso, convenció a mi tío de que la llevara a verle. No sabemos qué la inyectó aquel médico, pero sufrió un shock y murió. Mi padre dijo que aquel hombre era un charlatán y que por eso teníamos que seguir luchando contra la ignorancia.

Al final de aquel año había reunido un montón de dinero —el primer ministro, el ministro del Punjab, el ministro de nuestro estado Jaiber Pashtunjua y el gobierno de Sindh me habían entregado cada uno medio millón de rupias. El general Ghulam Qamar, el comandante del ejército local, también donó a nuestra escuela 100.000 rupias para un laboratorio y una biblioteca. Pero mi lucha no había terminado. Me acordaba de que, como aprendimos en las clases de historia, cuando un ejército ganaba una batalla conseguía botín y trofeos. Empecé a ver los premios y el reconocimiento de esa forma. Eran como pequeñas piedras preciosas sin demasiado significado. Tenía que centrarme en ganar la guerra.

Mi padre empleó parte del dinero para comprarme una cama nueva y una cómoda, pagó implantes dentales para mi madre y compró una parcela de terreno en Shangla. Decidimos gastar el resto del dinero en personas que lo necesitaban. Yo quería crear una fundación para la educación. Tenía esa idea en mente desde que vi a los niños trabajando en la montaña de basura. No podía olvidar la imagen de las ratas negras que había visto allí, y la niña de pelo mugriento clasificando la basura. Veintiuna niñas nos reunimos e hicimos nuestra prioridad la educación de cada niña en Swat, especialmente los que trabajaban o estaban en la calle.

Cuando cruzamos el paso de Malakand vi a una niña pequeña vendiendo naranjas. Con un lápiz estaba haciendo rayas en un trozo de papel para llevar la cuenta de las naranjas que había vendido, pues no sabía leer ni escribir. Le hice una foto y prometí que haría todo lo que estuviera en mi mano para que las niñas como ella pudieran recibir una educación. Ésa era la guerra que iba a librar.

18

La mujer y el mar

La tía Najma estaba llorando. Nunca había visto el mar. Mi familia y yo nos sentamos sobre las rocas, con la mirada fija en el agua, respirando el olor salobre del mar Arábigo. Era una extensión tan grande que nadie podría saber dónde acababa. En aquel momento me sentía muy feliz. «Un día quiero cruzar este mar», dije.

Mi tía preguntó: «¿Qué ha dicho?», como si estuviera hablando de algo imposible. Aún me parecía inaudito que ella hubiera vivido treinta años en la ciudad costera de Karachi sin haber visto nunca el mar. Su marido no la llevaba a la playa e incluso si hubiera podido salir de casa de alguna forma no habría podido seguir las señales hasta el mar porque no sabía leer.

Me senté sobre las rocas y pensé en el hecho de que al otro lado del agua había países en los que las mujeres eran libres. En Pakistán habíamos tenido una mujer primer ministro y en Islamabad conocí a profesionales extraordinarias; no obstante, la realidad es que éramos un país en el que casi todas las mujeres dependían completamente de los hombres. La directora de mi colegio, la señorita Maryam, era una mujer educada y enérgica, pero en nuestra sociedad no podía vivir sola e ir a trabajar. Tenía que vivir con su marido, sus padres o un hermano.

En Pakistán, cuando las mujeres decimos que queremos independencia, la gente cree que esto significa que no queremos obedecer a nuestros padres, hermanos o maridos. Pero no es eso. Significa que queremos tomar las decisiones nosotras mismas. Queremos ser libres para ir a la escuela o ir a trabajar. En ningún sitio pone en el Corán que una mujer tenga que depender de un hombre. Los cielos no nos han transmitido que cada mujer deba obedecer a un hombre.

«Estás a millones de kilómetros de distancia, *Jani* —me dijo mi padre, interrumpiendo mis pensamientos—. ¿En qué sueñas?».

«Sólo en cruzar los mares, *Aba*», repuse.

«¡Olvídate de eso! —gritó mi hermano Atal—. ¡Estamos en la playa y vamos a dar un paseo en camello!».

Era enero de 2012 y nos encontrábamos en Karachi como invitados de Geo TV después de que el gobierno de Sindh anunciara que iba a cambiar en mi honor el nombre de un colegio femenino de secundaria que estaba en la calle Misión. Mi hermano Khushal iba al colegio en Abbottabad, así que sólo estábamos mis padres, Atal y yo. Fuimos en avión a Karachi, la primera vez que cogíamos un avión. El viaje sólo duraba dos horas, lo que me pareció increíble. En autobús habríamos tardado como mínimo dos días. En el avión nos dimos cuenta de que algunas personas no podían encontrar sus asientos porque no sabían leer las letras ni los números. Mi asiento estaba al lado de una ventana y podía ver los desiertos y las montañas debajo de mí. A medida que nos aproximábamos al sur, la tierra se volvía más seca. Ya echaba de menos el verdor de Swat. Entendía por qué cuando nuestra gente va a Karachi a trabajar siempre quiere ser enterrada en la lozanía de nuestro valle.

Mientras íbamos en coche del aeropuerto al hostal, me asombró la cantidad de gente, casas y coches que había. Karachi es una de las ciudades más grandes del mundo. Era extraño pensar que no era más que un puerto de 300.000 habitantes cuando se fundó Pakistán. Jinnah vivió allí y la convirtió en nuestra primera capital, y pronto fue inundada por millones de refugiados musulmanes que venían de la India: los *mohajirs*, que significa «inmigrantes» y hablan urdu. Hoy tiene unos veinte millones de habitantes. En realidad, aunque está lejos de nuestras tierras, es la ciudad pashtún más grande del mundo, porque entre cinco y siete millones de pashtunes han venido aquí a trabajar.

Por desgracia, Karachi también se ha convertido en una ciudad muy violenta y constantemente se producen peleas entre los *mohajirs* y los pashtunes. Las zonas *mohajirs* que vemos parecían limpias y bien organizadas, mientras que las pashtunes eran caóticas y sucias. Casi todos los *mohajirs* apoyan a un partido llamado MQM, cuyo líder es Altaf Hussain, que vive exiliado en Londres y se comunica con su gente por Skype. El MQM es un movimiento muy bien organizado y la comunidad *mohajir* se mantiene unida. Por el contrario, los pashtunes estamos muy divididos: algunos siguen a Imran Khan porque es pashtún, khan y un gran jugador de cricket; otros, al maulana Fazlur Rehman porque su partido, el JUI, es islámico; otros, al secular PNA, porque es un partido nacionalista pashtún, y otros, al PPP de Benazir Bhutto o al PML(N) de Nawaz Sharif.

Fuimos a la asamblea de Sindh, cuyos miembros me recibieron con aplausos. Entonces fuimos a visitar algunos colegios, entre ellos el que ahora llevaba mi nombre. Allí hablé sobre la importancia de la educación y también sobre Benazir Bhutto, porque era de esta ciudad. «Debemos trabajar juntos por los derechos de las niñas», dije. Las niñas cantaron para mí y me ofrecieron una pintura en la que yo estaba mirando al cielo. Era extraño y maravilloso ver mi nombre en un colegio, igual que Malalai de Maiwand, cuyo nombre llevan muchos colegios en Afganistán. Mi padre y yo planeamos en las siguientes vacaciones ir a hablar a los padres y los niños de las zonas montañosas más lejanas de Swat sobre la importancia de aprender a leer y a escribir. «Seremos como predicadores de la educación», dije.

Más tarde aquel día visitamos a mi tía y a mi tío. Vivían en una casa muy pequeña por lo que mi padre al fin comprendió porqué se habían negado a alojarle cuando era estudiante. Por el camino pasamos por la plaza Aashiqan e-Rasool y nos escandalizó ver colgada una fotografía del asesino del gobernador Salman Taseer decorada con guirnaldas de pétalos de rosa como si fuera un santo. Mi padre estaba indignado: «¿En una ciudad de veinte millones de habitantes no hay nadie para quitar esto?».

Había un lugar importante que queríamos incluir en nuestra visita a Karachi aparte de nuestros paseos a la orilla del mar o por los grandes mercados, donde mi madre compró montones de ropa. Teníamos que ver el mausoleo de nuestro fundador y gran líder Mohammad Ali Jinnah. Es un tranquilo edificio de mármol blanco, que de alguna manera parecía aislado del ajetreo y el ruido de la ciudad. Para nosotros tenía algo de sagrado. Benazir se dirigía aquí para pronunciar su primer discurso a su regreso a Pakistán cuando sufrió el atentado en su autobús.

El guarda explicó que la tumba que está en la sala principal bajo un gran candelabro de China no contenía el cuerpo de Jinnah. La verdadera tumba estaba en el piso de abajo, donde yace junto a su hermana Fatima, que murió mucho después. Al lado está la tumba de Liaquat Ali Khan, nuestro primer jefe de gobierno, que fue asesinado.

Después fuimos al pequeño museo que hay en la parte posterior, donde se exhibían algunas de las pajaritas que Jinnah encargaba que le enviaran desde París, sus trajes de tres piezas que le confeccionaban en Londres, sus palos de golf y un baúl de viaje con cajones para doce pares de zapatos incluidos sus *brogues* favoritos de dos tonos. Las paredes estaban cubiertas de fotografías. En las que databan de los primeros días de Pakistán podías ver por el rostro demacrado de Jinnah que se estaba muriendo. Fumaba cincuenta cigarros diarios. Sufría tuberculosis y cáncer de pulmón cuando lord Mountbatten, el último virrey británico de la India, accedió a que la India se dividiera en la independencia. Después declaró que si hubiera sabido que Jinnah se estaba muriendo, le habría dado largas y Pakistán no habría existido. Al final, Jinnah murió en septiembre de 1948, un año después. Entonces, poco más de tres años después, el primer ministro fue asesinado. Desde el principio fuimos un país desafortunado.

Allí también se reproducen algunos de los discursos más famosos de Jinnah. Como el que anunciaba que en el nuevo Pakistán habría libertad de culto para las personas de todas las religiones. Y otro en el que hablaba del importante papel de las mujeres. Yo quería ver fotografías de las mujeres de su vida, pero su esposa murió joven y era parsi y su única hija, Diana, permaneció en la India y se casó con un parsi, lo que no sentó muy bien en la nueva patria musulmana. Ahora vive en Nueva York. Así que la mayoría de las fotografías que vimos eran de su hermana Fatima.

Era difícil visitar ese lugar y leer esos discursos sin pensar que Jinnah estaría muy decepcionado de Pakistán. Probablemente diría que éste no era el país que había querido. Él deseaba que fuéramos independientes, tolerantes, benevolentes. Quería que todo el mundo fuera libre, con independencia de sus creencias.

«¿Habría sido mejor si no nos hubiéramos separado y hubiéramos seguido formando parte de la India?», pregunté a mi padre. Me parecía que antes de Pakistán había constantes luchas entre hindúes y musulmanes. Pero también en nuestro propio país seguían las luchas, aunque en ese caso era entre *mohajirs* y pashtunes y entre suníes y chiíes. En vez de apoyarse unas a otras, nuestras cuatro provincias se esfuerzan por distanciarse. Los sindhis con frecuencia hablan de separarse y en Baluchistán hay una guerra de la que apenas se habla porque es una zona remota. ¿Significaban todas estas luchas que teníamos que volver a dividir nuestro país?

Cuando salimos del museo unos jóvenes con banderas estaban protestando afuera. Nos dijeron que eran representantes de los seraikis del sur del Punjab y que querían su propia provincia.

Parece que no faltan motivos para que la gente pelee. Si los cristianos, los hindúes o los judíos realmente son nuestros enemigos, como se afirma tan a menudo, ¿por qué luchamos entre nosotros los musulmanes? Nuestro pueblo está desorientado. Cree que su mayor preocupación es defender el islam y ha sido embaucado por aquellos que, como los talibanes, interpretan el Corán torcidamente de forma deliberada. Deberíamos centrarnos en problemas concretos. En nuestro país hay tanta gente analfabeta y tantas mujeres que carecen de cualquier formación. Vivimos en un lugar en el que se atenta contra las escuelas. No tenemos suministro de electricidad fiable. No pasa un solo día sin que al menos un pakistaní sea asesinado.

Un día una mujer llamada Shehla Anjum se presentó en nuestro hostal. Era una periodista pakistaní que vive en Alaska y quería conocerme después de haber visto el documental sobre nosotros en la web del *New York Times*. Charló conmigo un rato y luego con mi padre. Vi que tenía lágrimas en los ojos. Entonces preguntó a mi padre: «Ziauddin, ¿sabe que los talibanes han amenazado a esta niña inocente?». No sabíamos de qué estaba hablando, así que buscó en internet y nos mostró que aquel día los talibanes habían lanzado amenazas contra dos mujeres: Sha Begum, una activista de Dir, y yo, Malala. «Estas dos están difundiendo el secularismo y hay que matarlas», decían. No le di mucha importancia, porque en internet hay toda clase de cosas y pensé que lo habría oído de otra fuente si hubieran ido en serio.

Aquella tarde mi padre recibió una llamada de la familia que había estado compartiendo nuestra casa en los últimos dieciocho meses. La lluvia se filtraba por el techo de barro de su casa anterior y nosotros teníamos dos habitaciones libres, por lo que se quedaron con nosotros por un alquiler simbólico y sus hijos iban a nuestra escuela sin pagar. Tenían tres hijos y nos gustaba que vivieran con nosotros porque jugábamos juntos a policías y ladrones en la azotea. Dijeron a mi padre que la policía se había presentado en casa y quería saber si habíamos recibido amenazas. Cuando mi padre oyó esto, llamó al subintendente, que le hizo la misma pregunta. Mi padre repuso: «¿Por qué? ¿Tiene alguna información?». El oficial le dijo que cuando regresáramos a Swat quería hablar con él.

Después de eso mi padre estaba muy intranquilo y ya no disfrutó el viaje. Yo veía que mi madre y mi padre estaban muy preocupados. Sabía que mi madre aún guardaba luto por la muerte de mi tía y que el hecho de que recibiera tantos premios les inquietaba, pero parecía que había algo más. «¿Por qué estáis así? —pregunté—. Estáis preocupados por algo, pero no decís qué ocurre».

Entonces me dijeron lo de la llamada de casa y que se tomaban en serio las amenazas. No sé por qué, pero oír que estaba amenazada no me preocupó. Me parecía que todos sabemos que algún día vamos a morir. Creo que nadie puede detener a la muerte, venga de un talibán o del cáncer. Así que seguiré haciendo lo que quiera hacer.

«Quizá deberíamos detener nuestra campaña, *Jani*, y dedicarnos a hibernar por algún tiempo», dijo mi padre.

«¿Cómo vamos a hacer eso? —respondí—. Tú eres el que dijo que si creemos en algo más grande que nuestras vidas nuestras voces se multiplicarán incluso si estamos muertos. ¡No podemos traicionar nuestra campaña!».

Me pedían que hablara en actos públicos. ¿Cómo iba a negarme por un problema de seguridad? No podíamos, especialmente como orgullosos pashtunes. Mi padre siempre dice que el heroísmo está en el ADN pashtún.

No obstante, regresamos a Swat apesadumbrados. Cuando mi padre fue a la policía le enseñaron un dossier sobre mí. Le dijeron que a causa de mi perfil nacional e internacional había atraído la atención y las amenazas de los talibanes y que necesitaba protección. Nos ofrecieron policías, pero mi padre no estaba muy convencido. Muchos ancianos de Swat habían sido asesinados a pesar de tener guardaespaldas y el gobernador del Punjab había muerto a manos de su propio guardaespaldas. También pensó que los guardias armados alarmarían a los padres de los alumnos de la escuela y no quería poner a otras personas en peligro. Cuando antes se había enterado de amenazas, siempre decía: «Que me maten, pero a mí solo».

Propuso enviarme a un internado a Abbottabad, como a Khushal, pero yo no quería. También habló con el coronel del ejército en la zona, que le dijo que enviarme a estudiar a Abbottabad no supondría más seguridad y que mientras a mí no se me viese públicamente estaríamos bien. Así que cuando el gobierno de KPK ofreció hacerme embajadora de la paz, mi padre dijo que era mejor no aceptar.

En casa empecé a cerrar con pestillo la puerta principal por la noche. «Presiente la amenaza», le dijo mi madre a mi padre. Él se sentía muy desdichado. Siempre me decía que echara las cortinas de mi habitación por la noche pero yo no lo hacía.

«*Aba*, es una situación muy extraña —le dije—. Con la talibanización estábamos seguros y ahora que no hay talibanes no lo estamos».

«Sí, Malala —repuso—. Ahora la talibanización va dirigida a nosotros, a los que como tú y como yo seguimos alzando la voz. El resto de Swat está bien. Los conductores de rickshaw, los comerciantes, todos ellos están seguros. Ésta es una talibanización para personas concretas y nosotros estamos entre ellas».

Recibir aquellos premios tenía otra desventaja, estaba perdiendo muchas clases. Después de los exámenes de marzo la copa que coloqué en mi aparador nuevo era por el segundo puesto.

19

Una talibanización privada

«Vamos a hacer como si fuera una película de *Crepúsculo* y que éramos vampiros en el bosque», dije a Moniba. Habíamos ido de excursión a Marghazar, un maravilloso valle verde donde el aire es fresco y hay una alta montaña y un río de agua cristalina junto al que íbamos a comer. Cerca estaba el hotel Palacio Blanco, que solía ser la residencia de verano del valí.

Era abril de 2012, un mes después de los exámenes, así que todas estábamos relajadas. Éramos un grupo de unas setenta chicas. También habían venido nuestros profesores y mis padres. Mi padre había alquilado tres minibuses, pero no cabíamos todos, así que Moniba y yo y otras tres niñas fuimos en el *dyna* de la escuela. No era muy cómodo, especialmente porque también llevábamos en el suelo enormes cacerolas de pollo con arroz para la comida, pero sólo estaba a media hora de distancia. Nos lo pasamos bien, cantando por el camino hasta que llegamos. Moniba estaba muy guapa, con la piel pálida como la porcelana. «¿Qué crema estás usando?», la pregunté.

«La misma que tú», repuso.

Yo sabía que eso no podía ser cierto. «No. ¡Mira mi piel oscura y fíjate en la tuya!».

Visitamos el Palacio Blanco y vimos dónde había dormido la reina y los jardines llenos de maravillosas flores, pero no pudimos ver la habitación del valí, porque había sufrido deterioros por las inundaciones.

Corrimos por el bosque, hicimos fotografías y vadeamos por el río salpicándonos unas a otras. Las gotas relucían al sol. De un risco caía una cascada y durante un rato nos sentamos en las rocas escuchándola. Entonces Moniba empezó a salpicarme otra vez.

«¡No! ¡No quiero mojarme la ropa!», protesté, y me alejé con otras dos niñas con las que ella no se llevaba bien. Las otras empeoraron las cosas, «echando masala a la situación», como decimos nosotros. Era la combinación perfecta para otra pelea entre Moniba y yo. Eso me puso de mal humor, pero me alegré cuando llegamos a lo alto del peñasco donde estaban preparando la comida. Usman Bhai Jan, el conductor, como siempre nos hizo reír. La señorita Maryam había traído a su bebé y a Hannah, su hija de dos años, que parecía una muñeca pero no paraba de hacer travesuras.

La comida fue un desastre. Cuando los ayudantes de la escuela pusieron las cacerolas al fuego para calentar el pollo al curry les entró pánico porque les pareció que no habría suficiente comida para tantas niñas y añadieron agua del río. Dijimos que en nuestra vida habíamos comido algo tan malo. Parecía una sopa y una niña dijo que el cielo podía verse en el curry aguado.

Como en todas las excursiones que hacíamos mi padre nos hizo subirnos a una roca y hablar sobre nuestras impresiones del día antes de marcharnos. Esta vez todas comentamos lo mala que había estado la comida. Mi padre estaba abochornado y, por una vez, le faltaron las palabras.

A la mañana siguiente se presentó en casa un trabajador de la escuela con leche, pan y huevos para el desayuno. Mi padre siempre abría la puerta, pues las mujeres deben permanecer dentro de casa. El hombre le dijo que el tendero le había dado una carta fotocopiada.

Cuando mi padre la leyó, se puso pálido. «¡Por Dios, esto es una propaganda terrible para el colegio!», dijo a mi madre, y la leyó en voz alta.

> *Queridos hermanos musulmanes*
>
> *Hay un colegio, el Khushal, dirigido por una ONG [las ONG tienen una reputación muy mala entre las personas religiosas en nuestro país, así que esto ya era una forma de despertar su ira] que es un centro de vulgaridad y obscenidad. Es un hadiz del Santo Profeta que si ves algo malo o pernicioso has de detenerlo con tu propia mano. Si no puedes, entonces debes informar a los demás sobre ello, y si no puedes debes reflexionar en tu corazón sobre lo malo que es. No me mueve ninguna disputa personal con el director, sino que os informo de lo que dice el islam. Esta escuela es un centro de vulgaridad y obscenidad y llevan a las niñas de excursión a distintos lugares. Si no dejan de hacerlo, tendrán que responder ante Dios el Día del Juicio. Id a preguntar al director del hotel Palacio Blanco y él os dirá lo que hicieron esas niñas...*

Dejó la hoja de papel. «No lleva firma. Anónimo».

Nos quedamos atónitos.

«Saben que nadie va a ir a preguntar al director —dijo mi padre—. La gente simplemente se imaginará que allí ocurrió algo terrible».

«Nosotros sabemos lo que ocurrió allí. Las niñas no hicieron nada malo», le tranquilizó mi madre.

Mi padre llamó a mi primo Khanjee para averiguar si se habían distribuido muchas de aquellas cartas. Llamó con malas noticias: estaban por todas partes, aunque la mayoría de los comerciantes las habían ignorado y las tiraron. También había enormes carteles pegados delante de la mezquita con las mismas acusaciones.

En la escuela, mis compañeras de clase estaban aterrorizadas. «Señor, se oyen cosas muy malas sobre nuestra escuela —dijeron a mi padre—. ¿Qué van a decir nuestros padres?».

Mi padre reunió a todas las niñas en el patio. «¿Por qué tenéis miedo? —preguntó—. ¿Hicisteis algo contra el islam? ¿Hicisteis algo inmoral? No. Simplemente os salpicasteis con agua e hicisteis fotos, así que no tengáis miedo. Ésta es la propaganda de los seguidores del mulá Fazlullah. ¡Abajo con él! También tenéis derecho a disfrutar del verdor del campo y de las cascadas y del paisaje, lo mismo que los niños».

Mi padre habló como un león, pero yo podía ver en su corazón que estaba preocupado y asustado. Sólo una persona vino y sacó a su hermana de la escuela, pero sabíamos que aquello no se iba a quedar ahí. Al poco tiempo, nos enteramos de que un hombre que había hecho una caminata por la paz desde Dera Ismail Khan pasaba por Mingora y queríamos ir a darle la bienvenida. Mis padres y yo íbamos a recibirle cuando se nos acercó un hombre pequeño que hablaba frenéticamente por dos teléfonos. «No vayan por ahí —indicó—. ¡Hay un terrorista suicida!». Nosotros habíamos prometido ir a recibir al caminante por la paz, así que fuimos por otra calle, le pusimos una guirnalda de flores en el cuello y nos volvimos a casa rápidamente.

Durante toda la primavera y el verano no dejaron de ocurrir cosas extrañas. Vinieron desconocidos a casa a hacer preguntas sobre mi familia. Mi padre decía que eran de los servicios de inteligencia.

Las visitas se hicieron más frecuentes después de que mi padre y la Qaumi Jirga de Swat celebraran una reunión en nuestra escuela para protestar contra los planes del ejército para la población de Mingora y contra las patrullas nocturnas de los comités de defensa de la comunidad. «El ejército afirma que reina la paz —dijo mi padre—. Así que ¿para qué queremos demostraciones de fuerza y patrullas nocturnas?».

Entonces nuestra escuela albergó un concurso de pintura de los niños de Mingora patrocinado por un amigo de mi padre que dirigía una ONG que luchaba por los derechos de las mujeres. Los dibujos debían representar la igualdad de los sexos o mostrar la discriminación contra las mujeres. Aquella mañana se presentaron en nuestra escuela dos hombres de los servicios de inteligencia para hablar con mi padre. «¿Qué está ocurriendo en su colegio?», preguntaron.

«Esto es un colegio —repuso—. Hay un concurso de dibujo lo mismo que hay concursos de debate, concursos de cocina y concursos de redacción». Tanto mi padre como los hombres se enfadaron mucho. «¡Todo el mundo me conoce y sabe lo que hago! —dijo—. ¿Porqué no se dedican ustedes a su trabajo y encuentran a Fazlullah y a todos los que tienen las manos rojas de sangre de Swat?»

Aquel Ramadán Wakeel Khan, un amigo de mi padre que vivía en Karachi, envió ropa para los pobres y nos pidió que la distribuyéramos. Fuimos a un centro público para hacerlo, pero incluso antes de que hubiéramos empezado, llegaron los servicios de inteligencia y preguntaron: «¿Qué están haciendo? ¿Quién ha traído esa ropa?».

La gente empezaba a temer que los talibanes estuviesen regresando subrepticiamente. Pero mientras que en 2008-2009 hubo muchas amenazas a todo tipo de personas, esta vez las amenazas iban dirigidas específicamente a los que alzaban su voz contra los militantes o contra la conducta prepotente del ejército.

«Los talibanes no son una fuerza organizada como imaginamos —dijo el amigo de mi padre Hidayatullah, en una ocasión en que hablaron de ello—. Son una mentalidad, y esta mentalidad está por doquier en Pakistán. Alguien que está contra Estados Unidos, contra el *establishment* pakistaní, contra la ley inglesa, se ha contagiado de los talibanes».

El 3 de agosto era ya de noche cuando mi padre recibió una llamada telefónica alarmante de un corresponsal de Geo TV llamado Mehboob. Era sobrino del amigo de mi padre Zahid Khan, el dueño del hotel que había sufrido un atentado en 2009. La gente decía que tanto Zahid Khan como mi padre estaban en el punto de mira de los talibanes y que serían asesinados; lo único sobre lo que había disparidad de opiniones era a quién matarían primero. Mehboob nos dijo que su tío se dirigía a una mezquita que estaba cerca de su casa para rezar las oraciones *isha*, las últimas del día, cuando le dispararon en la cara.

Al oír la noticia mi padre sintió que el suelo se hundía bajo sus pies. «Era como si me hubieran disparado a mí —dijo—. Estaba seguro de que yo sería el siguiente».

Tratamos de convencer a mi padre de que no fuera al hospital, que era muy tarde y los que habían disparado a Zahid Khan podrían estar esperándole. Él respondió que no ir sería actuar con cobardía. Varios activistas políticos compañeros suyos se ofrecieron a acompañarle, pero él pensó que se haría demasiado tarde si les esperaba, así que llamó a mi primo para que le llevara él. Mi madre empezó a rezar.

Cuando llegó al hospital sólo había allí otro miembro de la *jirga*. Zahid Khan sangraba tanto que su barba blanca estaba teñida de rojo. Pero había tenido suerte. Un hombre le había disparado tres veces a quemarropa con una pistola, pero Zahid Khan había conseguido agarrarle la mano de forma que sólo le había dado la primera bala. En una extraña trayectoria le había entrado por el cuello y le salió por la nariz. Más tarde dijo que recordaba a un hombre afeitado allí de pie, sonriendo, que ni siquiera llevaba máscara. Entonces la oscuridad se apoderó de él, como si hubiera caído a un agujero negro. Lo más irónico era que Zahid Khan hacía poco que volvía a ir caminando a la mezquita porque le parecía seguro.

Después de rezar por su amigo, mi padre habló con los medios de comunicación. «No entendemos cómo ha podido sufrir este atentado cuando dicen que reina la paz —dijo—. Es una pregunta importante para el ejército y la administración».

Varias personas advirtieron a mi padre que se marchara del hospital. «Ziauddin, ¡ya es media noche y está aquí! ¡No sea inconsciente! —decían—. Usted es un blanco tan señalado y tan vulnerable como él. ¡No se arriesgue más!».

Finalmente, llevaron a Zahid Khan a Peshawar para ser operado allí y mi padre volvió a casa. Yo no me había ido a dormir porque estaba muy preocupada. Después de aquello todas las noches comprobaba varias veces que todos los cierres estuvieran bien echados.

En casa el teléfono no paraba de sonar. Muchas personas querían advertir a mi padre que él podría ser el siguiente. Hidayatullah fue uno de los primeros en llamar. «Por Dios, ten cuidado —le dijo—. Podrías haber sido tú. Están yendo a por los miembros de la *jirga*, uno por uno. Tú eres el portavoz, ¿cómo te van a dejar vivo?».

Mi padre estaba convencido de que los talibanes le buscarían para matarlo, pero volvió a rechazar la protección policial. «Si vas por ahí con toda esa seguridad, los talibanes usarán kalashnikovs o suicidas, y morirá más gente —dijo—. Al menos, que me maten a mí solo». Tampoco estaba dispuesto a marcharse de Swat. «¿Adónde voy a ir? —preguntó a mi madre—. No me puedo marchar de aquí. Soy presidente del Consejo para la Paz Mundial, portavoz de la *jirga*, presidente de la Asociación de Colegios Privados de Swat, director de mi colegio y cabeza de mi familia».

Su única precaución fue modificar su rutina. Un día iba primero a la escuela primaria, otro al colegio de niñas y al día siguiente al de niños. Observé que siempre que salía miraba a ambos lados de la calle cuatro o cinco veces.

A pesar de los riesgos, mi padre y sus amigos siguieron siendo muy activos, organizando protestas y conferencias de prensa. «¿Por qué dispararon a Zahid Khan si reina la paz? ¿Quién lo hizo? —preguntaban—. Desde que hemos regresado y ya no somos PDI no hemos visto ataques al ejército ni a la policía. Los únicos blancos ahora son los que trabajan en pro de la paz y civiles».

Al comandante local del ejército no le gustaba esto. «Les digo que no hay terroristas en Mingora —insistía—. Nuestros informes nos lo confirman». Y sostenía que a Zahid Khan le habían disparado a causa de una disputa por unas propiedades.

Zahid Khan estuvo doce días en el hospital y después tuvo que recuperarse un mes en su casa de la cirugía para repararle la nariz. Pero se negó a guardar silencio. En todo caso, habló más abiertamente aún, en particular contra las agencias de inteligencia, pues estaba convencido de que estaban detrás de los talibanes. Publicó en la prensa artículos de opinión en los que afirmaba que el conflicto en Swat estaba fabricado. «Sé quién me ha señalado como blanco. Lo que hace falta saber es quién ha mandado a esos militantes contra nosotros», escribió. Exigía que la justicia creara una comisión judicial para investigar quién había llevado a los talibanes a nuestro valle.

Dibujó un boceto de su atacante y dijo que habría que detenerle antes de que disparara a nadie más, pero la policía no hizo nada para encontrarle.

Después de las amenazas que yo había recibido, mi madre no quería que fuera andando a ningún sitio e insistió en que fuera en rickshaw a la escuela y cogiera el autobús para volver, aunque sólo era un paseo de cinco minutos a pie. El autobús me dejaba en los escalones que conducían a nuestra calle. Un grupo de muchachos del vecindario solían estar por allí. A veces estaba con ellos un chico llamado Haroon, que era un año mayor que yo y había vivido en nuestra calle. De niños habíamos jugado juntos y más adelante me dijo que estaba enamorado de mí. Pero entonces vino a vivir con nuestra vecina Safina una prima suya muy guapa y se enamoró de ella. Cuando ella le dijo que no estaba interesada, volvió a prestarme atención. Después de aquello se fueron a vivir a otra calle y nosotros nos mudamos a su antigua casa. Entonces Haroon se marchó a la academia de cadetes del ejército.

Regresaba por vacaciones y un día, cuando yo volvía de la escuela, lo encontré merodeando por la calle. Me siguió hasta mi casa y puso un papel dentro de nuestra verja donde yo pudiera verlo. Pedí a una niña pequeña que me lo trajera. Había escrito: «Te has vuelto muy popular y yo todavía te quiero y tú sabes que me quieres. Éste es mi teléfono, llámame».

Enseñé la nota a mi padre, que se enfadó mucho. Llamó a Haroon y le dijo que iba a hablar con su padre. Ésa fue la última vez que le vi. Después de aquello, aquellos chicos dejaron de venir a nuestra calle, aunque uno de los pequeños, que jugaba con Atal, decía con voz insinuante «¿Cómo está Haroon?» cada que me veía. Me harté tanto un día que le dije a Atal que lo trajera a casa. Le grité tan enfadada que no volvió a hacerlo.

Conté a Moniba lo que había ocurrido y volvimos a ser amigas. Ella siempre tenía mucho cuidado al tratar con chicos porque sus hermanos observaban todo. «A veces pienso que es más fácil ser un vampiro de *Crepúsculo* que una chica en Swat», suspiré. Pero en realidad deseaba que la pesadez de un chico fuera el mayor de mis problemas.

20

¿Quién es Malala?

A finales del verano, una mañana que mi padre se estaba preparando para ir a la escuela, observó que la pintura en que yo aparecía mirando al cielo que me había regalado la escuela de Karachi se había torcido durante la noche. Aquella pintura le encantaba y la había colgado sobre su cama. Verla torcida le molestó mucho. «Por favor, ponla derecha», pidió a mi madre con una brusquedad inusitada.

Aquella misma semana nuestra profesora de matemáticas, la señorita Shazia, llegó a la escuela completamente alterada. Dijo a mi padre que había tenido una pesadilla en la que yo llegaba al colegio con una pierna quemada y que ella me había tratado de proteger. Le rogó que diera arroz cocido a los pobres, pues creemos que si das arroz, incluso las hormigas y los pájaros comerán los granos que caigan al suelo y rezarán por nosotros. Sin embargo, mi padre dio dinero, pero ella estaba preocupada y decía que no era lo mismo.

Nos reímos de la premonición de la señorita Shazia, pero yo también empecé a tener pesadillas. Aunque no dije nada a mis padres, siempre que salía tenía miedo de que me atacaran talibanes armados o me arrojaran ácido a la cara, como habían hecho a las mujeres en Afganistán. Especialmente tenía miedo en los escalones que conducían a nuestra calle, donde antes se solían reunir los chicos. A veces creía oír pisadas detrás de mí o ver figuras que se deslizaban en las sombras.

A diferencia de mi padre, tomé precauciones. Por la noche esperaba a que todos estuvieran dormidos —mi madre, mi padre, mis hermanos, los parientes y los invitados de la aldea que estuvieran en casa— y comprobaba todas las puertas y ventanas de la casa. Salía y me aseguraba que la puerta del jardín estuviera bien cerrada. Después controlaba las habitaciones, una por una. Mi habitación estaba en la parte de delante y yo dejaba las cortinas sin echar. Aunque mi padre me había dicho que no lo hiciera, yo quería poder verlo todo. «Si quisieran matarme, ya lo habrían hecho en 2009», decía, pero me preocupaba que alguien apoyara una escalera contra la casa, subiera y entrara por una ventana.

Entonces rezaba. De noche rezaba mucho. Los talibanes piensan que no somos musulmanes, pero lo somos. Creemos en Dios más que ellos y confiamos en su protección. Solía recitar el *Ayat al-Kursi*, el versículo del Trono, de la segunda sura del Corán, el capítulo de la Vaca. Es un versículo muy especial y nosotros creemos que si lo recitas tres veces por la noche tu hogar estará libre de *shayatin* o demonios. Cuando lo recitas cinco veces, la calle entera estará a salvo y con siete veces más estará protegida toda la zona. Así que yo lo recitaba siete veces o incluso más. Entonces rogaba a Dios: «Bendícenos. Primero a nuestro padre y a la familia, después a nuestra calle, después a todo el *mohalla*, y también a todo Swat». Entonces añadía: «No, a todos los musulmanes». Y, después: «No, no sólo a los musulmanes; bendice a todos los seres humanos».

En la época de exámenes era cuando más rezaba. Era la única vez en que mis amigas y yo decíamos las cinco oraciones al día como mi madre siempre quería que hiciera. Especialmente me costaba trabajo a primera hora de la tarde, porque no quería que me quitaran de delante del televisor. En época de exámenes rezaba a Alá para pedirle buenas notas, pero los maestros nos advertían: «Dios no os concederá buenas notas si no os esforzáis. Dios os colmará de bendiciones, pero también es honesto».

Así que estudiaba mucho. Normalmente los exámenes me gustaban porque los veía como una oportunidad de demostrar lo que sabía. Pero cuando llegaron los de octubre de 2012, sentía la presión. No quería volver a quedar la segunda después de Malka-e-Noor como me había ocurrido en marzo. Entonces me había superado no por uno o dos puntos, que era la diferencia habitual entre nosotras, sino ¡por cinco puntos! Había estado tomando clases de apoyo con el señor Amjad, que dirigía el instituto de los chicos. La noche anterior al comienzo de los exámenes me quedé hasta las tres de la mañana estudiando y repasé un libro entero.

El lunes 8 de octubre tuve el primer examen, que era de física. Me encanta la física porque su objeto es la verdad, un mundo determinado por principios y leyes, sin divagaciones ni tergiversaciones como en la política, sobre todo la de mi país. Mientras esperábamos la señal para empezar el examen recité versículos sagrados en voz baja. Cuando terminé sabía que había cometido un error en la parte de rellenar los espacios en blanco. Estaba tan disgustada conmigo misma que casi lloré. Sólo era una pregunta que valía un punto, pero me pareció una premonición de algo terrible.

Cuando llegué a casa por la tarde tenía sueño, pero al día siguiente teníamos el examen de historia y cultura de Pakistán, que a mí no se me daba bien. Me preocupaba perder más puntos todavía, así que me hice un café con leche para ahuyentar los demonios del sueño. Cuando llegó mi madre, lo probó, le gustó y se lo bebió todo. No pude decirle: «*Bhabi*, no te lo bebas, por favor, que es mi café». Pero no quedaba más café en el armario. Esa noche también me quedé despierta hasta tarde, memorizando la historia de nuestra independencia.

Como siempre, mis padres vinieron a despertarme a la mañana siguiente. No recuerdo un solo día de colegio en que me haya despertado por mí misma. Mi madre hizo nuestro desayuno habitual de té azucarado, chapatis y huevo frito. Desayunamos todos juntos: mi madre, mi padre, Khushal, Atal y yo. Era un gran día para mi madre: por la tarde iba a empezar a tomar lecciones para aprender a leer y a escribir con la señorita Ulfat, mi antigua maestra del jardín de infancia.

Mi padre empezó a bromear con Atal, que ya tenía ocho años y cada día era más descarado. «Mira, Atal, cuando Malala sea primer ministro, tú serás su secretario», le dijo.

Atal se enfadó mucho: «¡Nada de eso! —dijo—. No soy menos que Malala. Yo seré primer ministro y ella será mi secretaria». Tanto bromear significó que sólo me dio tiempo a comerme medio huevo y no pude recoger.

El examen de historia de Pakistán fue mejor de lo que había esperado. Nos hicieron preguntas sobre cómo había creado Jinnah el primer país musulmán y sobre la tragedia nacional que supuso la fundación de Bangladés. Era extraño pensar que en el pasado había formado parte de Pakistán aunque estaba a casi dos mil kilómetros de distancia. Respondí a todas las preguntas y estaba bastante segura de que lo había hecho bien. Cuando el examen acabó estaba contenta, charlando y chismorreando con mis amigas mientras esperábamos que Sher Mohammad Baba, un asistente del colegio, nos avisara de que el autobús había llegado.

El autobús hacía dos viajes diariamente, y aquel día cogimos el segundo. Nos gustaba quedarnos en la escuela y Moniba dijo: «Como estamos cansadas por el examen, vamos a quedarnos un rato a charlar antes de ir a casa». Me había tranquilizado que el examen de historia de Pakistán me hubiera salido tan bien, así que le dije que sí. Aquel día no tenía preocupaciones. Tenía hambre, pero como ya habíamos cumplido quince años ya no podíamos salir a la calle, así que pedí a una de las niñas pequeñas que me trajera una mazorca de maíz. Comí un poco y le di el resto a otra niña.

A las doce en punto *Baba* nos llamó por el altavoz. Bajamos corriendo los escalones. Las demás niñas se cubrieron la cara antes de salir del edificio y subir al autobús. Yo me ponía el pañuelo por la cabeza, pero nunca me tapaba la cara.

Pedí a Usman Bhai Jan que nos contara una broma mientras esperábamos a que llegaran dos profesoras. Tiene una colección de anécdotas increíblemente divertidas. Aquel día, en vez de contarnos una historia, hizo un truco de magia para que desapareciera un guijarro. «¡Enséñenos cómo lo hizo!», le pedimos todas, pero él se negó.

Cuando todas estábamos sentadas, la señorita Rubi y varios niños pequeños subieron a la cabina con él. Otra niña pequeña se puso a llorar porque también quería subir. Usman Bhai Jan dijo que no, que no había sitio; tendría que ir detrás con nosotras. Pero me dio pena y le convencí de que la dejara ir en la cabina.

Mi madre había dicho a Atal que fuera en el autobús conmigo, así que salió de la escuela primaria y vino al autobús. Le gustaba colgarse de la rampa de acceso en la parte de atrás, lo que enfadaba mucho a Usman Bhai Jan porque era peligroso. Aquel día Usman Bhai Jan ya se estaba impacientando y no le dejó. «Atal Khan, siéntate dentro o no te llevo», le dijo. Atal tuvo una rabieta y se negó, por lo que se fue andando a casa malhumorado con varios amigos suyos.

Usman Bhai Jan puso en marcha el *dyna*. Yo hablaba con Moniba, mi prudente y buena amiga. Algunas niñas cantaban y yo seguía el ritmo con los dedos en el asiento.

A Moniba y a mí nos gustaba sentarnos cerca de la parte de atrás, que estaba abierta y podíamos mirar afuera. A esa hora la carretera de Haji Baba siempre era un caos de rickshaws de colores, gente a pie y hombres en motocicleta, todos zigzagueando y tocando el claxon. Un niño que vendía helados en un triciclo rojo que tenía pintados misiles nucleares en blanco fue detrás de nosotros haciéndonos señales con la mano hasta que una profesora le dijo que se alejara. Un hombre estaba decapitando pollos y la sangre goteaba al suelo. Yo seguía marcando el ritmo con los dedos. Crack, crack, crack. Plop, plop, plop. Es curioso que, de pequeña, siempre había oído que los habitantes de Swat eran tan pacíficos que resultaba difícil encontrar a un hombre para matar a un pollo.

El aire olía a diésel, pan y kebab mezclados con el hedor del río al que la gente seguía arrojando la basura y nunca iba a dejar de hacerlo por muchas campañas que organizara mi padre. Pero estábamos acostumbrados. Además, pronto llegaría el invierno y traería la nieve que limpiaría y acallaría todo.

El autobús giró a la derecha de la carretera principal en el puesto de control del ejército. En un quiosco había un cartel en el que se veía a hombres de mirada demente, con barbas y gorros o turbantes bajo grandes letras que decían TERRORISTAS BUSCADOS. La foto del primero, con barba y turbante negro, era de Fazlullah. Habían pasado más de tres años desde el comienzo de la operación militar para expulsar de Swat a los talibanes. Estábamos agradecidos al ejército pero no entendíamos por qué seguían por todas partes, con nidos de ametralladoras en las azoteas y puestos de control. Incluso para entrar en el valle era necesario un permiso oficial.

En la carretera que sube por la pequeña colina suele haber mucho ajetreo porque es un atajo, pero aquel día reinaba una extraña tranquilidad. «¿Dónde está toda la gente?», pregunté a Moniba. Todas íbamos cantando y charlando y nuestras voces reverberaban en el interior del autobús.

En aquellos momentos mi madre probablemente estaría entrando en nuestra escuela para tomar su primera lección desde que la dejó a los seis años.

No vi a los dos jóvenes ponerse en medio de la carretera y obligar al autobús a detenerse repentinamente. Ni siquiera pude responder a su pregunta «¿Quién es Malala?» o les habría explicado por qué debían dejarnos a las niñas ir a la escuela, y también a sus hermanas e hijas.

Lo último que recuerdo es que estaba pensando en el repaso que tenía que hacer para el día siguiente. En mi cabeza los sonidos no eran el *bang, bang, bang* de los tres disparos, sino el *crack, crack, crack, plop, plop, plop* del hombre que cortaba las cabezas a los pollos y las iba arrojando a la sucia calle, una por una.

Parte cuarta
Entre la vida y la muerte

بنیري به ولي درته نه کرم   توره توپکه ورانه وي ودان کورونه

Khairey ba waley darta na kram
  Toora topaka woranawey wadan korona

¡Armas de las Tinieblas! ¿Por qué no voy a maldeciros?
  Habéis reducido a escombros hogares llenos de amor.

21

«Dios, la pongo en Tus manos»

En cuanto Usman Bhai Jan se dio cuenta de lo que había ocurrido llevó el *dyna* al Hospital Central de Swat a la máxima velocidad. Las otras niñas lloraban y gritaban. Yo había caído sobre el regazo de Moniba y sangraba por la cabeza y el oído izquierdo. Enseguida, un policía detuvo el autobús y empezó a hacer preguntas, por lo que perdimos un tiempo precioso. Una compañera me buscó el pulso en el cuello. «¡Está viva! —gritó—. Tenemos que llevarla al hospital. ¡Déjenos en paz y busque al hombre que ha hecho esto!».

Mingora nos parecía una gran ciudad, pero en realidad es una población pequeña y las noticias se difunden rápidamente. Mi padre se encontraba en el Club de Prensa de Swat en una reunión de la Asociación de Colegios Privados y acababa de subir al estrado para hablar cuando sonó su móvil. Reconoció el número del Colegio Khushal y dio el teléfono a su amigo Ahmad Shah para que respondiera él. «Han disparado al autobús de tu colegio», susurró con voz apremiante a mi padre.

Mi padre se quedó lívido. De inmediato, pensó *¡Malala podía ir en ese autobús!* Intentó tranquilizarse imaginando que podría ser un muchacho, algún enamorado celoso que había disparado una pistola al aire para avergonzar a su amada. Estaba en una reunión importante de cuatrocientos directores de colegios que habían venido de todo Swat para protestar contra los planes del gobierno de imponer una autoridad central reguladora. Como presidente de su asociación, mi padre era consciente de que no podía defraudar a todas aquellas personas y pronunció su discurso, como estaba previsto. Pero le caían gotas de sudor por la frente y, por una vez, no fue necesario que alguien le dijera que abreviara.

En cuanto terminó, no esperó al turno de preguntas y se marchó apresuradamente al hospital con Ahmad Shah y otro amigo, Riaz, que tenía coche. El hospital sólo estaba a cinco minutos de distancia. Cuando llegaron, se habían congregado a la entrada grupos de gente, así como fotógrafos y cámaras de televisión. Entonces supo con certeza que yo estaba allí. Sintió que se derrumbaba. Se abrió paso entre la gente y entró corriendo entre los flashes de las cámaras. Dentro yo estaba tumbada en una camilla, con un vendaje en la cabeza, los ojos cerrados, el pelo extendido.

«Hija mía, eres mi valiente hija, mi maravillosa hija», no cesaba de repetir, besándome la frente y las mejillas y la nariz. No sabía por qué me lo estaba diciendo en inglés. Creo que, de alguna manera, yo sabía que estaba allí aunque tuviera los ojos cerrados. Mi padre dijo más tarde: «No lo puedo explicar. Sentí que ella respondía». Alguien dijo que yo sonreí. Pero para mi padre no fue una sonrisa, sino un breve momento maravilloso porque supo que no me había perdido para siempre. Verme así fue lo peor que le había ocurrido en su vida. Todos los hijos son especiales para sus padres, pero, para mi padre, yo era su universo. Había sido su compañera de lucha durante tanto tiempo, primero como Gul Makai, después abiertamente como Malala. Siempre había creído que si los talibanes venían por alguien, sería por él, no por mí. Dijo que se sintió como si le hubiera golpeado un rayo. «Su objetivo había sido doble: matar a Malala y silenciarme para siempre».

Tenía miedo, pero no lloró. Había gente por todas partes. Los directores que habían ido a la reunión fueron al hospital y había decenas de medios de comunicación y activistas; parecía que toda la ciudad estaba allí. «Recen por Malala», les dijo. El médico le tranquilizó, le dijo que el escáner que me habían hecho mostraba que la bala no había pasado cerca del cerebro. Habían desinfectado la herida y la habían vendado.

«¡Ziauddin! ¿Qué han hecho?». La señorita Maryam entró apresuradamente. Ese día no había ido al colegio, porque se había quedado en casa cuidando a su bebé. Cuando recibió una llamada telefónica de su cuñado para comprobar si estaba bien se asustó y encendió el televisor. Entonces vio el titular de que se había producido un tiroteo en el autobús del Colegio Khushal. En cuanto oyó que me habían disparado llamó a su marido, que la llevó al hospital en la parte de atrás de la moto, algo insólito para una mujer pashtún respetable. «Malala, Malala. ¿Me oyes?», me dijo.

Hice un ruido ronco.

Maryam trató de averiguar cómo estaban las cosas. Un médico que conocía le dijo que la bala me había penetrado por la frente, no por el cerebro, y que mi vida no corría peligro. También fue a ver a las otras dos niñas del colegio que estaban heridas. A Shazia le habían disparado dos veces, en la clavícula izquierda y en la palma de una mano, y la habían ingresado conmigo. Kainat al principio no se había dado cuenta de que estaba herida y se había ido a casa. Entonces descubrió que una bala le había rozado el brazo derecho y su familia la trajo al hospital.

Mi padre era consciente de que debía ir a ver cómo estaban pero no quería apartarse de mi lado ni un minuto. Su teléfono no dejaba de sonar. El ministro de KPK fue la primera persona que llamó. «No se preocupe, vamos a ocuparnos de todo —dijo—. El Lady Reading Hospital de Peshawar les espera». Pero fue el ejército el que se ocupó de todo. A las tres de la tarde se presentó el comandante local y anunció que un helicóptero militar nos iba a llevar a mi padre y a mí a Peshawar. No había tiempo para ir a buscar a mi madre, así que Maryam insistió en que ella también venía, pues yo podría necesitar la ayuda de una mujer. A su familia no le gustó la idea, pues todavía estaba criando a su bebé, al que acababan de someter a una pequeña operación. Pero Maryam es como mi segunda madre.

Ya en la ambulancia, mi padre temía un nuevo atentado de los talibanes. Le parecía que todo el mundo debía de saber quién iba dentro. El helipuerto estaba a menos de dos kilómetros de distancia, cinco minutos en coche, pero todo el camino estuvo intranquilo. Cuando llegamos el helicóptero todavía no estaba allí y esperamos dentro de la ambulancia durante lo que le parecieron horas. Por fin aterrizó y me llevaron a bordo con mi padre, mi primo Khanjee, Ahmad Shah y Maryam. Ninguno de ellos había montado nunca en helicóptero. Sobrevolamos una gala deportiva del ejército con música patriótica a todo volumen desde los altavoces. Oírles cantar sobre el amor a su país le parecía fuera de lugar. Normalmente le gustaba cantar con ellos, pero una canción patriótica no parecía apropiada cuando tu hija de quince años había recibido un disparo en la cabeza y estaba a punto de morir.

Abajo, mi madre miraba hacia el cielo desde la azotea. Cuando se enteró de que me habían herido estaba dando su lección de lectura con la señorita Ulfat y esforzándose por aprender palabras como «libro» y «manzana». Al principio la noticia había sido confusa y creía que había tenido un accidente y me había hecho una herida en un pie. Fue corriendo a casa y se lo dijo a mi abuela, que por aquellas fechas estaba con nosotros. Le pidió que se pusiera a rezar inmediatamente; nosotros creemos que Alá presta más atención a las personas de pelo blanco. Pronto la casa estaba llena de mujeres. En nuestra cultura, si alguien muere, las mujeres van a la casa del difunto y los hombres a la *hujra*, no sólo la familia y los amigos más cercanos, sino todo el vecindario.

Mi madre estaba asombrada de ver a tanta gente. Se había sentado en la alfombra de oración y recitaba el Corán. Dijo a las mujeres: «¡No lloréis! ¡Rezad!». Entonces mis hermanos entraron corriendo en la habitación. Atal, que había vuelto del colegio andando, encendió el televisor y vio la noticia de que me habían disparado. Llamó a Khushal y se unieron a los llantos. El teléfono no dejaba de sonar. La gente tranquilizó a mi madre diciéndole que aunque me habían disparado en la cabeza, la bala apenas me había rozado la frente. Mi madre estaba muy confusa con historias tan distintas, primero una herida en un pie y después un disparo en la cabeza. Pensó que a mí me parecería extraño que no viniera a verme, pero la gente le dijo que no fuera, pues si yo no había muerto, estarían a punto de trasladarme. Uno de los amigos de mi padre la llamó y le dijo que me iban a llevar a Peshawar en helicóptero y que ella tendría que ir en coche. El peor momento para ella fue cuando alguien llegó a casa con mis llaves, que habían encontrado en el lugar del atentado. «¡No quiero llaves, quiero a mi hija! —exclamó—. ¿Para qué valen sin Malala?». Entonces oyeron el helicóptero.

El helipuerto estaba a un kilómetro y medio de distancia de nuestra casa y todas las mujeres subieron corriendo a la azotea. «¡Debe de ser Malala!», decían. Mientras veían el helicóptero sobrevolar la casa, mi madre se quitó el pañuelo —un gesto insólito en una mujer pashtún— y lo levantó hacia el cielo sujetándolo con las dos manos, como si fuera una ofrenda. «Dios, la pongo en Tus manos —dijo al cielo—. No aceptamos seguridad de la policía. Tú eres nuestro protector. Estaba bajo Tu cuidado y Tú nos la devolverás».

En el helicóptero yo iba vomitando sangre. Mi padre estaba horrorizado, pensando que eso significaba que tenía una hemorragia interna. Pero Maryam se dio cuenta de que yo estaba tratando de limpiarme la boca con el pañuelo. «¡Mira! ¡Está respondiendo! —dijo—. Es muy buena señal».

Cuando aterrizamos en Peshawar supusieron que nos llevarían al Lady Reading Hospital, donde estaba el doctor Mumtaz, un excelente neurocirujano que les habían recomendado. Pero se alarmaron cuando nos llevaron al CMH, Hospital Militar Combinado. El CMH es un gran hospital de ladrillo que data del dominio británico. Cuenta con seiscientas camas y se estaba construyendo una nueva torre para ampliarlo. Peshawar es la puerta de entrada a las FATA y desde que el ejército penetró en esas zonas en 2004 para hacer frente a los militantes, el hospital había estado atendiendo a numerosos soldados y víctimas de los frecuentes atentados suicidas en la ciudad y sus alrededores. Como en gran parte del país, había bloques de hormigón y puestos de control alrededor del CMH para protegerlo de los terroristas suicidas.

Me condujeron a toda prisa a la Unidad de Cuidados Intensivos, que se encuentra en un edificio separado. En la sala de enfermería el reloj mostraba que era poco después de las cinco de la tarde. Me llevaron a una cabina de aislamiento con paredes de cristal y una enfermera me puso un goteo. En la habitación contigua había un soldado que había sufrido unas quemaduras terribles en mi atentado con un artefacto explosivo improvisado y había perdido una pierna. Vino un hombre joven que se presentó como el coronel Junaid, neurocirujano. Esto inquietó más aún a mi padre. Le parecía que, por su juventud, no tenía aspecto de médico. Maryam dijo que era mi madre para poder entrar.

El coronel Junaid me examinó. Yo no había perdido el conocimiento y me movía inquieta, pero no hablaba ni era consciente de nada y tenía espasmos oculares. El coronel me cosió la herida por encima de la ceja izquierda, donde la bala había entrado, pero le sorprendió no encontrar ninguna bala en el escáner. «Si hay una entrada tiene que haber una salida», dijo. Me palpó la espina dorsal y localizó la bala junto a la escápula izquierda. «Debió de estar agachándose, y tenía el cuello inclinado cuando la dispararon», dijo.

Me hicieron otro escáner. Entonces el coronel llamó a mi padre para hablar con él en su despacho, donde había puesto las tomografías en una pantalla. Le explicó que en Swat me habían hecho el escáner sólo desde un ángulo, pero el que me acababan de hacer mostraba que la herida era más grave. «Mire, Ziauddin, se ve que la bala pasó muy cerca del cerebro —le dijo, y añadió que la membrana cerebral estaba dañada por partículas de hueso—. Debemos rezar a Dios. Hay que esperar. No podemos operar en este estado».

Mi padre se inquietó más aún. En Swat los médicos le habían dicho que era algo sencillo y ahora parecía grave. Y si era grave, ¿por qué no operaban todavía? No se sentía cómodo en un hospital militar. En nuestro país, que ha estado varias veces gobernado por el ejército, la gente muchas veces desconfía de los militares, especialmente en Swat, donde tardaron tanto en actuar contra los talibanes. Un amigo de mi padre le llamó y le dijo: «Sácala de ese hospital. No queremos que se convierta en *shaheed millat* [mártir de la nación] como Liaquat Ali Khan». Mi padre no sabía qué hacer.

«Estoy confuso —le dijo al coronel Junaid—. ¿Por qué nos han traído aquí? Yo creía que iríamos al hospital civil». Y le pidió: «¿Sería posible traer al doctor Mumtaz?».

«¿Cree que eso sería aceptable?», repuso el coronel Junaid, lógicamente ofendido.

Después descubrimos que, a pesar de su aspecto juvenil, ejercía su especialidad desde hacía trece años y que era el neurocirujano más experimentado y condecorado del ejército pakistaní. Había ingresado en el ejército como médico porque contaban con más medios, siguiendo los pasos de su tío, que también era neurocirujano militar. El CMH de Peshawar estaba en primera línea de la guerra contra los talibanes y Junaid tenía que curar heridas de balas y explosiones cada día. «He tratado a miles de Malalas», dijo más tarde.

Pero mi padre no sabía eso en aquellos momentos y se deprimió mucho. «Haga lo que considere oportuno —dijo—. Usted es el médico».

Las horas siguientes fueron de espera, mientras las enfermeras me controlaban el ritmo cardiaco y las constantes vitales. A veces emitía un gemido ronco y movía una mano o los ojos. Entonces Maryam decía: «Malala, Malala». Una vez abrí los ojos completamente. «Nunca me había fijado en lo bonitos que son sus ojos», dijo Maryam. Yo estaba inquieta e intentaba soltar el dedo del detector. «No hagas eso», me dijo Maryam.

«Señorita, no me regañe», susurré, como si estuviera en la escuela. La señorita Maryam era una directora estricta.

Más tarde llegó mi madre con Atal. Habían hecho el viaje de cuatro horas en coche, y les había traído el amigo de mi padre Mohammad Farooq. Antes de que llegaran, Maryam la había llamado para advertirla: «Cuando veas a Malala no llores ni grites. Puede oírte, aunque parezca que no». Mi padre también la llamó y le dijo que se preparara para lo peor. Quería protegerla.

Cuando llegó mi madre se abrazaron y contuvieron las lágrimas. «Aquí está Atal —me dijo—. Ha venido a verte».

Atal estaba asustado y lloró mucho. «Mamá —sollozaba—, Malala está muy malita».

Mi madre estaba en shock y no podía entender por qué los médicos no me operaban para extraer la bala. «Mi valiente hija, mi preciosa hija», lloraba. Atal estaba haciendo tanto ruido que un ordenanza tuvo que llevárselos al hostal militar del hospital donde se iban a quedar.

Mi padre estaba asombrado de toda la gente que se había reunido a la entrada del hospital —políticos, dignatarios del gobierno, ministros provinciales— para mostrar su apoyo. Estaba allí incluso el gobernador, que entregó a mi padre cien mil rupias para mi tratamiento. En nuestra sociedad, cuando alguien muere, es un honor que un dignatario venga a tu casa. Pero mi padre estaba indignado. Le parecía que toda aquella gente sólo estaba esperando mi muerte y que no habían hecho nada para protegerme.

Más tarde, mientras comían, Atal encendió el televisor. Mi padre la apagó de inmediato. No podía ver las noticias del atentado en aquel momento. Cuando salió de la sala, Maryam volvió a encenderla. Todos los canales mostraban imágenes mías acompañadas de plegarias y poemas emotivos, como si hubiera muerto. «Mi Malala, mi Malala», sollozaba mi madre, y Maryam se unió a ella en el llanto.

A medianoche el coronel Junaid pidió hablar con mi padre fuera de la UCI. «Ziauddin, el cerebro de Malala se está hinchando». Mi padre no sabía qué significaba esto. El doctor le dijo que mi estado se había empezado a deteriorar, estaba perdiendo la conciencia y volvía a vomitar sangre. El coronel Junaid pidió un tercer escáner. Éste mostró que el cerebro se me estaba hinchando peligrosamente.

«Pero yo creía que la bala no había entrado en el cerebro», dijo mi padre.

El coronel Junaid le explicó que un hueso se había fracturado y algunos fragmentos habían penetrado en el cerebro, lo que estaba haciendo que se hinchara y me estaba provocando un shock. Era necesario extraer parte del cráneo para que la presión sobre el cerebro no se hiciera insoportable. «Si queremos que tenga alguna posibilidad, hay que operarla —dijo—. Si no la operamos, puede morir. No quiero que mire atrás y lamente no haber hecho nada».

A mi familia le sonaba muy drástico lo de extraerme parte del cráneo. «¿Sobrevivirá?», preguntó desesperado, pero en aquellos momentos no se le podía dar seguridad.

Fue una valiente decisión del coronel Junaid, cuyos superiores no estaban convencidos y se les estaba presionando para que me enviaran al extranjero. Fue una decisión que me salvó la vida. Mi padre le dio su conformidad y el coronel Junaid le dijo que llamaría al doctor Mumtaz para contar con su ayuda. La mano de mi padre temblaba cuando firmó el consentimiento. Allí, en negro sobre blanco, estaban las palabras «el paciente puede morir».

La operación comenzó hacia la una y media de la noche. Mis padres esperaron fuera del quirófano. «Dios, por favor, haz que Malala se ponga bien —suplicaba mi padre, e intentó negociar con Dios—. Aunque tenga que vivir en el desierto del Sáhara, necesito sus ojos abiertos; no podré vivir sin ella. Dios, permite que le dé a ella el resto de mi vida; yo ya he vivido lo suficiente. Incluso si queda con secuelas, permite que sobreviva».

Al cabo de un rato mi madre le interrumpió. «Dios no es cicatero —dijo—. Me devolverá a mi hija como era». Empezó a rezar con el Corán en las manos, de pie ante la pared, recitando versículos durante horas y horas.

«Nunca he visto a nadie rezar como ella —dijo Maryam—. Me pareció que Dios escucharía sus plegarias».

Mi padre intentó no pensar sobre el pasado y si había cometido un error animándome a alzar la voz públicamente por lo que creía.

En el quirófano el coronel Junaid seccionó con una sierra un cuadrado de ocho a diez centímetros de la parte superior izquierda del cráneo para que el cerebro pudiera descomprimirse. Entonces hizo una incisión en el tejido subcutáneo a la izquierda del estómago y colocó ahí el trozo de hueso para conservarlo. A continuación realizó una traqueotomía porque temía que la hinchazón me bloqueara las vías respiratorias. También me extrajo coágulos del cerebro y la bala de la escápula izquierda. Después de todo esto me conectaron a un respirador artificial. La operación duró casi cinco horas.

A pesar de las oraciones de mi madre, mi padre pensaba que el noventa por ciento de las personas que aguardaban afuera simplemente estaban esperando la noticia de mi muerte. Algunos de ellos, sus amigos y simpatizantes, estaban consternados, pero le parecía que otros tenían envidia de nuestro perfil público y creían que nos habíamos buscado lo ocurrido.

Mi padre había salido un momento para descansar de la intensidad del quirófano cuando se acercó a él una enfermera. «¿Es usted el padre de Malala?». De nuevo le dio un vuelco el corazón. La enfermera le acompañó a una sala.

Él creía que le iban a decir: «Lo sentimos, me temo que la hemos perdido». Pero en cuanto entró le dijeron: «Necesitamos que alguien vaya a recoger sangre al banco de sangre». Aunque fue un alivio, se preguntó *¿Es que soy la única persona que puede ir a buscarla?* Y fue un amigo suyo.

Eran aproximadamente las cinco y media de la mañana cuando salieron los cirujanos. Entre otras cosas le dijeron a mi padre que habían seccionado un trozo del cráneo y me lo habían puesto en el abdomen. En nuestra cultura los médicos no explican las cosas a los pacientes ni a los familiares, pero mi padre les dijo humildemente: «Si no les importa, tengo una pregunta estúpida. ¿Creen que vivirá?».

«En medicina dos y dos no siempre son cuatro —repuso el coronel Junaid—. Hemos hecho lo que teníamos que hacer, retirar el trozo de cráneo. Ahora hay que esperar».

«Tengo otra pregunta estúpida —dijo mi padre—. ¿Y ese hueso? ¿Qué van a hacer con él?».

«Dentro de tres meses se lo volveremos a poner —repuso el doctor Mumtaz—. Es muy fácil. Así de simple», y dio una palmada.

A la mañana siguiente las noticias eran buenas. Yo había movido los brazos. Entonces vinieron a examinarme tres importantes cirujanos de la provincia. Dijeron que el coronel Junaid y el doctor Mumtaz habían hecho un trabajo espléndido y que la operación había ido muy bien, pero que me debían poner en coma inducido porque si recuperaba la conciencia, el cerebro sufriría presión.

Mientras me encontraba entre la vida y la muerte, los talibanes emitieron un comunicado en el que asumían la responsabilidad por el atentado, pero negando que fuera por mi campaña por la educación. «Hemos llevado a cabo este atentado, y todo el que hable en contra de nosotros correrá la misma suerte —declaró Ehsanullah Ehsan, portavoz del TTP—. Malala se ha puesto en nuestro punto de mira por su trabajo pionero predicando el secularismo... Era joven pero estaba promoviendo la cultura occidental en las zonas pashtunes. Era prooccidental, hablaba en contra los talibanes, decía que el presidente Obama era su ídolo».

Mi padre sabía a qué se refería. Cuando gané el Premio Nacional de la Paz el año anterior estuve en muchas entrevistas televisadas y en una de ellas me habían preguntado quiénes eran mis políticos favoritos. Elegí a Khan Abdul Ghaffar Khan, Benazir Bhutto y el presidente Obama. Había leído mucho sobre Obama y le admiraba porque era un joven negro de una familia modesta que había alcanzado sus ambiciones y sueños. Pero la imagen de Estados Unidos en Pakistán era la de los drones, los ataques secretos en nuestro territorio y Raymond Davis.

Un portavoz talibán dijo que Fazlullah había ordenado el atentado en una reunión dos meses antes. «Todo el que se ponga del lado del gobierno contra nosotros morirá a nuestras manos —dijo—. Ya veréis. Pronto caerán otras personas importantes». Añadió que dos hombres de la zona habían recogido información sobre mí y la ruta del colegio, y que habían llevado a cabo el atentado cerca de un puesto del ejército a propósito para demostrar que podían actuar donde quisieran.

A la mañana siguiente, unas horas después de la operación, se produjo una actividad frenética para poner todo en orden y que los uniformes de todos estuvieran impecables. Entonces entró el general Kayani. «Las oraciones del país están con usted y con su hija», le dijo a mi padre. Yo había conocido al general Kayani cuando vino a Swat a finales de 2009 para un gran mitin después de la campaña contra los talibanes.

«Estoy muy contenta de que hayan hecho un trabajo espléndido —dije en aquella ocasión—. Ahora sólo les queda atrapar a Fazlullah». Toda la sala aplaudió y el general Kayani se acercó a mí y me puso la mano en la cabeza como un padre.

El coronel Junaid informó al general sobre la operación y el tratamiento que proponía, y el general Kayani le dijo que enviara las tomografías al extranjero para recabar la opinión de los mejores expertos. Después de su visita no se permitió que nadie se acercara a mi cama por el riesgo de infección. Pero seguían viniendo: Imran Khan, el jugador de criquet convertido en político; Mian Iftikhar Hussein, el ministro de Información provincial y crítico declarado de los talibanes, cuyo único hijo había sido asesinado por ellos; y el ministro jefe de nuestra provincia, Haider Hoti, con el que había ido a programas de debate. A ninguno de ellos se le permitió pasar.

«Podéis estar seguros de que Malala no va a morir —dijo Hoti a la gente—. Le queda mucho por hacer».

Entonces, a las tres de la tarde, llegaron dos médicos británicos en helicóptero desde Rawalpindi. Eran el doctor Javid Kayani y la doctora Fiona Reynolds, que pertenecían a hospitales de Birmingham y se encontraban en Pakistán asesorando al ejército sobre cómo organizar el primer programa de trasplante de hígado del país. Nuestro país está lleno de estadísticas sobrecogedoras, no sólo respecto a la educación, y una de ellas es que uno de cada siete niños enferma de hepatitis, en parte debido al uso de agujas sucias, y muchos mueren de enfermedades del hígado. El general Kayani estaba decidido a cambiar esto y el ejército volvía a intervenir donde los civiles habían fracasado. Pidió a los médicos que le informaran de sus progresos antes de regresar a su país, lo que iba a ocurrir a la mañana siguiente de mi atentado. Cuando fueron a verle, tenía dos televisores encendidos, uno en un canal urdu y el otro en *Sky News* en inglés, que estaban informando de lo ocurrido.

El jefe del ejército y el médico no tienen relación aunque se apellidan igual, pero se conocían bien, y el general dijo al doctor Javid que le preocupaban los informes contradictorios que estaba recibiendo y le pidió que valorase mi estado antes de volver al Reino Unido. El doctor Javid, que es asesor médico de urgencias sanitarias en el Queen Elizabeth Hospital, estuvo de acuerdo, pero pidió que le acompañara la doctora Fiona, del Children's Hospital de Birmingham y especialista en cuidados intensivos pediátricos. A ella le inquietaba ir a Peshawar, que se ha convertido en zona prohibida para los extranjeros, pero se mostró dispuesta cuando supo que yo era una activista por la educación de las niñas, pues se consideraba afortunada de haber podido ir a la escuela y formarse como médico.

Al coronel Junaid y al director del hospital no les agradó recibir su visita, pero la discusión se terminó cuando el doctor Javid mencionó quién les enviaba. A los médicos británicos no les satisfizo lo que encontraron. Lo primero fue que cuando abrieron un grifo para lavarse las manos no había agua. Después, la doctora Fiona examinó las máquinas y los niveles y murmuró algo al doctor Javid. Entonces preguntó cuándo habían comprobado mi tensión arterial por última vez. «Hace dos horas», fue la respuesta. Ella dijo que había que controlarla constantemente y preguntó a una enfermera por qué no me habían puesto un catéter arterial. También se quejó de que mi nivel de dióxido de carbono era demasiado bajo.

Mi padre se alegró de no haber oído lo que dijo al doctor Javid: que yo era «recuperable». Me habían operado correctamente en el momento adecuado, pero mis probabilidades de recuperación corrían peligro por el postoperatorio. Después de la neurocirugía es esencial controlar la respiración y el intercambio de gases, y los niveles de CO_2 deben mantenerse dentro de los valores normales. Eso es lo que controlan todos los tubos y máquinas. El doctor Javid dijo que era «como llevar un avión, sólo puedes hacerlo con el instrumental apropiado» y que incluso si el hospital lo tenía no lo estaban utilizando adecuadamente. Entonces se marcharon en helicóptero porque es peligroso estar de noche en Peshawar.

Entre los visitantes que vinieron a verme y a los que no se permitió entrar estaba Rehman Malik, ministro del Interior. Traía un pasaporte para mí. Mi padre se lo agradeció pero estaba muy preocupado. Esa noche, al volver al hostal del ejército, le dio a mi madre el pasaporte. «Es de Malala, pero no sé si es para ir al extranjero o al paraíso», dijo. Y se pusieron a llorar. En su burbuja dentro del hospital no eran conscientes de que mi historia ya era conocida en todo el mundo y que había gente que estaba recomendando que me trasladaran fuera del país para recibir tratamiento.

Mi estado se estaba deteriorando y mi padre casi no respondía a las llamadas. Una de las pocas que cogió fue de los padres de Arfa Karim, un genio de la informática del Punjab con la que había hablado en fórums. A la edad de nueve años se había convertido en el profesional certificado de Microsoft más joven por su talento para la programación e incluso había recibido una invitación para conocer a Bill Gates en Silicon Valley. Pero aquel enero había muerto trágicamente de un infarto tras un ataque epiléptico. Sólo tenía dieciséis años, un año más que yo. Cuando su padre llamó, el mío le dijo entre sollozos: «Dime cómo se puede vivir sin hijas».

22

Viaje a lo desconocido

Me dispararon un martes a la hora de comer. El jueves por la mañana mi padre estaba tan convencido de que iba a morir que dijo a mi tío Faiz Mohammad que la aldea empezara a preparar mi funeral. Me habían puesto en coma inducido, mis constantes vitales se deterioraban, tenía la cara y el cuerpo hinchados, y mis riñones y pulmones estaban fallando. Mi padre me dijo más tarde que era atroz verme conectada a todos aquellos tubos en un pequeño cubículo de cristal. Daba la impresión de que ya estaba muerta médicamente. Estaba devastado.

Mi madre seguía rezando, apenas había dormido. Faiz Mohammad le había dicho que recitara la sura del Haj, el capítulo del Corán sobre la peregrinación, y ella recitó una y otra vez los doce versículos (58-70) sobre la omnipotencia de Dios. Dijo a mi padre que en su fuero interno sentía que viviría, pero él no veía cómo.

Cuando el coronel Junaid vino a examinarme, mi padre le preguntó otra vez: «¿Sobrevivirá?».

«¿Cree usted en Dios?», le preguntó el médico.

«Sí», dijo mi padre. El coronel Junaid parecía ser un hombre de una gran profundidad espiritual. Su consejo fue acudir a Dios y que Él respondería a nuestras plegarias.

El miércoles por la noche dos médicos militares que eran especialistas en cuidados intensivos llegaron en coche desde Islamabad. Los había enviado el general Kayani después de que los médicos británicos le hubieran informado que si yo permanecía en Peshawar sufriría lesiones cerebrales o incluso podría morir debido a la calidad de la atención y al alto riesgo de infección. Querían trasladarme, pero sugirieron que, entre tanto, me viera un médico de primera fila. Sin embargo, parecía que llegaban demasiado tarde.

El personal del hospital no había seguido ninguna de las recomendaciones de la doctora Fiona y mi estado se fue agravando durante la noche. Se declaró la infección. El jueves por la mañana, uno de los especialistas, el brigadier Aslam, llamó a la doctora Fiona. «Malala está muy mal», le dijo. Había desarrollado algo llamado coagulación intravascular diseminada, lo que significaba que mi sangre no coagulaba, la presión sanguínea era muy baja y el ácido en sangre había aumentado. Ya no orinaba, mis riñones estaban fallando y los niveles de lactasa habían aumentado. Parecía que todo lo que podía fallar estaba fallando. La doctora Fiona se encontraba a punto de tomar el avión para regresar a Birmingham —ya había facturado su equipaje—, pero cuando oyó la noticia se ofreció a ayudar y dos enfermeras de su hospital de Birmingham se quedaron con ella.

Regresó a Peshawar el jueves a la hora de comer. Dijo a mi padre que había que llevarme en avión a un hospital militar en Rawalpindi que tenía la mejor unidad de cuidados intensivos. Él no sabía cómo iban a trasladar a una niña tan enferma, pero la doctora Fiona le dijo que se hacía constantemente y que no se preocupara. Le preguntó si había alguna esperanza para mí. «Si no la hubiera, yo no estaría aquí», repuso. Mi padre cuenta que en aquel momento apenas pudo contener las lágrimas.

Más tarde vino una enfermera y me puso gotas en los ojos. «Mira, *khaista* —dijo mi madre—, la doctora Fiona tiene razón porque las enfermeras le ponen gotas en los ojos a Malala. No lo harían, si no hubiera esperanza». Otra de las niñas que había sido tiroteada, Shazia, había sido trasladada al mismo hospital y la doctora Fiona fue a verla. Dijo a mi padre que Shazia estaba bien y que le pidió: «¡Cuide de Malala!».

Nos llevaron al helipuerto en ambulancia con grandes medidas de seguridad, precedidos de motoristas y con sirenas. El vuelo en helicóptero duró una hora y quince minutos. La doctora Fiona apenas se sentó; todo el tiempo estuvo manipulando el equipo tan enérgicamente que a mi padre le pareció como si se estuviera peleando con él. La mitad de su trabajo en el Reino Unido era trasladar a niños gravemente heridos, la otra mitad tratarlos en cuidados intensivos. Pero nunca había estado en una situación como ésta. No sólo Peshawar era peligroso para los occidentales, sino que después de googlearme se dio cuenta de que no estaba ante un caso normal. «Si le hubiera ocurrido algo, todo el mundo habría echado la culpa a la mujer blanca —dijo después—. Si hubiera muerto habría sido como si yo hubiera matado a la Madre Teresa de Pakistán».

En cuanto aterrizamos en Rawalpindi nos llevaron en ambulancia con otra escolta militar al Instituto de Cardiología de las Fuerzas Armadas. Mi padre estaba alarmado: ¿sabrían cómo tratar heridas en la cabeza? Pero la doctora Fiona le aseguró que tenía la mejor unidad de cuidados intensivos de Pakistán, con el equipo más moderno y médicos formados en Gran Bretaña. Sus enfermeras de Birmingham estaban allí esperando y habían explicado a las enfermeras de cardiología los procedimientos específicos para heridas en la cabeza. Pasaron las tres horas siguientes conmigo, cambiándome los catéteres de antibióticos y plasma, pues parecía que estaba reaccionando mal a las transfusiones de sangre. Finalmente dijeron que me encontraba estable.

Cerraron todos los accesos al hospital. Había un batallón entero de soldados protegiéndolo e incluso francotiradores en las azoteas. No se permitía la entrada a nadie; los médicos debían ir de uniforme; los pacientes sólo podían recibir visitas de sus parientes más cercanos, los cuales debían pasar estrictos controles de seguridad. A mis padres les asignaron un comandante del ejército, que debía seguirles a todas partes.

Mi padre tenía miedo y mi tío no dejaba de decir: «Ten cuidado, algunos de éstos puede que sean agentes secretos». Destinaron a mi familia tres habitaciones en el hostal de oficiales. Confiscaron los teléfonos móviles de todos, según explicaron, por razones de seguridad, pero quizá también para impedir que mi padre hablara con los medios de comunicación. Cada vez que mis padres querían recorrer la pequeña distancia que separaba el hostal del hospital, primero debían recibir por walkie-talkie confirmación de que todo estaba en orden, lo que al menos tardaba media hora. Incluso al cruzar el jardín del hostal para ir al comedor iban protegidos. No podía entrar ningún visitante, ni siquiera se le permitió entrar al primer ministro cuando vino a verme. Las medidas de seguridad podían parecer exageradas, pero en los últimos tres años los talibanes habían logrado infiltrarse para llevar a cabo atentados hasta en las instalaciones militares mejor custodiadas: la base naval de Mehran, la base de la fuerza aérea de Kamra y el cuartel general del ejército cerca del hospital.

Todos corríamos peligro de sufrir un atentado talibán. A mi padre le dijeron que ni siquiera mis hermanos estaban a salvo. Estaba muy preocupado porque en aquella época Khushal seguía en Mingora, aunque más tarde le trajeron a Rawalpindi con el resto de la familia. En el hostal no había ordenadores ni internet, pero un amable cocinero, Yaseem Mama, traía a mi familia la prensa y lo que necesitaban. Yaseem les dijo que se sentía orgulloso de preparar la comida de mi familia. Sus atenciones les conmovieron tanto que le contaron nuestra historia. Además de prepararles la comida, él quería aliviar su sufrimiento. Como no tenían apetito, él preparaba platos cada vez más suculentos, natillas y dulces. En una ocasión Khushal dijo que la mesa parecía vacía con ellos cuatro. Faltaba yo.

Fue en uno de los periódicos de Yaseem donde mi padre se enteró de la increíble repercusión internacional que había tenido mi atentado. Parecía que todo el mundo estaba indignado. Ban Ki-moon, secretario general de la ONU, lo describió como «un acto abominable y cobarde». El presidente Obama lo calificó de «deplorable, repugnante y trágico». Pero las reacciones en Pakistán no fueron todas tan positivas. Mientras que algunos periódicos me describían como un «icono de la paz», otros presentaban las habituales teorías conspirativas y algunos bloggers incluso dudaban de que realmente me hubieran disparado. Se pergeñaron todo tipo de historias, particularmente en la prensa urdu, como que yo había criticado que los hombres se dejaran barba. Una de las personas que más lejos llegó en su ataque contra mí fue la diputada Raheela Qazi, del partido Jamaat-e-Islami. Me llamó «marioneta americana» y mostró una fotografía en la que aparecía sentada junto al embajador Richard Holbrooke como prueba de mi familiaridad con la autoridad militar estadounidense.

La doctora Fiona fue una gran ayuda para nosotros. Mi madre sólo habla pashtún, por lo que no podía entenderla, pero Fiona hacía un gesto levantando el pulgar cuando salía de mi habitación y decía «Bien». No sólo actuó como médico sino que se convirtió en un mensajero para mis padres. Se sentaba con ellos pacientemente y pedía a mi padre que explicara cada detalle a mi madre. Mi padre esta-

ba gratamente sorprendido: en nuestro país pocos médicos se moles-
tan en explicar algo a una mujer analfabeta. Se enteraron de que
estaban llegando ofrecimientos de otros países para tratarme, también de Estados Unidos, donde el excelente hospital Johns Hopkins
me había ofrecido tratamiento gratuito. También había estadounidenses que brindaban su ayuda a título individual, como el senador
John Kerry, un hombre rico que había visitado Pakistán muchas veces, y la congresista Gabrielle Giffords, a la que habían disparado en
la cabeza cuando se dirigía a un grupo de seguidores en un centro
comercial en Arizona. También llegaron ofrecimientos de Alemania,
Singapur, los Emiratos Árabes Unidos y Gran Bretaña.

Nadie consultó a mis padres sobre qué debía hacerse conmigo.
Todas las decisiones las tomó el ejército. El general Kayani preguntó
al doctor Javid si me debían enviar fuera del país o no. El jefe del
ejército estaba dedicando una sorprendente cantidad de tiempo a
este asunto: ¡el doctor Javid dice que hablaron seis horas sobre mi
caso! Quizá él comprendía mejor que ningún político las implica-
ciones políticas que tendría mi muerte. Quería crear un consenso
político antes de lanzar una operación en toda la regla contra los talibanes. Pero los que le conocen bien también saben que es un hombre compasivo. Su padre era un soldado regular y murió joven, de-
jándole a él, como hijo mayor de ocho hermanos, a cargo de toda la
familia. Cuando se convirtió en jefe del ejército lo primero que hizo
fue mejorar los alojamientos, la comida y la formación de los soldados regulares antes que los de los oficiales.

La doctora Fiona dijo que era probable que me quedara un de-
fecto en el habla y debilidad en el brazo y la pierna derechos, por lo
necesitaría considerables recursos de rehabilitación, de los que Pakistán no disponía. «Si quieren que quede lo mejor posible, llévenla
fuera», recomendó.

El general Kayani se negó rotundamente a que intervinieran estadounidenses debido al mal momento por el que pasaban las relaciones entre los dos países después del episodio de Raymond Davis y de la incursión para matar a Bin Laden, así como de la muerte de varios soldados pakistaníes en un puesto fronterizo por el ataque de un helicóptero estadounidense. El doctor Javid sugirió Great Ormond Street en Londres y hospitales especializados en Edimburgo y Glasgow. «¿Por qué no su hospital?», le preguntó el general Kayani.

El doctor Javid sabía que esto acabaría por plantearse. El Queen Elizabeth Hospital de Birmingham es conocido por tratar a los soldados británicos heridos en Afganistán e Irak. Su ubicación fuera del centro de la ciudad también ofrecía discreción. Llamó a su jefe, Kevin Bolger, director del hospital, que en seguida se mostró de acuerdo, aunque después dijo: «Ninguno de nosotros imaginó cuánta responsabilidad supondría para el hospital». Trasladarme —una menor extranjera— al Queen Elizabeth Hospital no fue una operación sencilla y Bolger no tardó en encontrarse atrapado en los vericuetos de la burocracia británica y pakistaní. Mientras, el tiempo pasaba. Aunque me encontraba estabilizada, la opinión general era que tendrían que trasladarme en cuarenta y ocho horas, setenta y dos como mucho.

Por fin nos dieron el permiso y entonces se planteó el problema de cómo se me iba a trasladar y quién lo iba a pagar. El doctor Javid sugirió aceptar la oferta de la Royal Air Force, pues estaban acostumbrados a transportar a soldados heridos de Afganistán, pero el general Kayani se negó. Llamó al doctor Javid para que fuera a su casa por la noche a una reunión —el general se acuesta tarde— y le explicó, fumando un cigarro detrás de otro como es habitual en él, que no quería que interviniese ningún ejército extranjero. Ya había demasiadas teorías conspirativas sobre mi atentado, como que yo era agente de la CIA y cosas por el estilo, y no quería alimentarlas. Esto puso al doctor Javid en una posición muy difícil. El gobierno británico había ofrecido asistencia, pero necesitaba una solicitud formal del gobierno pakistaní. Sin embargo, mi gobierno no quería hacerla para no ponerse en una situación comprometida. Por suerte, intervino entonces la familia gobernante de los Emiratos Árabes Unidos, que ofreció su avión medicalizado privado. En las primeras horas del lunes 15 de octubre salí de Pakistán por primera vez en mi vida.

Mis padres desconocían el contenido de esas negociaciones, aunque sabían que se estaba discutiendo la posibilidad de llevarme al extranjero. Naturalmente daban por supuesto que adondequiera que se me enviase ellos me acompañarían. Mi madre y mis hermanos no tenían pasaportes ni documentación. El domingo por la tarde mi padre fue informado por el coronel de que a la mañana siguiente me llevaban al Reino Unido y de que me acompañaría sólo él, no mi madre ni mis hermanos. Le dijo que había un problema para gestionar sus pasaportes y que por razones de seguridad ni siquiera debía informar al resto de la familia del viaje.

Mi padre comparte todo con mi madre y no estaba dispuesto a mantener en secreto algo así. Le dio la noticia apesadumbrado. Mi madre se encontraba con el tío Faiz Mohammad, que reaccionó con indignación e inquietud por la seguridad de mi madre y mis hermanos: «¡Si se queda sola con los niños en Mingora puede ocurrirles cualquier cosa!».

Mi padre llamó al coronel: «He informado a mi familia y están muy preocupados. No puedo dejarles solos». Esto generó un gran problema porque yo era menor de edad y no podía viajar sola. Muchas personas, como el coronel Junaid, el doctor Javid y la doctora

Fiona, trataron de convencer a mi padre de que fuera conmigo, pero mi padre no responde bien a las presiones y se mantuvo firme, aunque era evidente que estaba creando un problema. Explicó al doctor Javid: «Mi hija ahora está segura y va a un país seguro. No puedo dejar a mi esposa y mis hijos aquí solos. Corren peligro. A mi hija le ha ocurrido lo que le ha ocurrido y ahora está en manos de Dios. Soy padre y mis hijos son tan importantes como mi hija».

El doctor Javid habló con mi padre en privado. «¿Realmente es ésa la única razón por la que no viene?», le preguntó. Quería asegurarse de que nadie le estaba presionando.

«Mi esposa me ha dicho: 'No puedes dejarnos'», respondió mi padre. El doctor Javid le puso una mano en el hombre y le aseguró que me cuidarían y que podía confiar en él. «¿No es un milagro que estuvieran aquí cuando dispararon a Malala?», preguntó mi padre.

«Estoy convencido de que Dios envía primero la solución y después el problema», respondió el doctor Javid.

Mi padre firmó un documento «in loco parentis», por el que nombraba a la doctora Fiona mi tutora durante el viaje al Reino Unido. Lloraba cuando le entregó mi pasaporte y le dio la mano.

«Fiona, confío en usted. Por favor, cuide de mi hija».

Entonces mi padre y mi madre se acercaron a mí para despedirse. Eran aproximadamente las once de la noche cuando me vieron por última vez en Pakistán. Yo no podía hablar, tenía los ojos cerrados y sólo la respiración indicaba que estaba viva. Mi madre lloraba, pero mi padre trató de tranquilizarla, pues en su fuero interno sentía que yo ya estaba fuera de peligro. Todos aquellos plazos que habían dado al principio —cuando dijeron que las siguientes veinticuatro horas eran peligrosas, las cuarenta y ocho siguientes cruciales y las setenta y dos siguientes críticas— habían pasado sin incidentes. La hinchazón había remitido y mis valores sanguíneos habían mejorado. Mi familia confiaba en que la doctora Fiona y el doctor Javid me proporcionarían la mejor atención posible.

Cuando finalmente mi familia se retiró a sus habitaciones a dormir, no podían conciliar el sueño. Poco después de medianoche alguien llamó a su puerta. Era uno de los coroneles que había intentado convencer a mi padre de que se marchara sin mi madre. Dijo a mi padre que tenía que acompañarme o yo no saldría.

«Le dije ayer por la noche que el asunto estaba resuelto —repuso mi padre—. ¿Por qué me despierta? No voy a dejar aquí a mi familia».

Llegó otro oficial para hablar con él. «Tiene que ir usted. Es su padre y si no la acompaña quizá no la admitan en el hospital en el Reino Unido», dijo.

«Lo que está hecho está hecho —insistió mi padre—. No pienso cambiar de opinión. En unos días iremos todos, cuando se haya resuelto el problema de los documentos».

Entonces el coronel dijo: «Vamos al hospital, hay que firmar más documentos».

Mi padre receló. Ya era después de medianoche y tenía miedo. No quería ir solo con los oficiales e insistió en que viniera mi madre. Estaba tan inquieto que todo el camino fue recitando versículos del Corán, esta vez el del profeta Yunus cuando se encontraba en el vientre de la ballena. Nos tranquiliza saber que hay una forma de escapar a los problemas y al peligro si mantenemos la fe.

Cuando llegaron al hospital el coronel dijo a mi padre que para que me permitieran viajar al Reino Unido había que firmar otros documentos. Así de simple. Mi padre se había sentido tan incómodo y angustiado por todo el secretismo de la operación, los hombres uniformados por todas partes y la vulnerabilidad de nuestra familia que le había entrado pánico y había exagerado el incidente. Todo el episodio no era más que un error burocrático.

Cuando por fin volvieron al hostal estaban muy apesadumbrados. Mi padre no quería que yo despertara en un país extraño sin que mi familia estuviera junto a mí. Le preocupaba lo confusa que podría estar. Mi último recuerdo sería el del autobús del colegio y le angustiaba que me sintiera abandonada por ellos.

El lunes 15 de octubre a las cinco de la mañana me sacaron del hospital con una escolta armada. Las carreteras que conducían al aeropuerto estaban cortadas y había francotiradores en las azoteas de los edificios a lo largo del camino. El avión de los Emiratos Árabes estaba esperando. Me han contado que es el colmo del lujo, con una blanda cama doble, dieciséis asientos de primera clase y un pequeño hospital en la parte de atrás, con enfermeras europeas y un médico alemán a cargo. Siento no haber estado despierta para disfrutarlo. El avión fue primero a Abu Dhabi para repostar y después se dirigió a Birmingham, donde aterrizó a primera hora de la tarde.

En el hostal mis padres esperaban. Daban por supuesto que sus pasaportes y visados se estaban gestionando y que en unos días estarían conmigo. Pero no les decían nada. No tenían teléfono ni acceso a un ordenador para enterarse de mi estado. La espera parecía interminable.

PARTE QUINTA
Una segunda vida

وطن زما زه د وطن يم ـ كه د وطن د پاره مرم خوشحاله يمه

Watan zama za da watan yam
Ka da watan da para mram khushala yama!

Soy un patriota y amo a mi país.
Por él sacrificaría de buena gana todo.

23

«La niña a la que han disparado en la cabeza, Birmingham»

Me desperté el 16 de octubre, una semana después de que me dispararan. Me encontraba a miles de kilómetros de mi casa, con un tubo en el cuello para ayudarme a respirar e incapaz de hablar. Volvía a cuidados intensivos después de otro escáner y estuve fluctuando entre la conciencia y el sueño hasta que me desperté completamente.

Lo primero que pensé cuando recobré el conocimiento fue *Gracias a Dios, no estoy muerta.* Pero no sabía dónde me encontraba. Me daba cuenta de que no estaba en mi país. Médicos y enfermeras hablaban en inglés, aunque parecían ser de muchos países distintos. Yo les hablaba pero nadie me oía a causa del tubo en el cuello. Al principio veía muy borroso con el ojo izquierdo y todo el mundo tenía dos narices y cuatro ojos. Por la mente me pasaron todo tipo de preguntas: *¿Dónde estaba? ¿Quién me había llevado allí? ¿Dónde estaban mis padres? ¿Estaba vivo mi padre?* Me sentía aterrorizada.

El doctor Javid, que estaba presente cuando me despertaron, dice que nunca olvidará la expresión de temor y asombro de mi cara. Me habló en urdu. Lo único que yo sabía era que Alá me había concedido una nueva vida. Una amable señora con la cabeza cubierta con un pañueño me había cogido una mano y me dijo «*Asalaamu alaikum*», que es nuestro tradicional saludo musulmán. Entonces empezó a rezar en urdu y a recitar versos del Corán. Me dijo que su nombre era Rehanna y que era la capellán musulmana. Su voz era suave y sus palabras tranquilizadoras, y me dormí otra vez.

Soñé que no estaba realmente en un hospital.

Cuando me desperté al día siguiente noté que estaba en una extraña habitación verde sin ventanas y con una luz muy fuerte. Era un cubículo de cuidados intensivos del Queen Elizabeth Hospital. Todo estaba muy limpio y reluciente, no como en el hospital de Mingora.

Una enfermera me dio un lápiz y una libreta. No podía escribir correctamente. Las palabras me salían mal. Quería escribir el número de teléfono de mi padre. No podía separar las letras. El doctor Javid me trajo un tablero con el alfabeto para que pudiera señalar las letras. Las primeras palabras que compuse fueron «padre» y «país». La enfermera me dijo que estaba en Birmingham, pero yo no sabía dónde estaba. Más tarde me trajeron un atlas para que viera que está en Inglaterra. No sabía qué había ocurrido. Las enfermeras no me decían nada. Ni siquiera mi nombre. ¿Seguía siendo Malala?

Me dolía tanto la cabeza que ni siquiera las inyecciones me aliviaban el dolor. El oído izquierdo seguía sangrándome y tenía una extraña sensación en la mano derecha. No dejaban de entrar y salir médicos y enfermeras. Las enfermeras me hacían preguntas y me decían que parpadeara dos veces si la respuesta era «sí». Nadie me dijo qué estaba ocurriendo o quién me había traído al hospital. Creía que ni siquiera ellas lo sabían. Sentía que pasaba algo malo con el lado izquierdo de mi cara. Si miraba a las enfermeras o a los médicos durante demasiado tiempo, empezaba a lagrimear. Me parecía que no oía con el oído izquierdo y que no podía mover la mandíbula. Indicaba a los que me hablaban que se pusieran a mi lado derecho.

Entonces llegó una amable persona llamada doctora Fiona y me dio un osito de peluche blanco. Dijo que lo debía llamar Junaid y más tarde me explicó por qué. Yo no sabía quién era Junaid, así que lo llamé Lily. También me trajo un libro de ejercicios rosa para que escribiera. Las dos primeras preguntas que mi bolígrafo escribió fueron «¿Por qué no tengo padre?» y «Mi padre no tiene dinero. ¿Quién va a pagar esto?».

«Tu padre está a salvo —respondió—. Está en Pakistán. No te preocupes por el dinero».

Repetía estas preguntas a todos los que entraban. Todos decían lo mismo. Pero yo no estaba convencida. No sabía qué me había ocurrido y no confiaba en nadie. Si mi padre estaba bien, ¿por qué no estaba allí? Creía que mis padres no sabían dónde estaba y que quizá estuvieran buscándome en los mercados y plazas de Mingora. No creía que mis padres estuvieran bien. Aquellos primeros días mi mente fluctuaba constantemente en un mundo imaginario. Tenía flashbacks recurrentes de estar tumbada en una camba rodeada de hombres, tantos que no podía contarlos, y preguntar «¿Dónde está mi padre?». Creía que me habían disparado, pero no estaba segura. ¿Eran sueños o recuerdos?

También estaba obsesionada con el dinero. Habíamos gastado casi todo el dinero de los premios en la escuela y en una parcela en nuestra aldea en Shangla. Siempre que veía a los médicos hablando creía que estaban diciendo: «Malala no tiene dinero. Malala no puede pagar el tratamiento». Uno de los médicos era un polaco de aspecto triste. Yo creía que era el dueño del hospital y que estaba descontento porque no podía pagar y escribí: «¿Por qué está triste?». Respondió: «No, no estoy triste». «¿Quién va a pagar? —pregunté—. No tenemos dinero». «No te preocupes, tu gobierno va a pagar», dijo. Después de aquello sonreía siempre que me veía.

Siempre trato de encontrar soluciones para los problemas, así que se me ocurrió que quizá podría bajar a la recepción del hospital y pedir un teléfono para llamar a mis padres. Pero mi cerebro me decía *No tienes dinero para pagar la llamada, no sabes el código del país.* Entonces pensé *Tengo que salir y empezar a trabajar para ganar dinero y comprar un teléfono y llamar a mi padre para que podamos volver a estar todos juntos.*

Todo estaba completamente mezclado en mi mente. Creía que el peluche que me había dado la doctora Fiona era verde y que me lo habían cambiado por uno blanco. No dejaba de preguntar: «¿Dónde está el osito verde?», aunque me respondían una y otra vez que no había ningún osito verde. El verde probablemente era el resplandor de las paredes en la unidad de cuidados intensivos, pero aún sigo convencida de que había un osito verde.

Constantemente olvidaba las palabras inglesas. Una de las notas que escribí a las enfermeras decía: «Un alambre para limpiarme los dientes». Parecía que tenía algo pegado entre los dientes y quería hilo dental. En realidad tenía la lengua entumecida pero los dientes estaban bien. Lo único que me calmaba era la visita de Rehanna. Decía oraciones que me aliviaban y yo empecé a mover los labios para seguir algunas y a decir «Amin» (nuestra palabra para «amén») al final. Mantenían el televisor apagado, excepto en una ocasión en que me permitieron ver *Masterchef,* que yo solía ver en Mingora y que me encantaba, pero todo estaba borroso. Más tarde me enteré de que nadie podía traerme periódicos ni contarme nada, porque los médicos temían que me traumatizara.

Yo temía que mi padre pudiera estar muerto. Entonces Fiona trajo un periódico pakistaní de la semana anterior en el que aparecía una foto de mi padre hablando con el general Kayani y una figura tapada con velo junto a mi hermano al fondo. Sólo podía ver sus pies. «¡Es mi madre!», escribí.

Más tarde, ese día, vino el doctor Javid con su teléfono móvil. «Vamos a llamar a tus padres —dijo. Mis ojos brillaron de entusiasmo—. No llores, no gimotees», me advirtió. Era brusco pero muy amable, como si me conociera de toda la vida. «Te voy a dar el móvil, sé fuerte». Yo asentí. Marcó un número, habló y me pasó el teléfono.

Ahí estaba la voz de mi padre. Yo no podía hablar por el tubo del cuello, pero estaba feliz de oírle. Tampoco podía sonreír por la cara, pero era como si tuviera una sonrisa en mi interior. «Iré pronto —prometió—. Ahora descansa y en dos días estaremos allí». Más tarde me dijo que el doctor Javid también le había ordenado a él que no llorara, pues nos habría puesto a todos más tristes. El doctor quería que nos diéramos fortaleza mutuamente. La llamada no duró mucho porque mis padres no querían cansarme. Mi madre me bendijo con oraciones.

Todavía suponía que la razón por la que no estaban conmigo era que mi padre no tenía dinero para pagar el tratamiento. Por eso seguía en Pakistán, para vender nuestra parcela de la aldea y la escuela. Pero la parcela era pequeña y yo sabía que los edificios de la escuela y nuestra casa eran alquilados, así que ¿qué podía vender? Quizá estaba pidiendo un préstamo a alguien rico.

Mis padres no se quedaron completamente tranquilos ni siquiera después de la llamada. No habían oído mi voz y seguían aislados del mundo exterior. Las personas que les visitaban les daban informaciones contradictorias. Uno de esos visitantes era el general Ghulam

Qamar, jefe de las operaciones militares en Swat. «Hay buenas noticias del Reino Unido —dijo a mi padre—. Estamos muy contentos de que nuestra hija haya sobrevivido». Dijo «nuestra» porque ahora me consideraban la hija de la nación.

El general dijo a mi padre que estaban llevando a cabo una búsqueda casa por casa en todo Swat y vigilando las fronteras. Dijo que sabía que los autores del atentado pertenecían a una banda de veintidós talibanes y que eran los mismos que habían atacado a Zahid Khan, el amigo de mi padre que había sufrido un atentado dos meses antes.

Mi padre no dijo nada, pero estaba indignado. El ejército llevaba mucho tiempo anunciando que no había talibanes en Mingora y que los habían expulsado a todos. Ahora este general le decía que durante al menos dos meses había habido veintidós en nuestra ciudad. Según la versión del ejército, Zahid Khan había sido víctima de una disputa familiar. Ahora decían que los dos atentados eran obra de los mismos talibanes. Mi padre quería decir: «Usted sabía que había talibanes en el valle desde dos meses antes. ¿Usted sabía que querían matar a mi hija y no los detuvo?», pero se dio cuenta de que no serviría de nada.

El general no había terminado. Dijo a mi padre que a pesar de la buena noticia de que yo había recobrado el conocimiento, tenía problemas de visión. Mi padre estaba confuso. ¿Cómo era posible que aquel oficial dispusiera de información que él no tenía? Temía que me hubiera quedado ciega. Imaginaba a su querida hija, con el rostro iluminado, caminando en la oscuridad y preguntando: «*Aba*, ¿dónde estoy?». Tan terrible era esta noticia que no pudo contársela a mi madre, aunque es muy malo guardando secretos, en especial con ella. Sin embargo, le dijo a Dios: «Esto es inaceptable. Le daré a ella uno de mis ojos». Pero entonces se dio cuenta de que, a los cuarenta y tres años, sus ojos quizá no fueran muy buenos. Apenas durmió aquella

noche. A la mañana siguiente pidió al comandante a cargo de la seguridad que le prestara su teléfono móvil para llamar al coronel Junaid. «He oído que Malala no puede ver», le dijo, angustiado.

«Eso es una tontería —repuso—. Si puede leer y escribir, ¿cómo no
va a poder ver? La doctora Fiona me mantiene informado, y una de las
primeras notas que Malala escribió fue para preguntar por usted».

Lejos, en Birmingham, yo no sólo podía ver sino que estaba pidiendo un espejo. «Espejo», escribí en el diario rosa. Quería verme la
cara y el pelo. Las enfermeras me trajeron un pequeño espejo blanco, que todavía conservo. Cuando me vi, me quedé atónita. Mi pelo
largo, que solía peinar durante horas, había desaparecido y no tenía
nada en el lado izquierdo de la cabeza. «Ahora mi pelo es pequeño»,
escribí en la libreta. Creía que los talibanes me lo habían cortado. La
realidad era que los médicos pakistaníes me habían afeitado la cabeza sin contemplaciones. Tenía la cara deformada, como si alguien
hubiera tirado de ella hacia abajo en un lado, y una cicatriz al lado
del ojo izquierdo.

Hwo did this to me? [Cmo esto a mí] escribí con letras aún temblorosas. «¿Cómo me ha ocurrido esto?».

También escribí *Stop lights* [Parar luces], porque las luces brillantes me daban dolor de cabeza.

«Te ocurrió algo malo», dijo la doctora Fiona.

«¿Me dispararon? ¿Dispararon a mi padre?», escribí.

Me contó que me habían disparado en el autobús del colegio. Que otras dos compañeras también habían resultado heridas, pero no reconocí sus nombres. Me explicó que la bala había penetrado al lado de mi ojo izquierdo, donde estaba la cicatriz, se había desplazado cuarenta y cinco centímetros hasta mi escápula izquierda y había quedado alojada allí. Podría haberme reventado el ojo o haber penetrado en el cerebro. Era un milagro que estuviera viva.

Yo no sentía nada, quizá algo de satisfacción. «Así que lo hicieron». Lo único que lamentaba era no haber tenido la oportunidad de hablar con ellos antes de que me dispararan. Ahora nunca oirían lo que tenía que decirles. No abrigaba ningún mal pensamiento sobre el hombre que me disparó, ningún pensamiento de venganza; sólo quería regresar a Swat. Quería volver a casa.

Después de aquello, en mi cabeza empezaron a flotar imágenes, pero no estaba segura de si eran un sueño o realidad. La historia que recuerdo de cuando me dispararon es muy distinta de lo que ocurrió realmente. Yo estaba en otro autobús escolar con mi padre y amigos y otra niña llamada Gul. Volvíamos a casa cuando de repente aparecieron dos talibanes vestidos de negro. Uno de ellos me puso un arma contra la cabeza y la pequeña bala penetró en mi cuerpo. En este sueño también disparó a mi padre. Entonces todo se oscurece, me encuentro en una camilla y a mi alrededor hay un grupo de hombres, muchos hombres, y yo busco con los ojos a mi padre. Por fin le veo e intento hablar con él, pero las palabras no me salen. Otras veces estoy en distintos lugares, como el mercado de Jinnah en Islamabad, el mercado de Cheena, y allí me disparan. Incluso soñé que los médicos eran talibanes.

A medida que recobraba la claridad mental, quería más detalles. A quienes entraban en la habitación no se les permitía traer teléfonos, pero la doctora Fiona siempre tenía su iPhone porque era médico de urgencias. Cuando lo dejaba en algún sitio, yo lo cogía para buscar mi nombre en Google. Era difícil porque mi doble visión significaba que casi siempre tecleaba las letras mal. También quería consultar mi email, pero no me acordaba de la contraseña.

Al quinto día recuperé la voz, pero sonaba como si fuera de otra persona. Cuando entró Rehanna, hablamos sobre el atentado desde una perspectiva islámica. «Me dispararon», le dije.

«Así es —repuso—. Hay demasiada gente en el mundo islámico que no puede creer que un musulmán haga una cosa así. Mi madre, por ejemplo, decía que no podían ser musulmanes. Algunas personas se llaman musulmanes, pero sus actos no son islámicos». Hablamos sobre cómo las cosas ocurren por distintas razones, cómo me ocurrió a mí y cómo la educación para las jóvenes, no sólo para los varones, es uno de nuestros derechos islámicos. Estaba defendiendo mi derecho como mujer musulmana a poder ir a la escuela.

Cuando recuperé la voz hablé con mis padres por el teléfono del doctor Javid. Me preocupaba que pudiera sonar extraña. «¿Sueno diferente?», pregunté a mi padre.

«No —respondió—. Suenas como siempre y la voz mejorará. ¿Te encuentras bien?», preguntó.

«Sí —respondí—, pero el dolor de cabeza es tan fuerte que no lo soporto».

Mi padre empezó a preocuparse en serio. Creo que él acabó con un dolor de cabeza peor que el mío. Después de aquello en todas las llamadas me preguntaba: «¿Mejora o empeora el dolor de cabeza?».

Yo me limitaba a decirle: «Estoy bien». No quería angustiarle y no me quejaba, ni siquiera cuando me quitaron las grapas de la cabeza y me ponían enormes inyecciones en el cuello. Siempre preguntaba: «¿Cuándo vais a venir?».

Para entonces llevaban enclaustrados en el hostal del ejército del hospital de Rawalpindi una semana y no sabían cuándo podrían venir a Birmingham. Mi madre estaba tan desesperada que le dijo a mi padre: «Si mañana no hay noticias, me pongo en huelga de hambre». Ese día mi padre fue a ver al comandante a cargo de la seguridad y se lo dijo. El comandante pareció alarmado. Al cabo de diez minutos dijeron a mi padre que se estaba organizando su traslado a Islamabad para ese mismo día. ¿Podrían hacer el equipaje?

Cuando mi padre volvió con mi madre le dijo: «Eres una gran mujer. ¡Siempre había creído que Malala y yo éramos los activistas, pero tú sabes cómo protestar!».

Los trasladaron a la Casa de Cachemira en Islamabad, un hostal para miembros del parlamento. La seguridad era tan estricta que cuando mi padre pidió que le afeitara un barbero, un policía se sentó junto a ellos para que aquel hombre no le cortara la garganta.

Al menos ahora les habían devuelto sus teléfonos y podíamos hablar más fácilmente. Cada vez el doctor Javid llamaba a mi padre con antelación para decirle a qué hora podía hablar conmigo y para asegurarse de que le venía bien. Pero cuando el doctor llamaba solía estar comunicando. ¡Mi padre siempre está al teléfono! Marqué los once dígitos del móvil de mi madre y el doctor Javid se quedó asombrado. Entonces supo que mi memoria estaba bien. Pero mis padres aún no sabían por qué no podían venir conmigo. El doctor Javid también estaba asombrado. Cuando le dijeron que ignoraban la razón, hizo una llamada y después les aseguró que el problema no era del ejército sino del gobierno civil.

Más tarde descubrieron que en vez de hacer lo necesario para que mis padres pudieran subir en el primer avión a Birmingham a reunirse con su hija enferma, el ministro del Interior Rehman Malik esperaba volar con ellos para dar una conferencia de prensa conjunta en el hospital y le estaba llevando tiempo organizarlo. También quería asegurarse de que no solicitaban asilo político en Gran Bretaña, lo que resultaría embarazoso para su gobierno. Finalmente preguntó a mis padres sin ambages si ése era su plan, lo cual tenía gracia porque mi madre ni siquiera sabía lo que era asilo y a mi padre nunca se le ocurrió algo así: tenía otras cosas en mente.

Cuando mis padres se trasladaron a la Casa de Cachemira les visitó Sonia Shahid, la amiga que había organizado el viaje de las niñas del Colegio Khushal a Islamabad. Había supuesto que estarían en el Reino Unido conmigo y cuando descubrió que todavía se encontraban en Pakistán se quedó horrorizada. Le contaron que, según les habían dicho, no había billetes de avión para Birmingham. Sonia les llevó ropa, porque habían dejado todo en Swat, y consiguió a mi padre el número del gabinete del presidente Zardari. Llamó y dejó un mensaje. Esa noche el presidente habló con él y le prometió que todo se resolvería. «Sé lo que es no poder estar con los hijos», dijo, refiriéndose a sus años en la cárcel.

Cuando oí que llegarían a Birmingham en dos días, sólo pedí una cosa. «Traedme la mochila del colegio —rogué a mi padre—. Si no podéis volver a Swat a recogerla, no importa, cómprame libros nuevos, porque tengo exámenes en marzo». Por supuesto, quería volver a ser la primera de la clase. Especialmente me hacía falta el libro de física porque esa asignatura me resulta difícil y tenía que practicar los numerales porque las matemáticas no se me dan bien.

Yo pensaba que en noviembre ya habría vuelto a casa.

Al final mis padres tardaron diez días en llegar. Aquellos días que pasé en el hospital sin ellos se me hicieron eternos. Me aburría y no dormía bien. Me quedaba mirando fijamente el reloj de mi habitación. Ver pasar la hora me confirmaba que estaba viva y, por primera vez en mi vida, me despertaba temprano. Cada mañana deseaba que fueran las 7, que era cuando llegaban las enfermeras. La doctora Fiona y ellas jugaban conmigo. El QEH no es un hospital pediátrico, por lo que trajeron a un encargado de juegos de otro centro. Uno de mis favoritos era el cuatro en raya. Normalmente empataba con la doctora Fiona, pero ganaba a todos los demás. Las enfermeras y el resto del personal del hospital sentían compasión por mí, apartada de mi familia en un país lejano, y eran muy amables, especialmente Yma Choudhury, la alegre directora de operaciones, y Julie Tracy, jefe de enfermeras, que se sentaba a mi lado y me cogía una mano.

Lo único que tenía conmigo de Pakistán era un velo beige que el coronel Junaid había dado a la doctora Fiona como regalo para mí, así que fueron a comprarme ropa. No sabían si yo era muy conservadora o qué le gusta ponerse a una adolescente del valle de Swat. Fueron a Next y a British Home Stores, y volvieron con bolsas de camisetas, pijamas, calcetines e incluso sujetadores. Yma me preguntó si me gustaría un shalwar kamiz y yo asentí. «¿Cuál es tu color favorito?», preguntó. Respondí que el rosa, por supuesto.

Les preocupaba que apenas comía. Pero no me gustaba la comida del hospital y temía que no fuera halal. Lo único que tomaba allí eran batidos nutricionales. La enfermera Julie descubrió que me gustaban los ganchitos y me traía. «¿Qué te apetece?», me preguntaban. «Pollo frito», respondía. Yma se enteró de que había un Kentucky Fried Chicken halal en Small Heath e iba todos los días a comprarme pollo y patatas fritas. Un día incluso me cocinó un curry.

Para entretenerme me trajeron un reproductor de dvds. Una de las primeras películas que me pusieron fue *Quiero ser como Beckham*, pensando que la historia de una joven sij que desafía sus normas culturales para jugar al fútbol me gustaría. En realidad me escandalizó cuando las chicas se quitan la camiseta para practicar en tops deportivos y pedí a las enfermeras que lo apagaran. Después de aquello me traían dibujos animados y películas de Disney. Vi las tres películas de Shrek y *El espantatiburones*. Seguía viendo borroso con el ojo izquierdo, así que me lo tapaba para ver películas, y como el oído izquierdo todavía me sangraba tenía que poner algodones continuamente. Un día pregunté a una enfermera «¿Qué es este bulto?» y puse su mano sobre mi tripa. Tenía el vientre como hinchado y duro y no sabía por qué.

«Es un trozo de tu cráneo», repuso. Me quedé atónita.

Después de empezar a hablar también volví a caminar por primera vez. En la cama no había tenido problemas con los brazos o las piernas, aparte de la mano derecha, que estaba rígida porque la bala se había alojado en el hombro, así que no imaginaba que me fuera a costar trabajo andar. Los primeros pasos que di me dejaron como si hubiera caminado cien kilómetros. Los médicos me dijeron que lo superaría; sólo necesitaba fisioterapia intensiva para que mis músculos volvieran a trabajar.

Un día vino otra Fiona a verme, Fiona Alexander, que estaba a cargo de la oficina de prensa del hospital. A mí eso me parecía curioso. No me imaginaba que el Hospital Central de Swat tuviera una oficina de prensa. Hasta que llegó ella no fui consciente de todo el interés que había despertado. Cuando me trajeron de Pakistán se suponía que iba a haber un apagón informativo, pero se filtraron fotografías mías saliendo de Pakistán y los medios descubrieron que mi destino era Birmingham. No tardó en llegar un helicóptero de Sky News y se presentaron en el hospital hasta doscientos cincuenta periodistas de lugares tan lejanos como Australia y Japón. Fiona Alexander había ejercido de periodista durante veinte años y había sido directora del *Birmingham Post*, por lo que sabía exactamente qué información había que facilitarles para que dejaran de intentar entrar. El hospital empezó a emitir partes médicos diarios sobre mi estado.

Había gente que simplemente se presentaba allí para verme: ministros, diplomáticos, políticos e incluso un enviado del arzobispo de Canterbury. La mayoría traían ramos de flores, algunos preciosos. Un día Fiona Alexander me mostró una bolsa llena de tarjetas, juguetes y dibujos. Era Eid ul-Azha, el «Gran Eid», nuestra principal fiesta religiosa, y yo creía que quizá los habían enviado musulmanes. Entonces vi que las fechas en los matasellos eran bastante anteriores, del 10 o el 11 de octubre, y me di cuenta de que no tenían nada que ver con Eid. Eran de personas de todo el mundo, niños en muchos casos, que me deseaban una rápida recuperación. Me quedé asombrada y Fiona se echó a reír. «Pues todavía no has visto nada». Me dijo que había sacos y sacos, más de ocho mil tarjetas en total, muchas dirigidas simplemente a «Malala, Hospital de Birmingham». Una incluso iba dirigida a «La niña a la que han disparado en la cabeza, Birmingham», y había llegado. Había ofrecimientos para adoptarme, como si no tuviera familia, e incluso una oferta de matrimonio.

Rehanna me dijo que miles y millones de personas y niños en todo el mundo habían mostrado su apoyo y habían rezado por mí. Entonces me di cuenta de que me había salvado la vida la gente. Seguía viva por una razón. También habían enviado otros regalos. Había cajas y más cajas de bombones y ositos de peluche de todas las formas y tamaños. Quizá lo más precioso de todo fue el paquete de los hijos de Benazir Bhutto, Bilawal y Bakhtawar. Contenía dos velos que habían pertenecido a su difunta madre. Hundí el rostro en ellos para intentar oler su perfume. Más tarde encontré un largo cabello negro en uno de ellos, lo que le hizo aún más especial.

Me di cuenta de que los talibanes habían conseguido hacer mi campaña global. Mientras estaba en la cama esperando a dar mis primeros pasos en un nuevo mundo, Gordon Brown, enviado especial de la ONU para la educación y ex primer ministro de Gran Bretaña, había lanzado una petición con el lema «Yo soy Malala» para exigir que en 2015 no quedara ningún niño sin escolarizar. Había mensajes de jefes de estado y ministros y estrellas de cine, y uno de la nieta de sir Olaf Caroe, el último gobernador británico de nuestra provincia. Decía que le avergonzaba no saber pashtún, aunque su abuelo lo leía y hablaba con fluidez. Beyoncé me escribió una postal y subió una foto de la tarjeta a Facebook, Selena Gomez había retuiteado sobre mí y Madonna me dedicó una canción. Incluso había un mensaje de una de mis actrices favoritas y activista social, Angelina Jolie... estaba impaciente por contárselo a Moniba.

No me daba cuenta entonces de que no iba a regresar a casa.

24

«Le han robado la sonrisa»

El día que mis padres llegaron a Birmingham me trasladaron de cuidados intensivos a la habitación 4, sala 519, que tenía ventanas, por lo que podía ver Inglaterra por primera vez. «Dónde están las montañas?», pregunté. Chispeaba y estaba brumoso, por lo que pensé que quizá estuvieran ocultas. No sabía entonces que éste es un país con poco sol. Todo lo que se veía eran casas y calles. Las casas eran de ladrillo rojo y todas parecían exactamente igual. Todo tenía un aspecto muy tranquilo y organizado, y resultaba extraño ver que la vida de la gente continuaba como si nada hubiera pasado.

El doctor Javid me dijo que llegaban mis padres y levantó el respaldo de la cama para que estuviera sentada para saludarlos cuando entraran. Estaba tan nerviosa. En los dieciséis días que habían transcurrido desde aquella mañana en que salí apresuradamente de casa en Mingora gritando adiós había pasado por cuatro hospitales y viajado miles de kilómetros. Me parecían dieciséis años. Entonces se abrió la puerta y allí estaban las voces familiares diciendo «*jani*» y «*pisho*», y allí estaban ellos, besándome las manos, como si les diera miedo tocarme.

No pude controlarme y lloré con todas mis fuerzas. En todo el tiempo que había pasado sola en el hospital ni siquiera había llorado con aquellas inyecciones en el cuello y cuando me quitaron las grapas de la cabeza. Pero ahora no podía parar. Mis padres también lloraban. Era como si me hubiera quitado un enorme peso del corazón. Ahora todo iría bien. Incluso me alegré de ver a mi hermano Khushal, porque necesitaba a alguien con quien pelearme. «Te echamos de menos, Malala», me dijeron mis hermanos, aunque en seguida les interesaron más los peluches y los regalos. Y Khushal y yo no tardamos en volver a pelear cuando me cogió mi ordenador portátil para jugar.

Me dejó atónita el aspecto de mis padres. Estaban cansados del largo vuelo desde Pakistán, pero eso no era todo, parecían mayores y los dos tenían canas. Trataban de ocultarlo, pero me daba cuenta de que también les impresionaba mi aspecto. Antes de entrar el doctor Javid les había advertido: «La niña que van a ver sólo está recuperada al diez por ciento; aún queda por hacer el noventa por ciento». Pero no sabían que la mitad de mi cara estaba inmovilizada y que no podía sonreír. Tenía el ojo izquierdo hinchado y la boca inclinada hacia un lado como si hubieran tirado de ella, así que cuando intentaba sonreír parecía más bien una mueca. Era como si mi cerebro hubiera olvidado que tenía la parte izquierda de la cara. Tampoco podía oír de un lado y hablaba con frases simples, como un niño pequeño.

Alojaron a mis padres en una residencia universitaria, con todos los estudiantes. La dirección del hospital pensó que quizá les resultase difícil permanecer en el hospital porque los periodistas les asediarían, y querían protegernos en una fase decisiva de mi recuperación. Mi familia había traído muy pocas cosas, salvo la ropa que llevaban y lo que Sonia, la madre de Shiza, les había dado, porque cuando salieron de Swat el 9 de octubre no se imaginaban que no iban a regresar. Cuando se encontraron en su habitación de la residencia, lloraron como niños. Yo siempre había sido tan feliz. Mi padre presumía ante la gente de «mi sonrisa celestial y mi risa celestial». Ahora se lamentaba a mi madre: «Esa maravillosa cara simétrica, esa cara resplandeciente ha desaparecido; ha perdido su sonrisa y su risa. Los talibanes son muy crueles, le han robado la sonrisa —añadió—. Puedes dar a alguien ojos o pulmones, pero no puedes restablecer su sonrisa».

El problema era un nervio facial. En aquellos momentos los médicos no estaban seguros de si estaba dañado y se repararía o si estaba seccionado. Yo tranquilicé a mi madre diciéndole que no me importaba si mi cara no era simétrica. ¡A mí, que siempre me había preocupado mi aspecto y cómo llevaba el pelo! Pero cuando ves la muerte, las cosas cambian. «No importa si no puedo sonreír o pestañear bien —le dije—. Sigo siendo yo, Malala. Lo importante es que Dios me ha dado la vida». Sin embargo, cada vez que venían al hospital y me reía o intentaba sonreír, la cara de mi madre se oscurecía como si la hubiera cruzado una sombra. Era un espejo al revés: cuando había risa en mi cara, había angustia en la de mi madre.

Mi padre miraba a mi madre, que tenía una gran pregunta en los ojos: *¿Por qué está Malala así?* La niña que había traído al mundo y que durante quince años no había dejado de sonreír. Un día mi padre la preguntó: «Pekai, dime sinceramente ¿crees que es culpa mía?».

«No, *khaista* —repuso—. Tú no enviaste a Malala a robar o a asesinar o a cometer algún delito. Era una causa noble».

De todas formas, mi padre temía que en el futuro cada vez que yo sonriera sería un recordatorio del atentado. Pero no sólo me encontraron cambiada de esa manera. En Swat yo había sido una niña frágil y sensible que lloraba a la menor molestia y, sin embargo, en el hospital de Birmingham no me quejaba ni siquiera cuando sufría terribles dolores.

El hospital se negó a permitir otras visitas, aunque estaban inundados de solicitudes, pues querían que pudiera concentrarme en mi rehabilitación en privado. Cuatro días después de la llegada de mis padres, se presentó en el hospital un grupo de políticos de los tres países que me habían ayudado: Rehman Malik, ministro del Interior de Pakistán; William Hage, ministro británico de Asuntos Exteriores, y Sheikh Abdullah bin Zayed, ministro de Asuntos Exteriores de los Emiratos Árabes Unidos. No se les permitió verme, pero los médicos les informaron y se reunieron con mi padre, que salió contrariado de la visita de los ministros porque Rehman Malik le dijo: «Dígale a Malala que debe enviar una sonrisa a todo el país». No sabía que ésa era la única cosa que no podía hacer.

Rehman Malik había revelado que el autor del atentado era un talibán llamado Ataullah Khan, que había sido detenido en 2009 en el curso de la operación militar en Swat, pero tres meses después había sido puesto en libertad. En los medios de comunicación se publicó que se había graduado en Física en el Jehanzeb College. Malik afirmó que el atentado se había preparado en Afganistán. Dijo que ofrecía un millón de dólares de recompensa por la cabeza de Ataullah y prometió que lo encontrarían. Dudábamos de eso, pues nunca habían atrapado a nadie, ni al asesino de Benazir Bhutto, ni a quien estuviera detrás del accidente de avión en el que murió el general Zia, ni al asesino del primer ministro Liaquat Ali Khan.

Después del atentado sólo habían sido detenidas dos personas: nuestro pobre conductor, Usman Bhai Jan, y el contable del colegio, que había respondido a la llamada de Usman Bhai Jan para informar de lo ocurrido. Unos días después le pusieron en libertad, pero Usman Bhai Jai seguía detenido, pues alegaban que era necesario para llevar a cabo las identificaciones. Nosotros estábamos disgustados: ¿por qué habían detenido a Usman Bhai Jan y no a Ataullah?

Las Naciones Unidas anunciaron que iban a designar el 10 de noviembre, un mes y un día después del atentado, el Día de Malala. Yo no presté mucha atención a esto porque me estaba preparando para una gran operación al día siguiente para repararme el nervio facial. Los médicos habían hecho pruebas con impulsos eléctricos y no había respondido, por lo que concluyeron que estaba seccionado y que tenían que operarme pronto o la cara se me quedaría paralizada. El hospital había estado informando regularmente a los periodistas sobre mi estado, pero no hizo público nada de esto.

El 11 de noviembre me llevaron al quirófano para que me operara el doctor Richard Irving. Me había explicado que este nervio controlaba el lado izquierdo de la cara y su función era abrir y cerrar el ojo izquierdo, mover la nariz, levantar la ceja izquierda y hacerme sonreír. Repararlo sería una tarea tan delicada que duraría ocho horas y media. El cirujano primero me limpió el canal auditivo de tejido cicatricial y fragmentos de hueso, y descubrió que tenía dañado el tímpano izquierdo. Entonces siguió el nervio facial desde el hueso temporal, donde penetra en el cráneo, hasta su salida, y en su recorrido retiró muchos más fragmentos de hueso que habían limitado el movimiento de la mandíbula. Descubrió que faltaban dos centímetros de nervio donde sale del cerebro y lo redirigió por delante de la oreja, en vez de por detrás, que es su recorrido normal, para compensar esa falta.

La operación fue bien, aunque hubo que esperar tres meses hasta que el lado izquierdo de la cara empezara a funcionar un poco. Tenía que hacer ejercicios faciales cada día delante de un pequeño espejo. El doctor Irving me dijo que después de seis meses el nervio empezaría a funcionar, aunque yo nunca sería exactamente la misma. Para mi alegría, pronto podría sonreír y guiñar el ojo, y semana a semana mis padres veían más movimientos en mi cara. Aunque era mi cara, podía ver que mis padres eran los que estaban más felices de la recuperación. Más tarde el doctor Irving dijo que era el mejor resultado que había visto en veinte años de cirugía del nervio facial. La recuperación era del ochenta y seis por ciento.

El otro buen resultado era que por fin desaparecieron los dolores de cabeza y empecé a leer otra vez. Me puse con *El mago de Oz*, que estaba en una pila de libros que me había enviado Gordon Brown. Me encantó leer sobre Dorothy y cómo, aunque intentaba regresar a casa, se detuvo y ayudó a los que lo necesitaban, como el León Cobarde y el oxidado Hombre de Hojalata. Tuvo que vencer muchos obstáculos para llegar a donde iba, y yo pensé que si quieres alcanzar un objetivo, siempre habrá impedimentos en el camino, pero debes continuar. Estaba tan entusiasmada con el libro que lo leí rápidamente y después se lo conté a mi padre. Él estaba muy contento porque pensó que si yo podía recordar y narrar algo con tanto detalle mi memoria debía de estar bien.

Yo sabía que a mis padres les preocupaba mi memoria, pues les había dicho que no recordaba nada del atentado y constantemente se me olvidaban los nombres de mis amigas. No eran muy sutiles. Un día mi padre preguntó: «Malala, ¿nos puedes cantar algunos *tapae* en pashtún?». Yo canté un verso que nos gustaba: «Cuando empiezas tu viaje en la cola de una serpiente, / acabarás en su cabeza en un océano de veneno». Para nosotros eso expresaba cómo las autoridades de Pakistán habían utilizando a los militantes al principio y ahora se encontraban en el atolladero que ellos mismos habían creado. Entonces dije: «En realidad hay un *tapa* que quiero reescribir».

Mi padre me miró intrigado. Los *tapae* expresan la sabiduría secular de nuestra sociedad; no se cambian. «¿Cuál?», preguntó.

«Éste», dije:

Si los hombres no pueden ganar la batalla, país mío,
Las mujeres darán un paso al frente y conseguirán ese honor para ti.

کــه د زلـمـو نــه پــوره نـه شوه
گـرانـه وطنه جینکی بـه دې گـتی نـه

Yo quería cambiarlo para que dijera:

Tanto si los hombres están ganando o perdiendo la batalla, país mío,
Las mujeres vendrán y conseguirán un honor para ti.

کــه د زلـمـو نــه پــوره نـه شوه
گـرانـه وطنه جینکی بـه دې گـتی نـه

Él se rio y repitió la historia a todo el mundo, como hace siempre.

Yo me esforzaba en el gimnasio y con la fisioterapeuta para conseguir que mis brazos y piernas funcionaran correctamente y la recompensa fue mi primera salida el 6 de diciembre. Dije a Yma que me gustaba mucho la naturaleza, así que organizó que dos miembros del personal nos llevaran a mí y a mi madre al jardín botánico, que no estaba lejos del hospital. No permitieron venir a mi padre, porque pensaban que, como había estado muy presente en los medios de comunicación, lo reconocerían. De todas formas, estaba muy contenta de salir por primera vez al mundo exterior, de ver Birmingham e Inglaterra.

Me dijeron que me sentara en el centro de la parte trasera del coche, lo que me no me gustó porque yo quería verlo todo en este nuevo país. No me daba cuenta de que estaban tratando de protegerme la cabeza por si había algún bache. Cuando entramos en el jardín y vi todas las plantas y árboles verdes, fue como un poderoso recordatorio de nuestro hogar. No dejaba de decir «Éste está en mi valle» y «También tenemos éste». Estoy muy orgullosa de las maravillosas plantas de mi valle. Era extraño ver a todos aquellos visitantes, para los que no era más que un paseo normal. Me sentía como Dorothy al final de su viaje. Mi madre estaba tan entusiasmada que llamó a mi padre. «Por primera vez estoy feliz», le dijo. Pero hacía mucho frío, así que entramos en un café y tomamos un delicioso té con bizcochos, algo llamado *cream tea*.

Dos días después recibí la primera visita que no pertenecía a mi familia: el presidente de Pakistán, Asif Zardari. El hospital no quería que viniera porque sabían que supondría un frenesí mediático, pero para mi padre era difícil negarse. No sólo era nuestro jefe del estado, sino que había dicho que el gobierno se haría cargo de todos los gastos médicos, que acabarían siendo de unas doscientas mil libras. También habían alquilado un piso para mis padres en el centro de Birmingham a fin de que pudieran dejar la residencia de estudiantes. La visita estaba prevista para el sábado 8 de diciembre y todo era como en una película de James Bond.

Desde muy temprano se habían congregado fuera muchos periodistas, que daban por supuesto que el presidente me visitaría en mi habitación en el hospital. Pero lo que ocurrió es que me envolvieron en una gran parka púrpura con capucha, me bajaron por la entrada de personal y me condujeron al pabellón administrativo del hospital. Pasamos junto a los periodistas y fotógrafos, algunos de los cuales estaban subidos a árboles, y ni siquiera se dieron cuenta. Allí me senté y esperé en un despacho, jugando a Elf Bowling en el ordenador y ganando a mi hermano Atal aunque era la primera vez que lo jugaba. Cuando Zardari y su séquito llegaron en dos coches, los condujeron por la parte de atrás. Entró con unas diez personas, incluido el jefe del estado mayor, su secretario militar y el alto comisionado de Pakistán en Londres, que, después de la doctora Fiona, había sido mi tutor oficial en el Reino Unido hasta que llegaron mis padres.

Antes que nada los médicos advirtieron al presidente que no mencionara mi rostro. Entonces entró a verme con su hija más joven, Asifa, que tiene unos años más que yo. Me trajeron un ramo de flores. Me tocó la cabeza, como es nuestra tradición, pero a mi padre le preocupó, pues no tenía hueso, sino sólo piel para protegerme el cerebro, y bajo el velo mi cabeza era cóncava. El presidente habló después con mi padre, que le dijo que éramos afortunados de que me hubieran traído al Reino Unido. «Podría haber sobrevivido en Pakistán, pero allí no habría tenido la rehabilitación y habría quedado desfigurada —dijo—. Ahora su sonrisa está volviendo».

El señor Zardari dijo al alto comisionado que diera a mi padre un puesto de agregado de educación para que tuviera un sueldo del que vivir y un pasaporte diplomático a fin de que no tuviera que solicitar asilo para permanecer en el reino Unido. Esto alivió a mi padre, que se preguntaba cómo haría para pagar las cosas. Gordon Brown, en la ONU, también le había pedido que fuera asesor suyo, un cargo no retribuido, y el presidente le dijo que le parecía bien; podía hacer las dos cosas. Después de la reunión, el presidente Zardari me describió a los medios de comunicación como «una joven extraordinaria y un motivo de orgullo para Pakistán». Pero en Pakistán no todo el mundo era tan positivo. Aunque mi padre había intentado ocultármelo, yo sabía que alguna gente estaba diciendo que era él quien me había disparado, o que nadie me había disparado y que todo era un montaje para marcharnos a vivir al extranjero.

El nuevo año de 2013 empezó felizmente cuando por fin me dieron el alta a principios de enero y pude volver a vivir con mi familia. La Alta Comisión de Pakistán había alquilado para nosotros dos apartamentos con todos los servicios en una plaza moderna en el centro de Birmingham. Los apartamentos estaban en el décimo piso del edificio, que era más alto de lo que ninguno de nosotros había estado nunca. Yo bromeaba con mi madre, pues después del terremoto, cuando nos encontrábamos en un edificio de tres pisos, ella decía que nunca más volvería a vivir en un bloque de pisos. Mi padre me contó que, cuando llegaron, había tenido tanto miedo que dijo: «¡Me voy a morir en este ascensor!».

Estábamos muy felices de ser una familia de nuevo. Como siempre, mi hermano Khushal era irritante. Los chicos se aburrían encerrados esperando que yo me recuperara, alejados del colegio y de sus amigos, aunque a Atal le entusiasmaban todas las cosas nuevas que veía. En seguida me di cuenta de que podía tratarles como quisiera y que no me regañarían. Era un frío invierno y mientras veía la nieve caer afuera por las grandes ventanas de cristal yo deseaba poder echar a correr e intentar atrapar los copos de nieve, como hacíamos en casa. A veces dábamos paseos para fortalecerme, pero en seguida me agotaba.

En la plaza había una fuente y una cafetería Costa con paredes de cristal por las que veías a hombres y mujeres charlando juntos de una forma que sería inconcebible en Swat. El apartamento estaba cerca de una famosa calle de tiendas y clubs llamada Broad Street. Íbamos a las tiendas aunque seguía sin gustarme ir de compras. Por la noche nos quedábamos mirando a las mujeres de ropa escasa, diminutos shorts y piernas desnudas sobre los tacones más altos posible incluso en pleno invierno. Mi madre estaba tan horrorizada que decía «*Gharqa shoma*», «Me estoy ahogando», y rogaba a mi padre: «Por favor, llévame a Dubái. ¡No puedo vivir aquí!». Más tarde nos reíamos sobre ello. «¿Es que tienen piernas de hierro que no sienten frío?», preguntaba mi madre.

Nos advirtieron que en los fines de semana no anduviéramos por Broad Street por la noche porque podía ser peligroso. Esto nos hacía reír. ¿Qué puede ser inseguro en comparación con el lugar del que venimos? ¿Había aquí talibanes decapitando gente? Yo no se lo dije a mis padres, pero me sobresaltaba cuando algún hombre de aspecto asiático pasaba cerca de mí. Creía que todos llevaban un arma.

Una vez a la semana hablaba por Skype con mis amigas de Mingora y me dijeron que me guardaban un sitio en la clase. La maestra había llevado a clase el examen de historia de Pakistán que había hecho el día que me dispararon. Había conseguido 75 de 75, pero como no llegué a hacer los demás exámenes, Malka-e-Noor era la primera. Aunque en el hospital había estudiado un poco, me preocupaba quedarme atrás. Ahora las mejores eran Malka-e-Noor y Moniba. «Es aburrido competir sin ti», me dijo Malka-e-Noor.

Estaba recuperando fuerzas rápidamente, pero las operaciones no habían terminado. Todavía me faltaba el hueso del cráneo. A los médicos también les preocupaba mi oído. Cuando salía a pasear no entendía las palabras de mis padres entre la gente. Y en mi oído había un pequeño ruido que sólo yo percibía. El sábado 2 de febrero me volvieron a ingresar en el QEH para ser operada, esta vez por una mujer. Su nombre era Anwen White. Primero me retiró el hueso del vientre, pero después de examinarlo decidió no ponérmelo, porque no se había conservado bien y había riesgo de infección. Entonces hizo algo llamado craneoplastia con malla de titanio (¡ya sé un montón de términos médicos!) y me fijó en la cabeza con ocho tornillos una placa de titanio especialmente moldeada para actuar como el hueso y protegerme el cerebro.

Mientras estaba en el quirófano, el doctor Irving, que me había reparado el nervio, también halló una solución para mi tímpano dañado. Me puso un pequeño dispositivo electrónico llamado implante coclear dentro de la cabeza junto al oído y me dijo que en un mes me colocaría la parte externa y entonces podría oír. Estuve cinco horas en el quirófano para tres operaciones distintas, pero no me sentía como si me hubiera sometido a cirugía mayor y a los cinco días estaba de vuelta en casa. Unas semanas después, cuando me colocaron detrás de la oreja el receptor, mi oído izquierdo oyó *bip bip* por primera vez. Al principio parecía un sonido robótico, pero después fue mejorando.

Los seres humanos no nos damos cuenta de lo grande que es Dios. Nos ha dado un cerebro extraordinario y un corazón bondadoso y sensible. Nos ha concedido dos labios para hablar y expresar nuestros sentimientos, dos ojos para ver un mundo de colores y belleza, dos pies para recorrer el camino de la vida, dos manos que trabajan para nosotros, una nariz que percibe la belleza de la fragancia y dos oídos para escuchar palabras de amor. Como yo descubrí con mi oído, nadie se da cuenta de cuánto poder tiene en cada órgano hasta que pierde alguno.

Doy las gracias a Alá por el esfuerzo de los médicos, por mi recuperación y por enviarnos a este mundo en el que podemos luchar por nuestra supervivencia. Algunas personas eligen caminos buenos y otras caminos malos. La bala de una persona me alcanzó. Me hinchó el cerebro, me privó del oído y cortó el nervio del lado izquierdo de mi cara en un segundo. Después de ese segundo hubo millones de personas rezando por mi vida y médicos competentes que me devolvieron mi cuerpo. Yo era una buena chica. En mi corazón sólo había deseado ayudar a la gente. No me interesaban los premios ni el dinero. Siempre rogaba a Dios: «Quiero ayudar a las personas, ayúdame a hacerlo».

Un talibán dispara tres veces a quemarropa a tres niñas en un autobús y no mata a ninguna de ellas. Parece una historia inverosímil y se dice que mi recuperación ha sido milagrosa. A mi amiga Shazia, que recibió dos impactos de bala, se le ha concedido una beca en el Atlantic College de Gales y también ha venido a estudiar en el Reino Unido, y espero que Kainat también venga. Sé que Dios impidió que aquello fuera mi tumba. Para mí esta vida es una segunda vida. La gente rezó a Dios para que me salvara, y me salvé por una razón: dedicar mi vida a ayudar a los demás. Cuando la gente habla sobre cómo me dispararon y lo que ocurrió, creo que es la historia de Malala, «una niña a la que dispararon los talibanes», la que cuentan; no me parece que sea una historia sobre mí.

Epílogo

Un niño, un maestro, un libro, un lápiz...

Birmingham, agosto de 2013

En marzo nos mudamos del apartamento a una casa alquilada en una calle llena de árboles, pero todavía da impresión de provisionalidad. Todas nuestras pertenencias siguen en Swat. Por todas partes hay cajas de cartón llenas de las amables cartas y postales que envía la gente y en una habitación hay un piano que ninguno de nosotros sabemos tocar. Mi madre se queja de que la observan los dioses griegos de los murales en las paredes y los querubines esculpidos en los techos.

Nuestra casa nos parece grande y vacía. Está detrás de una puerta de hierro eléctrica y a veces tenemos la sensación de encontrarnos en lo que en Pakistán denominamos una «medio cárcel», una especie de arresto domiciliario de lujo. En la parte de atrás hay un gran jardín con muchos árboles y césped donde mis hermanos y yo podemos jugar al cricket. Pero no hay azoteas donde jugar, no hay niños volando sus cometas en la calle, ningún vecino viene a pedirnos un plato de arroz ni nosotros vamos a pedir tres tomates. Sólo nos separa una pared de la casa de al lado, pero es como si estuviéramos a kilómetros de distancia.

Cuando miro afuera veo a mi madre por el jardín, con la cabeza cubierta por un velo, dando de comer a los pájaros. Parece que está cantando, quizá ese *tapa* que le gusta: «No mates a las palomas en el jardín. / Si matas a una, las demás no volverán». Está dando a los pájaros los restos de la cena de la noche anterior y hay lágrimas en sus ojos. Aquí comemos prácticamente lo mismo que cuando estábamos en casa: arroz y carne a medio día y para cenar, y en el desayuno huevos fritos, chapatis y a veces miel, una tradición que ha comenzado mi hermano pequeño Atal, aunque su descubrimiento favorito en Birmingham son los sándwiches de Nutella. Pero siempre hay restos. A mi madre le apena el desperdicio de comida. Sé que se acuerda de todos los niños que alimentábamos en nuestra casa para que no fueran a la escuela con el estómago vacío y que se está preguntando cómo estarán ahora.

Cuando regresaba de la escuela en Mingora siempre había gente en casa; ahora no puedo creer que yo deseara un día de tranquilidad e intimidad para hacer los deberes. Aquí el único sonido es el de los pájaros y el de la Xbox de Khushal. Mientras, estoy sola en mi habitación haciendo un puzzle y añoro tener invitados.

No teníamos mucho dinero, pero mis padres sabían qué era pasar necesidad. Mi madre siempre estaba dispuesta a ayudar a quien se lo pidiera. En una ocasión llamó a nuestra puerta una mujer pobre, muerta de calor, hambrienta y sedienta. Mi madre la dejó pasar y le dio comida. La mujer estaba feliz: «Llamé a todas las puertas del *mohalla* y ésta era la única abierta —dijo—. Adonde vaya, que Dios mantenga su puerta abierta».

Sé que mi madre se siente sola. Era muy sociable, todas las mujeres del vecindario solían reunirse por la tarde en nuestro porche trasero y también venían a descansar mujeres que trabajaban en otras casas. Ahora siempre está hablando por teléfono con ellas. Para mi madre es difícil vivir aquí porque no habla inglés. Nuestra casa tiene todo tipo de electrodomésticos, pero cuando llegó eran misterios y alguien tuvo que enseñarnos a utilizar el horno, la lavadora y el televisor.

Como siempre, mi padre no ayuda en la cocina. Yo le digo en broma: «*Aba*, tú hablas de los derechos de las mujeres, pero mi madre lo tiene que hacer todo. ¡Ni siquiera aclaras las cosas del té!».

Hay autobuses y trenes, pero todavía no estamos seguros de cómo utilizarlos. Mi madre echa de menos ir a comprar al mercado de Cheena. Está más contenta desde que mi primo Shah ha venido a vivir aquí. Tiene coche y la lleva a Selfridges, pero no es lo mismo porque no puede hablar con sus amigas y vecinas de lo que ha comprado.

Una puerta se cierra de golpe en casa y mi madre se sobresalta. Estos días se sobresalta al menor ruido. Muchas veces se pone a llorar y me abraza. «Malala está viva», dice. Ahora me trata como si fuera su hija pequeña, en vez de la mayor.

Sé que mi padre también llora. Llora cuando me echo el pelo a un lado y me ve la cicatriz en la cabeza, y llora cuando se despierta de una siesta y oye las voces de sus hijos en el jardín y se da cuenta con alivio de que una de ellas sigue siendo la mía. Sabe que hay gente que dice que me dispararon por su culpa, que él me empujó a hablar, como esos padres de fenómenos del tenis, empeñados en crear un campeón, como si yo no tuviera mis propias ideas. Es difícil para él. Todo aquello por lo que trabajó durante casi veinte años ha quedado atrás: la escuela que construyó de la nada y que ahora tiene tres edificios con 1.100 alumnos y setenta maestros. Yo sé que se sentía orgulloso de lo que había creado, él, un muchacho pobre de aquella pequeña aldea entre la montaña Blanca y la montaña Negra. Dice: «Es como si hubieras plantado un árbol y lo hubieras cuidado... tienes derecho a sentarte a su sombra».

El sueño de su vida era tener una gran escuela en Swat que proporcionara educación de calidad, vivir en paz y tener democracia en nuestro país. En Swat había conseguido respeto y estatus en la sociedad gracias a sus actividades y al apoyo que prestaba a la gente. Nunca imaginó que viviría en el extranjero y se disgusta cuando alguien sugiere que queríamos venir al Reino Unido. «Una persona que tiene dieciocho años de educación, una vida agradable, una familia, ¿y lo expulsas como cuando sacas a un pez del agua, por hablar a favor de la educación de las niñas?». A veces dice que hemos pasado de ser PDI a PDE, personas desplazadas exteriormente. Durante la comida hablamos con frecuencia de nuestro hogar y tratamos de recordar cosas. Echamos todo de menos, hasta el río pestilente. Mi padre dice: «Si hubiera sabido que ocurriría esto, habría mirado atrás una vez más, lo mismo que hizo el Profeta cuando partió de La Meca para emigrar a Medina. Miró atrás una y otra vez». Hay cosas de Swat que ya parecen historias de un lugar distante, como de un sitio sobre el que he leído.

Mi padre pasa gran parte de su tiempo yendo a conferencias sobre la educación. Sé que le resulta extraño que la gente quiera escucharle por mi causa, y no al contrario. Antes a mí se me conocía como su hija; ahora a él se le conoce como mi padre. Cuando fue a Francia a recibir un premio en mi nombre, dijo a los asistentes: «En la parte del mundo de la que vengo la mayoría de la gente es conocida por sus hijos. Yo soy uno de los pocos padres afortunados que son conocidos por su hija».

Un nuevo y elegante uniforme está colgado en la puerta de mi habitación, verde botella en vez de azul eléctrico, para una escuela en la que nadie sueña con ser atacado por ir a clase ni que alguien vaya a volar el edificio. En abril ya me encontraba lo suficientemente bien como volver a estudiar en Birmingham. Es maravilloso ir al colegio y no tener que sentir miedo, como me ocurría en Mingora, siempre mirando a mi alrededor de camino a la escuela, aterrorizada por si repentinamente surgía un talibán.

Es una buena escuela. Muchas asignaturas son las mismas que en casa, pero los maestros tienen Powerpoint y ordenadores en vez de tizas y pizarras. Otras son distintas —música, arte, informática, economía doméstica, en la que aprendemos a cocinar— y hacemos prácticas en ciencias, lo que no es habitual en Pakistán. Aunque hace poco he tenido un cuarenta por ciento en el examen de física, sigue siendo mi asignatura favorita. Me encanta aprender sobre Newton y los principios básicos que rigen en todo el universo.

Como mi madre, me siento sola. Lleva tiempo hacer buenas amigas, como las que tenía en casa, y las niñas de esta escuela me tratan de forma distinta. La gente dice: «Pero si es Malala...», me ven como «Malala, la activista por los derechos de las niñas». En el Colegio Khushal simplemente era Malala, la misma niña de articulaciones dobles que conocían desde siempre, a la que le gustaba bromear y hacía dibujos para explicar las cosas. ¡Ah, y que siempre se estaba peleando con su hermano y con su mejor amiga! Creo que en cada clase hay una niña modosa, una niña muy inteligente o genial, una niña muy popular, una niña muy guapa, una niña que es un poco tímida, una niña con mala fama... pero todavía no he averiguado quién es quién.

Como aquí no hay nadie a quien pueda contar mis bromas, me las reservo y se las cuento a Moniba por Skype. Mi primera pregunta siempre es: «¿Qué hay de nuevo en la escuela?». Me encanta enterarme de quién está enfadada con quién, y a quién ha regañado la maestra. Moniba fue la primera en la mayoría de los últimos exámenes. Mis compañeras todavía me guardan un sitio con mi nombre y en la escuela de niños el señor Amjad ha puesto un gran cartel mío a la entrada y dice que lo saluda cada mañana antes de entrar en su oficina.

Describo a Moniba la vida en Inglaterra. Le hablo de las calles con hileras de casas idénticas, al contrario que en casa, donde todo es distinto y desordenado, y una choza de barro y piedra puede estar junto a una casa tan grande como un castillo. Le digo que son casas maravillosamente sólidas, que podrían resistir inundaciones y terremotos, pero no tienen azoteas para jugar. Le digo que me gusta Inglaterra porque la gente sigue las normas, respeta a la policía y todo ocurre con puntualidad. El gobierno cumple su función y nadie necesita saber el nombre del jefe del ejército. Veo a mujeres con trabajos que no podríamos ni imaginar en Swat. Son policías y guardias de seguridad; dirigen grandes compañías y se visten como quieren.

No pienso mucho en cuando me dispararon pero, cada día, mirarme en el espejo es un recordatorio. La operación de los nervios ha mejorado todo lo posible. Nunca seré exactamente la misma. No puedo pestañear del todo y el ojo izquierdo se me cierra mucho cuando hablo. El amigo de mi padre Hidayatullah le dijo que debería estar orgullosa de mi ojo. «Es la belleza de su sacrificio», dijo.

Todavía no se sabe con certeza quién me disparó, pero un hombre llamado Ataullah Khan se ha responsabilizado por ello. La policía no ha conseguido encontrarle, pero afirman que están investigando y que quieren entrevistarse conmigo.

Aunque no recuerdo exactamente qué ocurrió aquel día, a veces tengo flashbacks. Se producen de forma inesperada. El peor fue en junio, cuando nos encontrábamos en Abu Dabi, de camino para el *umrah* en Arabia Saudí. Fui a un centro comercial con mi madre porque quería comprarse un burka especial para rezar en La Meca. Yo no quería para mí; le dije que simplemente llevaría el velo, pues no se especifica que una mujer deba llevar burka. Cuando caminábamos por aquellas galerías, de repente vi a muchos hombres a mi alrededor. Pensé que me estaban esperando con armas y que me dispararían. Estaba aterrorizada, pero permanecí en silencio. Me dije *Malala, ya has estado ante la muerte; ésta es tu segunda vida, no tengas miedo. Si tienes miedo, no puedes avanzar.*

Nosotros creemos que al ver por primera vez la Kaaba, el cubo cubierto de un manto negro en La Meca, que es nuestro lugar más sagrado, Dios te concede tu deseo más querido. Cuando rezamos en la Kaaba, rezamos por la paz en Pakistán y por la educación de las niñas, y de repente me di cuenta de que estaba llorando. Pero cuando salimos para ir a los otros santos lugares en el desierto de La Meca, donde el Profeta vivió y predicó, me apenó ver que estaban llenos de botellas vacías y envoltorios de galletas. Parecía que la gente no tenía interés en preservar la historia. Pensé que habían olvidado el hadiz que dice que vivir limpiamente es la mitad de la fe.

Mi mundo ha cambiado mucho. En las estanterías de nuestra casa alquilada hay premios de todo el mundo: Estados Unidos, la India, Francia, España, Italia, Austria y muchos otros lugares. Incluso me han nominado para el premio Nobel de la Paz, la candidata más joven de la historia. Cuando recibía premios por mi trabajo en la escuela, estaba feliz porque me había esforzado por conseguirlos, pero estos premios son distintos. Los agradezco, pero me recuerdan cuánto trabajo queda por hacer para alcanzar el objetivo de la educación para cada niño y cada niña. No quiero que se me vea como «la joven a la que dispararon los talibanes», sino como «la joven que luchaba por la educación».

El día que cumplí dieciséis años me encontraba en Nueva York para hablar ante las Naciones Unidas. Me sentía intimidada cuando me levanté para dirigirme a la audiencia en una sala en la que han hablado tantos líderes mundiales, pero sabía lo que quería decir. *Ésta es tu oportunidad, Malala*, pensé. Sólo había cuatrocientas personas a mi alrededor, pero imaginé muchas más. No escribí mi discurso pensando solamente en los delegados de las Naciones Unidas; lo escribí para todas las personas en el mundo que pueden marcar la diferencia. Quería llegar a todas las personas que viven en la pobreza, a los niños obligados a trabajar y que sufren a causa del terrorismo o la falta de formación. Desde lo más profundo de mi corazón esperaba llegar a cada niño al que mis palabras pudieran dar fuerza para levantarse por sus derechos.

Llevaba uno de los velos blancos de Benazir Bhutto sobre mi shalwar kamiz rosa favorito y pedí a los líderes mundiales que proporcionaran educación gratuita a cada niño en el mundo. «Tomemos nuestros libros y nuestros lápices —dije—. Son nuestras armas más poderosas. Un niño, un maestro, un libro y un lápiz pueden cambiar el mundo». No sabía cómo recibirían mi discurso hasta que los asistentes me aplaudieron puestos en pie. Mi madre lloraba y mi padre dijo que me he convertido en la hija de todo el mundo.

Aquel día ocurrió otra cosa. Mi madre permitió que se la fotografiara públicamente por primera vez. Como toda su vida ha observado el *purdah* y nunca se había quitado el velo ante una cámara, le resultó muy difícil y fue un gran sacrificio para ella.

Al día siguiente, en el desayuno, Atal me dijo en el hotel: «Malala, no entiendo por qué eres famosa. ¿Qué has hecho?». ¡Durante el tiempo que estuvimos en Nueva York le entusiasmaron más la Estatua de la Libertad, Central Park y su juego favorito: Beyblade!

Después del discurso recibí mensajes de apoyo de todo el mundo, pero en mi país fue recibido sobre todo con silencio, excepto en Twitter y en Facebook, donde vimos a mis hermanos y hermanas pakistaníes volverse en contra mía. Me acusaron de que lo que me impulsaba a hablar era el «ansia de fama de una quinceañera». Alguien decía cosas como: «Qué más da la imagen de tu país, qué más da la escuela. Acabará consiguiendo lo que buscaba, una vida de lujo en el extranjero».

No me importa. Sé que la gente dice esas cosas porque han visto a líderes y políticos de nuestro país hacer promesas que nunca han mantenido. De hecho, en Pakistán las cosas están empeorando cada día. Los incontables ataques terroristas han dejado a todo el país traumatizado. La gente ha perdido la confianza mutua, pero me gustaría que todos supieran que yo no quiero apoyo para mí personalmente, sino para mi causa de la paz y la educación.

La carta más sorprendente que recibí después de mi discurso fue de un comandante talibán que había escapado de la cárcel recientemente, donde había estado desde 2003 por intentar asesinar al presidente Musharraf. Su nombre era Adnan Rashid y había pertenecido a las fuerzas aéreas pakistaníes. Decía que los talibanes no me habían disparado por mi campaña en pro de la educación, sino porque había intentado «frustrar [sus] esfuerzos por establecer el sistema islámico». Dijo que me escribía porque estaba consternado por el atentado y deseaba haber podido advertirme. Escribió que me perdonarían si regresaba a Pakistán y me ponía un burka e iba a una madrasa.

Los periodistas me pidieron que le respondiera, pero yo pensé *¿Quién es ese hombre para decir eso?* Los talibanes no son nuestros gobernantes. Es mi vida, cómo la vivo es asunto mío. Sin embargo, Mohammad Hanif escribió un artículo en el que señalaba que lo bueno de la carta talibán era que aceptaban la responsabilidad por el atentado, porque mucha gente decía que no me habían disparado.

Sé que regresaré a Pakistán, pero cada vez que le digo a mi padre que quiero regresar, busca excusas. «No, *Jani*, todavía no has acabado el tratamiento», me dice, o «Estos colegios son buenos, deberías quedarte aquí y aprender todo lo que puedas para utilizar tus palabras con el mayor efecto».

Tiene razón. Quiero aprender y formarme bien con las armas del conocimiento. Entonces podré luchar más eficazmente por mi causa.

Hoy todos sabemos que la educación es nuestro derecho básico. No sólo en Occidente; el islam también nos ha dado este derecho. El islam dice que cada niña y cada niño deben ir a la escuela. Está escrito en el Corán, Dios quiere el conocimiento para nosotros, dice que estudiemos por qué el cielo es azul, que aprendamos sobre los mares y las estrellas. Sé que es una gran lucha: en todo el mundo hay unos 57 millones de niños que no reciben instrucción primaria, de ellos 32 millones son niñas. Por desgracia, mi país, Pakistán, es uno de los peores con 5,1 millones de niños que ni siquiera van a la escuela primaria, aunque nuestra Constitución dice que cada niño tiene el derecho de ir a la escuela. Tenemos casi 50 millones de adultos analfabetos, dos tercios de los cuales son mujeres, como mi madre.

Siguen matando a niñas y volando escuelas. En marzo se produjo un atentado en una escuela de niñas que habíamos visitado en Karachi. Lanzaron una bomba y una granada al patio del colegio justo cuando iba a comenzar una ceremonia de entrega de premios. El director, Abdur Rasheed, murió y ocho niñas de entre cinco y diez años resultaron heridas. Una niña de ocho años quedó mutilada. Al oír la noticia, mi madre lloró y lloró. «Cuando nuestros hijos duermen ni siquiera les rozamos el pelo para no molestarlos —dijo—, pero hay gente que tiene armas y les dispara o arroja bombas. No les preocupa que sus víctimas sean niños». El atentado más espantoso se produjo en junio en la ciudad de Quetta, cuando un terrorista suicida hizo volar un autobús que llevaba a cuarenta niñas al colegio. Murieron catorce. Entonces los atacantes siguieron a las niñas heridas al hospital y dispararon a varias enfermeras.

No sólo matan niños los talibanes. Otras veces son ataques de drones, las guerras o el hambre. Y a veces es su propia familia. En junio dos niñas de mi edad fueron asesinadas en Gilgit, al norte de Swat, por subir un vídeo online en el que se las veía bailando en la lluvia con trajes tradicionales y la cabeza cubierta. Al parecer, fue su propio hermanastro el que las mató.

Hoy Swat es más tranquilo que otros lugares, pero aún está el ejército por todas partes, cuatro años después de la supuesta expulsión de los talibanes. Fazlullah sigue libre y el conductor de nuestro autobús todavía está bajo arresto domiciliario. Nuestro valle, que en el pasado fue un paraíso para turistas, hoy despierta temor. Los extranjeros que desean visitarlo deben obtener un Certificado de No Objeciones de las autoridades de Islamabad. Los hoteles y las tiendas de artesanía están vacíos. Pasará mucho tiempo antes de que vuelvan los turistas.

En el último año he visto muchos otros sitios, pero mi valle sigue siendo el lugar más maravilloso del mundo. No sé cuándo lo volveré a ver, pero sé que lo veré. Me pregunto qué ocurrió con la semilla de mango que planté en nuestro jardín en Ramadán. Me pregunto si alguien lo está regando para que, algún día, futuras generaciones de hijas e hijos puedan recibir sus frutos.

Hoy me miré al espejo y me paré a pensar por un segundo. Una vez pedí a Dios unos centímetros más de altura; sin embargo, me ha hecho tan alta como el cielo, tan alta que no podría medirme. Así que ofrecí las cien *raakat nafl* que había prometido si crecía.

Amo a mi Dios. Doy las gracias a Alá. Le hablo constantemente. Es el más grande. Al darme esta altura para llegar a la gente, también me ha dado grandes responsabilidades. La paz en cada hogar, en cada calle, en cada aldea, en cada país... ése es mi sueño. Educación para cada niño y cada niña del mundo. Es mi derecho poder sentarme en una silla y leer mis libros con mis amigas del colegio. Ver en cada ser humano una sonrisa de felicidad es mi deseo.

Yo soy Malala. Mi mundo ha cambiado pero yo no.

Glosario

aba: padre.

aaya: versículo del Corán.

Áreas Tribales bajo Administración Federal (FATA): la región de Pakistán fronteriza con Afganistán gobernada por un sistema de mandato indirecto que comenzó en la época británica.

baba: término cariñoso para abuelo o anciano.

badal: venganza.

bhabi: término cariñoso urdu que significa literalmente «esposa de mi hermano».

bhai: término cariñoso que significa literalmente «mi hermano».

chapati: pan ázimo redondo, que se elabora con harina y agua.

dyna: camión o camioneta abierto.

hadiz: dicho o dichos del Profeta, la paz sea con él.

haj: la peregrinación a La Meca, uno de los cinco pilares del Islam (junto a la profesión de fe, la oración diaria, el ayuno durante el Ramadán y la limosna), que cada musulmán que puede permitírselo debe hacer una vez en la vida.

haram: prohibido en el islam.

hujra: lugar de reunión tradicional pashtún para hombres.

imán: predicador local.

Inteligencia Inter-Servicios (ISI): el principal organismo de espionaje de Pakistán.

Jamaat-e-Islami: Partido del Islam, partido conservador de Pakistán.

Jamiat Ulema-e-Islam (JUI): Asamblea del Clero Islámico, partido político conservador de Pakistán, estrechamente vinculado con los talibanes afganos, que propugna la aplicación estricta de la ley islámica.

jani: querido, estimado.

jani mun: alma gemela, amigo del alma.

jirga: asamblea tribal.

kafir: infiel.

khan: señor local.

Khyber Pakhtunkhwa (KPK) o Jaiber Pashtunjua: literalmente «área de los pashtunes», hasta 2010 se llamaba Provincia Fronteriza del Noroeste, una de las cuatro provincias de Pakistán.

lashkar: milicia local.

Lashkar-e-Taiba (LeT): literalmente «Ejército de los Puros», uno de los grupos militantes más antiguos y poderosos de Pakistán. Comenzó a luchar en Cachemira y tiene estrechos vínculos con el ISI.

Liga Musulmana de Pakistán (LMP): partido conservador fundado en 1962 como sucesor de la Liga Musulmana, que era el único partido importante en Pakistán en el momento de la Partición, pero fue prohibido en 1958, con todos los demás partidos.

madrasa: escuela para la instrucción islámica.

maulana, muftí: estudioso islámico.

melmastia: hospitalidad.

mohalla: distrito.

Movimiento Muttahida Qaumi (MQM): partido con sede en Karachi que representa a los musulmanes que huyeron de la India tras la Partición (1947).

nang: honor.

Partido del Pueblo de Pakistán (PPP): partido de centro-izquierda fundado por Zulfikar Ali Bhutto en 1967, dirigido más tarde por su hija Benazir y, actualmente, copresidido por su esposo, Asif Zardari, y su hijo Bilawal.

Partido Nacional Awami (PNA): partido nacionalista pashtún.

pashtunwali: código de conducta tradicional pashtún.

PDI: persona desplazada internamente.

pir: santo hereditario.

pisho: gato.

purdah: segregación o aislamiento de las mujeres, llevar velo.

qaumi: nacional.

sabar: paciencia.

sayyed: hombre sagrado, descendiente del Profeta.

shalwar kamiz/salwar kamiz: traje tradicional de túnica suelta y pantalón que llevan tanto hombres como mujeres.

sura: capítulo del Corán.

swara: práctica de resolver las disputas tribales entregando a una mujer o a una joven.

talib: estudiante religioso; ha adquirido el significado de miembro del grupo militante talibán.

tapa: pareado de la poesía popular pashtún; el primer verso tiene nueve sílabas y el segundo trece.

Tehrik-e-Nifaz-e-Sharia-e-Mohammadi (TNSM): Movimiento para la Aplicación de la Ley Islámica, fundado en 1992 por Sufi

Mohammad y más tarde dirigido por su yerno, el maulana Fazlullah. También conocido como los Talibanes de Swat.

Tehrik-i-Taliban-Pakistan (TTP): Talibanes de Pakistán.

umrah: peregrinación menor a La Meca que puede hacerse en cualquier momento del año.

Cronología de acontecimientos importantes en Pakistán y Swat

14 de agosto de 1947 Fundación de Pakistán como el primer país musulmán del mundo; el principado de Swat se integra en Pakistán pero conserva su estatus especial.

1947 Primera guerra Indo-pakistaní.

1948 Muere el fundador de Pakistán, Mohammad Ali Jinnah.

1951 Es asesinado Liaquat Ali Khan, que desempeñó por primera vez el cargo de primer ministro de Pakistán.

1958 El general Ayub Khan toma el poder en el primer golpe militar de Pakistán.

1965 Segunda guerra Indo-pakistaní.

1969 Swat se convierte en parte de la Provincia Fronteriza del Noroeste.

1970 Se celebran las primeras elecciones nacionales.

1971 Tercera guerra Indo-pakistaní; Pakistán Oriental se independiza y se convierte en Bangladés.

1971 Zulfikar Ali Bhutto es nombrado primer ministro, el primero elegido democráticamente.

1977 El general Zia ul-Haq toma el poder en un golpe militar.

1979 Zulfikar Ali Bhutto es ahorcado; invasión soviética de Afganistán.

1988 El general Zia y otros altos mandos del ejército mueren en un accidente de aviación; se celebran elecciones; Benazir Bhutto se convierte en la primera mujer que desempeña el cargo de primer ministro en el mundo islámico.

1989 Termina la retirada soviética de Afganistán.

1990 Destitución del gobierno de Benazir Bhutto.

1991 Nawaz Sharif se convierte en primer ministro.

1993 Nawaz Sharif es obligado a dimitir por el ejército; segundo gobierno de Benazir Bhutto.

1996 Los talibanes llegan al poder en Kabul.

1996 Destitución del segundo gobierno de Benazir Bhutto.

1997 Nawaz Sharif forma su segundo gobierno.

1998 India lleva a cabo pruebas nucleares y Pakistán le sigue.

1999 Benazir y su esposo, Asif Ali Zardari, acusados de corrupción; Benazir se exilia en Londres con sus hijos; Zardari es encarcelado; el general Pervez Musharraf toma el poder en un golpe de estado.

2001 Ataque de Al Qaeda el 11 de septiembre al World Trade Centre y al Pentágono; comienzan los bombardeos estadounidenses de Afganistán; es derrocado el gobierno talibán; Osama bin Laden escapa a Pakistán.

2004 El ejército pakistaní comienza una operación contra los militantes en las FATA; primer ataque en Pakistán de un drone estadounidense; Zardari es liberado y marcha al exilio.

2005 El maulana Fazlullah comienza a emitir por su emisora en Swat; un fuerte terremoto mata a más de setenta mil personas en Pakistán.

2007 El ejército asalta la Mezquita Roja de Islamabad y mueren más de ciento cincuenta personas. Benazir Bhutto regresa a Pakistán;

Fazlullah instaura tribunales islámicos; Musharraf envía tropas a Swat; aparecen los Talibanes de Pakistán; Benazir es asesinada.

2007-2009 Los talibanes extienden su influencia por todo Swat.

2008 Zardari se convierte en presidente y Musharraf se exilia en Londres.

15 de enero de 2009 Fazlullah anuncia el cierre de todas las escuelas de niñas en Swat.

Febrero de 2009 El gobierno de Pakistán llega a un acuerdo de paz con los talibanes.

Abril de 2009 El acuerdo se rompe cuando los talibanes se apoderan de Swat.

Mayo de 2009 El ejército pakistaní lanza una operación militar contra los talibanes en Swat.

Julio de 2009 El gobierno declara que los talibanes han sido expulsados de Swat.

Diciembre de 2009 El presidente Obama anuncia el envío de treinta y tres mil efectivos más a Afganistán, lo que totaliza ciento cuarenta mil efectivos de la OTAN.

2010 Grandes inundaciones en todo Pakistán, mueren dos mil personas.

2011 Es asesinado el gobernador del Punjab, Salman Taseer; dan muerte a Bin Laden en Abbottabad; Malala recibe el Premio Nacional de la Paz pakistaní.

9 de octubre de 2012 Atentado contra Malala.

2013 Musharraf regresa y es detenido; se celebran las elecciones pese a la violencia talibán; victoria amplia de Nawaz Sharif, que se convierte en primer ministro por tercera vez.

12 de julio de 2012 El día en que cumple dieciséis años Malala se dirige a la ONU y aboga por la educación gratuita para todos los niños.

Agradecimientos

El último año me ha mostrado tanto el odio extremo del hombre como el amor infinito de Dios. Me han ayudado tantas personas que me haría falta un libro entero para escribir aquí el nombre de todas, pero me gustaría agradecer a todos los que en Pakistán y en todo el mundo han rezado por mí, a todos los escolares, estudiantes y demás personas que se levantaron cuando yo caí, y darles las gracias por cada pétalo de los ramos de flores y cada letra de sus tarjetas y mensajes.

Fui afortunada por tener un padre que respetara mi libertad de pensamiento y expresión y me hiciera parte de su caravana de paz, y una madre que no sólo me animó a mí sino también a mi padre en nuestra campaña por la paz y la educación.

También he tenido una gran suerte con mis maestros, especialmente la señorita Ulfat, que me enseñó muchas cosas que no están en los libros de texto, como la paciencia, la tolerancia y las buenas maneras.

Mucha gente ha calificado mi recuperación de milagrosa y por esto me gustaría dar las gracias especialmente a los médicos y enfermeras del Hospital Central de Swat, el CMH de Peshawar y el AFIC de Rawalpindi, especialmente a mis héroes, el coronel Junaid y el doctor Mumtaz, que llevaron a cabo la operación correcta en el momento correcto o habría muerto. Gracias también al general de brigada Aslam, que impidió que mis principales órganos fallaran después de la cirugía.

Estoy extremadamente agradecida al general Kayani, que se interesó por mi tratamiento, y al presidente Zardari y su familia, cuyo amor y atención me dieron fuerzas. Gracias al gobierno de los Emiratos Árabes Unidos y al príncipe heredero Mohammad bin Zayed por el uso de su avión.

El doctor Javid Kayani me hizo reír en mis días sombríos y fue como un padre para mí. Fue el responsable de mi tratamiento en el Reino Unido y de mi excelente rehabilitación. La doctora Fiona Reynolds nos dio ánimos a mis padres en Pakistán y a mí en el Reino Unido, y también le agradezco que tuviera el valor de decirme la verdad sobre mi tragedia.

El personal del Queen Elizabeth Hospital de Birmingham ha sido increíble. Julie y su equipo de enfermeras me trataron con extraordinaria amabilidad, y Beth y Kate no fueron sólo enfermeras sino cariñosas hermanas. En especial me gustaría dar las gracias a Yma Choudhury, que me atendió con solicitud y se aseguró de que tuviera todo lo que necesitaba, aunque eso supusiera ir cada día a KFC.

El doctor Richard Irving merece una mención especial por su operación para restablecer mi sonrisa, lo mismo que la doctora Anwen White, que restableció mi cráneo.

Fiona Alexander no sólo gestionó perfectamente los medios de comunicación, sino que fue más allá e incluso ayudó a organizar mi escolarización y la de mis hermanos, siempre con una sonrisa.

Rehanna Sadiq, con su terapia espiritual, me ha proporcionado un maravilloso sosiego.

Gracias a Shiza Shahid y a su familia, por su increíble amabilidad y por ayudarme a crear el Malala Fund, y a su compañía, McKinsey, por permitirle el tiempo para hacerlo. Gracias a todas las personas maravillosas y organizaciones que han contribuido a establecer el fondo, especialmente a Megan Smith, la UN Foundation, Vital Voices y BeeSpace. También agradezco a Samar Minallah su gran apoyo a nuestra causa y al Malala Fund.

Gracias a todos en Edelman, especialmente a Jamie Lundie y su colega Laura Crooks. ¡Mi padre se habría vuelto loco sin vosotros!

Gracias también a Gordon Brown, que a partir de lo que me ocurrió ha creado un movimiento mundial por la educación, y a sus maravillosos colaboradores, así como a Ban Ki-moon por su apoyo desde el principio.

Gracias al antiguo alto comisionado de Pakistán en Londres, Wajid Shamsul Hasan y especialmente a Aftab Hasan Khan, jefe de la cancillería, y a su esposa, Erum Gilani, que fueron un gran apoyo. Éramos extraños y nos ayudaron a adaptarnos a este país y a encontrar un sitio para vivir. Gracias también al conductor Shahid Hussein.

Sobre el libro, gracias especialmente a Christina, que hizo realidad lo que no era más que un sueño. Nunca imaginamos que una persona que no fuera de Jaiber Pashtunjua o de Pakistán pudiera comprender y amar tanto nuestro país.

Hemos tenido una gran suerte de contar con una agente literaria como Karolina Sutton, que se ha volcado en este proyecto y en nuestro caso con tanta pasión e interés, así como con un increíble equipo de editoras, Judy Clain y Arzu Tahsin, decididas a contar nuestra historia de la mejor forma posible.

Gracias a Abdul Hai Kakar, mi mentor y gran amigo de mi padre, que revisó todo el libro, y al amigo de mi padre Inam ul-Rahim, por sus valiosas aportaciones a la historia de nuestra región.

También me gustaría dar las gracias a Angelina Jolie por su generosa aportación al Malala Fund.

Gracias a todos los maestros del Colegio Khushal que han mantenido la escuela viva, ahora también en ausencia de mi padre.

Gracias a Dios por el día en que una mujer llamada Shahida Choudhury llegó a nuestra casa. Se ha convertido en un apoyo increíble para nuestra familia y hemos aprendido de ella el verdadero significado de ser un voluntario.

Por último, pero igualmente importante, me gustaría dar las gracias a Moniba por ser una amiga tan buena y leal, y a mis hermanos Khushal y Atal por mantenerme en la niñez.

Malala Yousafzai

Cualquier extranjero que haya tenido la suerte de visitar Swat sabrá lo hospitalarios que son sus habitantes, y me gustaría dar las gracias a todos los que me ayudaron allí, en especial a Maryam y a los maestros y alumnos del Colegio Khushal, Ahmad Shah en Mingora y Sultan Rome, por acompañarme en Shangla. Asimismo, me gustaría dar las gracias al general Asim Bajwa, al coronel Abid Ali Askari, al comandante Tariq y al equipo de Relaciones Públicas Inter-Servicios, por facilitar mi visita.

En el Reino Unido, el personal del Queen Elizabeth Hospital no podría haber sido más servicial, en particular Fiona Alexander y el doctor Kayani. Mi agente, David Godwin, fue tan maravilloso como siempre, y ha sido un verdadero privilegio tener como editoras a Judy Clain y a Arzu Tahsin. También estoy agradecida a Martin Ivens, mi editor en el *Sunday Times*, por facilitar que me tomara el tiempo necesario para este importante proyecto. Mi esposo, Paulo, y mi hijo, Lourenço, no podrían haber sido más comprensivos cuando este libro se apoderó de mi vida.

Sobre todo, gracias a Malala y a su maravillosa familia por compartir su historia conmigo.

Christina Lamb

Nota sobre el Malala Fund

Mi objetivo al escribir este libro ha sido alzar mi voz en nombre de los millones de niñas en todo el mundo a los que se niega el derecho a ir a la escuela y a realizar su potencial. Espero que mi historia anime a las niñas a elevar sus voces y a descubrir la fuerza que reside en su interior. Pero mi misión no acaba después ahí. Mi misión, nuestra misión, exige que actuemos de forma decisiva para educar a las niñas y empoderarlas para cambiar sus vidas y sus comunidades.

Por eso he creado el Malala Fund.

El Malala Fund cree que cada niña, y cada niño, tiene la capacidad de cambiar el mundo y que todo lo que necesita es la oportunidad. Para dar a las niñas esta oportunidad el Fondo aspira a invertir en iniciativas encaminadas a empoderar a las comunidades, desarrollar soluciones innovadoras que partan de enfoques tradicionales y proporcionar no sólo la alfabetización elemental, sino las herramientas, las ideas y las redes que ayuden a las niñas a encontrar su voz y a crear un mañana mejor.

Espero que todos ustedes se unirán a esta causa y que trabajaremos juntos para hacer de la educación y el empoderamiento de las niñas una verdadera prioridad, de una vez por todas.

Por favor, únase a mi misión.

Puede descubrir más cosas en www.malalafund.org

Participe en la conversación en www.facebook.com/Malala-Fund y www.twitter.com/MalalaFund

Esta obra se terminó de imprimir en abril de 2015
en los talleres de Infagón Web, S.A. de C.V.
Alacicería No. 8 Col. Zona Norte Central de Abastos,
Del. Iztapalapa, C.P. 09040, México, D.F.